Estudos Aplicados de Direito Empresarial

Estudos Aplicados de Direito Empresarial

MERCADOS FINANCEIRO E DE CAPITAIS

2017

Coordenação:
Pamela Romeu Roque

ALMEDINA

ESTUDOS APLICADOS DE DIREITO EMPRESARIAL
MERCADOS FINANCEIRO E DE CAPITAIS

COORDENAÇÃO: Pamela Romeu Roque
DIAGRAMAÇÃO: Almedina
DESIGN DE CAPA: FBA
ISBN: 978-858-49-3258-0

Dados Internacionais de Catalogação na Publicação (CIP)
(Câmara Brasileira do Livro, SP, Brasil)

Estudos aplicados de direito empresarial :
mercados financeiro e de capitais / Pamela Romeu
Roque, coordenação. -- São Paulo : Almedina, 2017.

Vários autores.
Bibliografia.
ISBN 978-85-8493-258-0

1. Bolsa de valores 2. Direito empresarial
3. Direito empresarial - Brasil 4. Investimentos
5. Lavagem de dinheiro 6. Mercado de capitais
7. Mercado financeiro I. Roque, Pamela Romeu.

17-10394 CDU-34:338(81)

Índices para catálogo sistemático:
1. Brasil : Direito empresarial 34:338(81)

Este livro segue as regras do novo Acordo Ortográfico da Língua Portuguesa (1990).

Novembro, 2017

EDITORA: Almedina Brasil
Rua José Maria Lisboa, 860, Conj.131 e 132, CEP: 01423-001 São Paulo | Brasil
editora@almedina.com.br
www.almedina.com.br

APRESENTAÇÃO

Em nosso curso de LLM em Mercado Financeiro e de Capitais, hoje em sua 18ª turma, procuramos atingir todas as vertentes dos mercados financeiros, de capitais e de futuros. Estudamos, conversamos e debatemos sobre teoria geral dos mercados, contratos e operações bancárias, operações nos mercados de capitais, operações financeiras internacionais, fundos de investimentos e gestão de recursos de terceiros, instrumentos derivativos, regulação do mercado de câmbio e capital estrangeiro, governança corporativa e *compliance*, e também a tributação aplicável às operações estabelecidas nestes mercados.

Encerramos nossa jornada com a honrosa apresentação dos trabalhos de monografia, voltadas sempre a um dos temas abrangidos pelo Direito dos Mercados Financeiros e de Capitais. Para esta obra, da qual muito nos orgulhamos, selecionamos cinco monografias, ora apresentados como artigos, resultado do projeto de sucesso desenvolvido pelo Insper Direito em parceria com a Editora Almedina. Todos os artigos contaram a orientação da Professora Pamela Romeu Roque, a quem mais uma vez parabenizamos pelo excelente trabalho. Por meio desta obra, referidos trabalhos, antes restritos a nossa querida escola, são agora compartilhados ao conhecimento de todos.

Este volume é aberto pelo artigo de Fausto Miyazato Ricieri Teixeira, no qual é realizada a ANÁLISE DO *STEP-IN RIGHTS*

NO *PROJECT FINANCE* NO BRASIL. Seu trabalho discorre sobre o *step-in rights* no *project finance*, explicando que a sua adaptação e aplicação ao Direito Brasileiro confere ao credor "uma ferramenta eficaz como garantia do pagamento da dívida". O Autor ressalta "que o financiamento de projetos é um modelo muito utilizado para custear grandes obras de infraestrutura, tão necessárias no Brasil, um país em desenvolvimento". Com a aplicação da garantia detalhada no trabalho é possível reduzir substancialmente o custo do capital financiado, dada a relevante diminuição do risco do financiador. Nesse processo, como é destacado por Fausto "deve-se, certamente, levar em conta os interesses de todos os participantes do projeto, ou seja, acionistas, instituições financeiras, fornecedores, governo, entre outros, no intuito de assegurar maior segurança jurídica aos financiamentos de projetos".

Julia Zatz Tosi trata da complexa questão dos DERIVATIVOS DE CRÉDITO NA REGULAMENTAÇÃO BRASILEIRA. A Autora, logo ao início, esclarece que "a expansão da utilização dos derivativos foi, portanto, uma resposta à necessidade prática dos agentes econômicos de lidar com os novos riscos inerentes às relações comerciais e financeiras internacionais, configurando-se, assim, como fruto de um processo de inovação financeira (...). Nesse contexto, os derivativos de crédito surgem como uma das soluções encontradas pelas instituições financeiras para reduzir a exposição de crédito a que estão sujeitas em suas operações ativas, mitigando os riscos assumidos e adequando-se aos novos requerimentos de capital impostos, em resposta à evolução do quadro regulatório do sistema financeiro." Não obstante, a sua versatilidade financeira na cobertura de riscos, Julia adverte que os instrumentos derivativos de crédito passaram, em razão do seu potencial risco de resultados financeiros não controláveis – com destaque para a crise financeira de 2008 –, a ser vistos com mais cautela pelos reguladores centrais e pelas próprias instituições que com eles operam, merecendo o tema o devido tratamento e as discussões tratadas em seu trabalho.

A COMPETIÇÃO ENTRE MERCADOS DE BOLSAS DE VALORES: BENEFÍCIOS E DESAFIOS DA FRAGMENTAÇÃO DE MERCADO, tema de pouca exploração doutrinária no Direito Brasileiro, mas de relevante debate para o Mercado de Capitais, é desenvolvido no artigo de Mariana Magalhães Chapei. O trabalho realiza uma detalhada análise dos "efeitos e desafios regulatórios da introdução de competição entre mercados de bolsa de valores no Brasil". Na compreensão da Autora a competição, que tem ocorrido no mercado de capitais internacional – especialmente pelo desenvolvimento de novas tecnologias de negociação de valores mobiliários, mas ainda restrita no mercado brasileiro, "pode trazer benefícios ao mercado, especialmente no tocante aos custos", além de fomentar maior participação da poupança popular no mercado de capitais, proporcionando melhores condições de financiamento para as companhias.

Em seu texto, Marina Mendes Corrêa escreve sobre o PÚBLICO ALVO DAS OFERTAS PÚBLICAS DE TÍTULOS DE DÍVIDA CONVERSÍVEIS EM PARTICIPAÇÃO SOCIETÁRIA OFERTADOS POR MEIO DE PLATAFORMAS DE *EQUITY CROWDFUNDING*. A autora explica que a "expressão *crowdfunding* é termo amplo que se refere a uma modalidade de arrecadação de recursos financeiros captados por meio da contribuição de diversos indivíduos ou sociedades para financiamento de determinado projeto ou negócio, entre outras finalidades, sendo esta arrecadação realizada através de plataforma da internet". Sua análise, que traça o importante paralelo com o atual desenvolvimento do *EQUITY CROWDFUNDING* no mercado norte americano, foca na adequação das ofertas a serem realizadas pelas plataformas eletrônicas ao público alvo desta modalidade de investimento. Ao longo da pesquisa realizada, intrigantes questionamentos são enfrentados, tais como "tendo em vista os altos riscos envolvidos nos investimentos em títulos de dívidas conversíveis ofertados por meio de plataformas de *equity crowdfunding*, bem como tendo em vista que, na maioria das vezes (...) tais ofertas estão dispensadas de realizar registro perante a CVM, deveriam as ofertas de tais títulos serem destinadas exclusivamente para investidores profissionais ou qualificados? Ou, por outro lado, obrigar o direcionamento destas ofertas para investidores profissionais ou qualificados poderia transformar tais títulos em produtos incompatíveis com a realidade negocial, desestimulando o investimento em tais títulos e, consequentemente, reduzindo ainda mais as opções de obtenção de crédito pelas micro e pequenas empresas"?

O último artigo, elaborado por Narjara Pavan Vilarinho de Oliveira, realiza a junção de dois importantes e atuais temas jurídicos, tratando dos FUNDOS DE INVESTIMENTO EM PARTICIPAÇÕES E O CRIME DE LAVAGEM DE DINHEIRO: HIPÓTESES DE CONFIGURAÇÃO E RESPONSABILIDADE PENAL. Na introdução da pesquisa realizada, a Autora explica que a "modificação da lei penal e tendo o Brasil experimentado um significativo aumento, nos últimos anos, de denúncias de esquemas de corrupção, da utilização de diversas estruturas jurídicas para a ocultação e dissimulação de valores, é muito importante que o Mercado Financeiro e de Capitais esteja atento a essa realidade e que todas as precauções sejam tomadas para que não seja caracterizada qualquer irregularidade". Narjara discute as hipóteses de configuração do crime de lavagem de dinheiro, explicando a possibilidade de ocorrência de delitos por meio de Fundos de Investimentos em Participação, cuidando, inclusive, de potenciais "reflexos para o administrador, para o gestor, caso haja esse prestador de serviços, bem como para o próprio cotista", além da análise sobre a possibilidade de "prática de lavagem de dinheiro por empresa investida pelo FIP". O trabalho ainda zela por destacar "a relevância da existência do *compliance* para identificação de hipóteses de risco e de operações suspeitas e para a demonstração da existência ou não de dolo na prática da conduta da lavagem de dinheiro".

Parabenizamos nossos alunos, ora autores desta obra de reconhecida qualidade, os professores orientadores do Insper Direito, a nossa casa o Insper e a Editora Almedina pelo fundamental apoio de ambos, sem o qual não seria possível esta esperada publicação.

A todos desejamos uma excelente leitura!

EDUARDO MONTENEGRO DOTTA
Professor do Insper Direito no LLM em Direito do Mercado Financeiro e de Capitais e no LLC em Direito Empresarial, Membro do Conselho do Insper Direito

PREFÁCIO

Há 18 anos, o Insper lançava o seu primeiro programa de LL.M – Master of Laws.

Hoje, com quatro programas de LL.M – Direito dos Mercados Financeiro e de Capitais, Direito Societário, Direito Tributário e Direito dos Contratos – e um programa de LL.C em Direito Empresarial Privado, o Insper Direito consolida seu papel como um centro de estudos e de divulgação da cultura jurídica nos meios empresariais do País, ao publicar, a cada semestre, a Coleção Estudos Aplicados ao Direito Empresarial.

Honra-me, assim, sobremaneira prefaciar o Segundo Volume da Coleção Estudos Aplicados ao Direito Empresarial.

Fruto das melhores monografias de alunos e trabalhos de professores da pós-graduação em Direito, esta obra vem ao encontro da proposta educacional do Insper: multidisciplinariedade, com enfoque prático e ao mesmo tempo primando pela qualidade de seus corpos docente e discente

Esta obra escapa ao modismo superficial de um conhecimento feito, acabado, compelido em textos para a conclusão do curso. Trata-se de uma obra que agrega ao mundo empresarial que precisa entender a dinâmica do mercado, inclusive em seus aspectos jurídicos.

Como toda obra coletiva, também esta precisa ser lida tendo-se em consideração a riqueza específica de cada contribuição, na diversidade que apresenta. Mas é o conjunto da obra que me alegra ao constatar que algo importante e novo está se passando nos cursos de LL.M e LL.C: as produções acadêmicas estão abordando cada vez mais conhecimentos nas áreas da economia, finanças, contabilidade e em negociação estratégica, ferramentas cada vez mais demandadas dos juristas da área empresarial.

E é na produção acadêmica desenvolvida com qualidade que assenta o aperfeiçoamento profissional.

Boa leitura!

PIERRE MOREAU

Advogado, professor e doutor em direito pela PUC-SP.
É sócio da Moreau Advogados, membro do Conselho de Direito do Insper

SUMÁRIO

Análise do *Step-In Rights* no *Project Finance* no Brasil

Fausto Miyazato Ricieri Teixeira

Introdução

Este trabalho discorre sobre as possibilidades de adaptação do *step-in rights do project finance* no ordenamento jurídico brasileiro. Os esforços para tal adaptação são necessários, na medida em que sua aplicação confere ao credor uma ferramenta eficaz como garantia do pagamento da dívida. Importante ressaltar que o financiamento de projetos é um modelo muito utilizado para custear grandes obras de infraestrutura, tão necessárias no Brasil, um país em desenvolvimento.

Preliminarmente, passaremos pelo conceito e as características da modalidade *project finance*, breve contexto histórico da sua origem no direito anglo-saxão e, por fim, sua aplicação no Brasil, com destaque ao momento das privatizações e ao papel desempenhado pelo BNDES. Em seguida, abordaremos os desafios e alternativas para a aplicação do *step-in rights* no ordenamento jurídico brasileiro.

O *project finance* é um financiamento, ou seja, mútuo com finalidade específica, cujos recursos disponibilizados são destinados exclusivamente à execução de um projeto. Como característica desta espécie de financiamento, o crédito tomado deverá ser pago com receitas geradas pelo próprio projeto.

De acordo com John D. Finnerty, a característica fundamental que distingue o *project finance* dos demais financiamentos é que o projeto é uma entidade jurídica distinta, onde seus ativos, contratos e fluxo de caixa são segregados da entidade patrocinadora (acionistas ou sócios quotistas, conforme o caso)[1]. Há o isolamento do risco do projeto ao próprio projeto, de modo que todos os direitos, obrigações e garantias devem ser relativos ao empreendimento, e não a seus patrocinadores.

O pagamento do financiamento é baseado exclusivamente na receita gerada ou a ser gerada pelo empreendimento, cujo fluxo de caixa é, inclusive, garantia do empréstimo.

Disso decorrem outras peculiaridades, tais como as destacadas por Luiz Borges, na Revista BNDES de junho de 1998:

> Na realidade, o *project finance* é mais do que isso, pois se trata de uma engenharia de projeto estruturado para segregar o risco, preservar a capacidade de endividamento de seus empreendedores ou patrocinadores, dividir o risco entre vários interessados, economizar no pagamento de tributos, levar adiante um projeto grande demais para um só patrocinador ou evitar a necessidade de garantias reais, utilizando apenas a garantia de recebíveis do próprio projeto (fluxo de caixa autogerado).[2]

Enquanto que no chamado *corporate finance* a análise de crédito é baseada fundamentalmente nos ativos e capacidades dos acionistas investidores, no *project finance* prepondera os ativos do projeto e a capacidade de geração de fluxos de caixa suficientes para pagar a dívida.

[1] FINNERTY, John D. *Project Finance*: Engenharia Financeira Baseada em Ativos. Rio de Janeiro: Qualitymark, 1998, p. 2.

[2] BORGES, Luis Ferreira Xavier. *Project Finance e Infra-Estrutura: Descrição e Críticas*. **Revista do BNDES**. Rio de Janeiro, nº 9, jun. 1998, p. 108.

Não obstante isso, é importante ressaltar que, durante o período de implantação do projeto, os financiadores podem adotar garantias advindas do projeto combinadas com garantias outorgadas pelos acionistas:

> (...) os financiadores podem recorrer – integralmente (full-recourse) ou não recorrer (no-recourse) – aos ativos dos investidores para assegurar o pagamento do crédito. Ou seja, embora seja desejável, não há a obrigatoriedade de os projetos serem completamente autossuficientes desde o seu início, de modo que os credores prescindam da solidariedade dos patrocinadores.[3]

É no âmbito das garantias do *project finance* que se insere o chamado *step-in rights* ou, conforme leciona José Virgílio Lopes, "(...) *the right to step into the shoes of*, que pode ser traduzida como o direito de assumir a posição de alguém, de substituí-lo em determinado papel (...)." A cláusula de *step-in* permite aos financiadores, numa situação de inadimplemento, assumir o comando da administração do projeto, de modo a viabilizar e priorizar o pagamento do empréstimo.

O racional do *step-in*, do ponto de vista do projeto em si, "é o reconhecimento de que os acionistas e a administração da companhia não foram capazes de fazer uma boa gestão, devendo ser substituídos, ainda que temporariamente, por quem tenha condições de fazê-lo."[4]

Ocorre que o *step-in rights* no direito brasileiro não encontra aplicação plena, pois esbarra na vedação ao pacto comissó-

[3] Filho, Nelson Fontes Siffert; Alonso, Leonardo de Almeida; Chagas, Eduardo Barros das; Szuster, Fernanda Rechtan; Sussekind, Cláudia Sardenberg. O Papel do BNDES na Expansão do Setor Elétrico Nacional e o Mecanismo de Project Finance. BNDES Setorial. Rio de Janeiro, nº 29, p. 18.

[4] Sigollo, Angélica Ramos de Frias. **Poder de controle dos agentes financeiros no *project finance*.** 2014. Dissertação (Mestrado em Direito Comercial) – Faculdade de Direito, Universidade de São Paulo, São Paulo.

rio, segundo a qual não é permitido ao credor ficar com o bem objeto da garantia, nos termos do artigo 1.428 do Código Civil. Nesse particular, esclarecemos que, no *project finance* no Brasil, as ações da SPE são normalmente objeto de penhor ou alienadas fiduciariamente aos financiadores, de modo que, numa situação de inadimplemento em que os financiadores excutissem tais garantias, as ações seriam obrigatoriamente vendidas judicial ou extrajudicialmente a um terceiro, sem a possibilidade dos financiadores deterem para si a propriedade de tais ações, em razão da vedação ao pacto comissório.

Entretanto, apesar da limitação à aplicação da cláusula de *step-in rights* no direito brasileiro devido ao pacto comissório, podemos encontrar no ordenamento jurídico exceções, como aquela prevista no artigo 27-A, parágrafo segundo, da Lei nº 8.987, de 13 de fevereiro de 1995, conforme alterada, e no artigo 5º, parágrafo segundo, inciso I, da Lei nº 11.079, de 30 de dezembro de 2004, conforme alterada.

De acordo com tais dispositivos, os financiadores podem, em caráter temporário, assumir a administração da companhia devedora, para o fim de promover a reestruturação financeira da companhia. Ressalta-se, porém, que estas exceções se referem a contratos de concessão e contratos de parceria público-privada, com objetivo de, por meio da reestruturação financeira, assegurar a continuidade na prestação dos serviços. Não visa, propriamente, a satisfação dos credores, em caso de inadimplemento.

Enfim, nota-se que o *step-in rights* no Brasil requer ainda evolução, mas a sua previsão de forma expressa nas legislações de concessão de serviços públicos e de parcerias público-privadas indicam a possibilidade de sua aceitação em outros contextos, como nos financiamentos de projetos eminentemente privados.

Nesse sentido, nos parecem válidos os estudos para se compreender melhor o instituto do *step-in rights*, tal como utilizado no direito anglo-saxão, bem como os esforços para adequá-lo ao ordenamento jurídico brasileiro. Isso porque, trata-se de ferramenta importante do *project finance*, que, em última instância, visa assegurar maior controle dos financiadores sobre o recebimento do crédito concedido. Tal fato possibilitaria a redução do custo do financiamento, proporcionalmente à diminuição do risco do financiador. Nesse processo deve-se, certamente, levar em conta os interesses de todos os participantes do projeto, ou seja, acionistas, instituições financeiras, fornecedores, governo, entre outros, no intuito de assegurar maior segurança jurídica aos financiamentos de projetos.

1. *Project Finance*

De acordo com Stefano Gatti, o *project finance* foi utilizado na construção de ferrovias norte americanas, entre 1840 e 1870.[5]

Em 1930, foi utilizado para financiar a construção de plataformas de exploração de petróleo, como o projeto *Wildcat*, desenvolvido por uma empresa de petróleo, no Texas e Oklahoma.

Nos anos 70, espalhou-se pela Europa, também para financiamento de projetos no setor de exploração de petróleo e de energia. A British Petroleum desenvolveu o projeto Forties Field, de US$945 milhões, no Mar do Norte, a Freeport Minerals financiou a Ertsberg, uma mina de cobre na Indonésia, e a Conzinc Riotinto da Austrália financiou a Boungainville, também uma mina de cobre, na Papua Nova Guiné.[6] O empréstimo (principal e juros) era quitado com receitas decorrentes da venda de petróleo, cobre, etc., normalmente tendo os recebíveis de contratos de fornecimento de longo prazo como garantia do financiamento.

[5] Gatti, Stefano. *Project finance in theory and practice: designing, structuring and financing private and public projects*. United States of America: Academic Press, 2013, p. 27.

[6] Pereira, Renato Sundin. *Project Finance* como Fonte Alternativa de Recursos. 2003, p. 17. Tese de pós-graduação em engenharia de produção – UFSC.

Nesse período, o *project finance* era utilizado em países desenvolvidos para custear empreendimentos tradicionais, conhecidos do mercado e de setores consolidados como construções de ferrovias, plataformas petrolíferas, plantas de geração de energia, etc. Assim, apesar de não contar com garantias dos patrocinadores, os riscos a que as instituições financeiras estavam expostas nesse tipo de transação poderiam ser considerados baixos.

Conforme esclarece Gatti, do ponto de vista histórico, o *project finance* era utilizado em setores bem definidos, que tinham 2 (duas) principais características:

i) um mercado atrativo, baseado em contratos de longo prazo de preços prefixados celebrados com grandes e financeiramente sólidos compradores (*offtakers*); e
ii) baixo nível de risco tecnológico na construção da planta.[7]

Posteriormente, nos anos 80 e 90, o financiamento de projetos passou a ser utilizado em segmentos menos tradicionais nos países desenvolvidos, tais como para construção de rodovias pedagiadas, hotéis e empreendimentos de lazer e estacionamentos, nos quais não havia um grande *offtaker* que assegurasse a receita do projeto. Nessa mesma época, o modelo passou também a ser exportado para países em desenvolvimento, como o Brasil. Em ambos os casos, a exposição ao risco por parte dos financiadores aumentou, se comparado com o período anterior.

Com a diversificação dos segmentos de aplicação, alguns projetos, dadas as suas características, não permitiam taxas de retorno atrativos, de modo a compensar o risco a ser tomado

[7] Gatti, Stefano. Project finance in theory and practice: designing, structuring and financing private and public projects. United States of America: Academic Press, 2013, p. 27.

pelo particular. Era o caso, por exemplo, da construção de escolas públicas. Nestas situações, o governo participava como um dos patrocinadores do empreendimento, injetando recursos, de forma a tornar interessante do ponto de vista econômico para a iniciativa privada determinado projeto de interesse público.

Quanto aos países em desenvolvimento, um dos fatores que contribuiu para o financiamento de projetos foi a necessidade de investimentos em infraestrutura, combinado com a falta de recursos para tanto.

Do ponto de vista dos financiadores, tratava-se de um mercado em expansão, mas ao mesmo tempo, de maior risco, devido à falta de certezas e previsibilidade, quanto aos aspectos políticos e econômicos.

2. *Project Finance* no Direito Brasileiro

No Brasil, o ingresso do *project finance* ocorreu nos anos 90, como nova forma de financiamento do setor de infraestrutura, o qual havia sido concedido à iniciativa privada para exploração, após o processo de privatização.

Conforme esclarece Eduardo Salomão a respeito da estrutura jurídica do *project finance* no Brasil:

> (...), em relação a projetos no Brasil, o mecanismo para se obter o efeito de imputação da dívida do projeto a seus próprios resultados é a formação de uma sociedade separada para tomar os recursos emprestados e deter a propriedade dos ativos financiados. À mesma sociedade incumbirá também pagar principal e encargos, normalmente com recursos gerados pela venda da produção do projeto. Esta sociedade é normalmente controlada pelos empresários que tiveram a iniciativa da montagem do projeto.[8]

[8] NETO, Eduardo Salomão. **Direito Bancário**. 2ª edição. São Paulo: Atlas, 2014, p.345.

O principal financiador nessa modalidade de empréstimo no Brasil é o BNDES, que desde os anos 90 faz uso do *project finance* para financiar grandes obras públicas de infraestrutura, por vezes atrelada a um contrato de concessão de serviço público, cujos recebíveis são dados em garantia do pagamento do empréstimo. Isamara Seabra descreve a atuação do BNDES:

> Deve ser ainda destacada que a principal aplicação de *project finance* no BNDES se refere ao apoio às SPEs que são formadas pelos vencedores de certames licitatórios de concessões públicas. As dívidas das SPEs são pagas com os recebíveis obtidos com a exploração das concessões, com destaque para os projetos dos setores de energia elétrica, telefonia e rodoviário. No BNDES, o setor que mais se utilizou de financiamentos estruturados na base de *project finance* foi o de energia, tendo havido diversas operações de financiamento desde 2003.[9]

Segundo Alcides Lopes Tápias, as primeiras operações de *project finance* no Brasil foram possíveis graças à atuação do BNDES e BNDESPar, cumprindo seu papel de indutor de desenvolvimento econômico e social. Alcides destaca os seguintes empreendimentos: a concessão de manutenção e operação da Rodovia Presidente Dutra (Via Dutra), Ponte Rio-Niterói e Usina Hidrelétrica de Serra da Mesa.[10]

[9] SEABRA, Isamara. A Importância do *Project Finance* no Desenvolvimento das Empresas Brasileiras. In: CALDAS, Roberto Correia da Silva Gomes; NEVES, Rubia Carneiro (Org.). Atuação Empresarial no Estado Democrático de Direito. São Paulo: Clássica, 2013. p. 242.

[10] BONOMI, Claudio Augusto e MALVESSI, Oscar. Introdução de TÁPIAS, Alcides Lopes. *Project Finance* no Brasil: fundamentos e estudos de casos. São Paulo: Atlas, 2002, p 4.

Sobre o *Project Finance* no Brasil, descreve Claudio Bonomi:

> No Brasil, o *Project Finance* surgiu como forma de financiamento nos anos 90, em decorrência do processo de privatização. Em virtude dos altos investimentos necessários após a privatização, as empresas vencedoras das licitações buscaram formas de financiamento que permitissem a mitigação de, ao menos, parte do risco do negócio. O *Project Finance* apresentou-se como a solução para a questão, uma vez que os credores repartiriam o risco do negócio com os devedores. Esta divisão de riscos tornou-se importante para as empresas privadas, pois, com a contratação de financiamentos por meio da estrutura de *Project Finance*, seus balanços patrimoniais não seriam onerados por esse endividamento, e cada participante teria a oportunidade de escolher a parcela do risco do empreendimento que lhe fosse mais afeita.[11]

Portanto, o *project finance* foi a alternativa encontrada para viabilizar a construção de obras de infraestrutura no país durante o período pós abertura de mercado e de privatizações.

Nesse contexto, destacam-se as concessões de serviços públicos, por meio das quais houve a transferência da titularidade na prestação de determinados serviços do poder público para a iniciativa privada, tais como fornecimento de energia, transportes e telefonia, cujo marco regulatório é a Lei nº 8.987, de 13 de fevereiro de 1995, conforme alterada. Celso Antônio Bandeira de Mello assim define a concessão de serviço público:

> Concessão de serviço público é o instituto através do qual o Estado atribui o exercício de um serviço público a alguém que aceita prestá-lo em nome próprio, por sua conta e risco, nas con-

[11] BONOMI, Claudio Augusto e MALVESSI, Oscar. Introdução de TÁPIAS, Alcides Lopes. *Project Finance* no Brasil: fundamentos e estudos de casos. São Paulo: Atlas, 2002, p 64.

> dições fixadas e alteráveis unilateralmente pelo Poder Público, mas sob garantia contratual de um equilíbrio econômico-financeiro, remunerando-se pela própria exploração do serviço, em geral e basicamente mediante tarifas cobradas diretamente dos usuários do serviço.[12]

A receita do empreendimento advém da cobrança de tarifa pela utilização do serviço, e, com base nessa receita, o empréstimo será pago. A principal garantia nesses casos são os recebíveis decorrentes do contrato de concessão celebrado, em que é previsto o direito da SPE de cobrar tarifas pelo serviço. Nestes casos, opta-se por constituir uma garantia real sobre tais recebíveis, sem prejuízo de poder exigir também eventuais garantias adicionais por parte dos acionistas (*full recourse*).

Outro marco importante, que surgiu logo após as privatizações, foram as parcerias público-privadas, objeto da Lei nº 11.079, de 30 de dezembro de 2004, conforme alterada. Conforme esclarecem Bonomi e Malvessi, trata-se de:

> (...) execução de obras, serviços e atividades de interesse público, derivada de projetos de inspiração pública ou privada (processo de manifestação de interesse), cuja responsabilidade pelo investimento e pela exploração incumbe, no todo ou em parte, ao ente privado. A viabilidade econômico-financeira do empreendimento depende de um fluxo de receitas total ou parcialmente proveniente do setor público, cujos pagamentos serão feitos exclusivamente em função do atendimento de indicadores acordados e contratados entre as partes.[13]

[12] Mello, Celso Antônio Bandeira de. *Curso de Direito Administrativo*. 32ª edição. São Paulo: Malheiros Editores, 2015, páginas 725 – 726.

[13] Bonomi, Claudio Augusto e Malvessi, Oscar. Introdução de Tápias, Alcides Lopes. *Project Finance* no Brasil: fundamentos e estudos de casos. São Paulo: Atlas, 2002, p 76.

Isso porque, as parcerias público-privadas visam viabilizar a realização de grandes empreendimentos, dividindo os riscos entre o poder público e o particular. De fato, no Brasil o *project finance* é muito utilizado para financiar obras levadas a cabo por meio de parcerias público-privadas. Nesse sentido, destacamos o trecho abaixo da Revista do BNDES:

> A PPP para grandes projetos de infra-estrutura, tal como no caso dos participantes de um *project finance*, interessa a toda uma gama de agentes, entre os quais se destacam as empreiteiras, passando por consultoras, escritórios de assessoria (econômica, legal, técnica etc.) e, naturalmente, bancos e seguradoras. Entre os credores também podem ser listados os fundos de pensão de patrocinadores públicos ou privados e os fundos de investimento. (...).[14]

Em linhas gerais, na concessão de serviço público, as receitas decorrentes da exploração do serviço (fluxo de caixa do projeto) são utilizadas para pagar a dívida e os recebíveis decorrentes do contrato de concessão são dados em garantia do referido financiamento. Já nas parcerias público-privadas, muito utilizadas em obras de infraestrutura, o fluxo de caixa do projeto é substituído, total ou parcialmente, pelos recursos públicos, com vistas a proporcionar maior segurança no retorno do capital investido, o que torna o empreendimento mais atrativo:

> Especialmente quando aplicada à infra-estrutura, essa forma de atuação tem sido chamada de Parceria Público-Privada (PPP) e funciona de forma semelhante a um *project finance*, em que os recursos públicos substituem o fluxo de caixa do projeto, no todo

[14] BORGES, Luiz Ferreira Xavier; NEVES, Cesar das. Parceria Público-Privada: Riscos e Mitigação de Riscos em Operações Estruturadas de Infra-Estrutura. Revista do BNDES, Rio de Janeiro, vol. 12, nº 23, jun. 2005, p. 82.

> ou em parte, aumentando sua atratividade para potenciais investidores. (...).[15]

Como nas parcerias público-privadas os recursos públicos visam assegurar parte do retorno do projeto, o risco a ser considerado pelos financiadores é o risco político que envolve o ente federal, estadual ou municipal, conforme o caso.

Nota-se por parte dos financiadores brasileiros a atenção específica com relação à constituição das garantias. Buscam assegurar, no caso de inadimplemento, não apenas a aquisição e realização dos recebíveis e ativos do projeto, mas também uma ingerência maior nas tomadas de decisões na administração do projeto, com vistas a prevenir eventuais efeitos materiais adversos à geração de caixa e o consequente inadimplemento da dívida.

As garantias frequentemente constituídas para assegurar o pagamento do financiamento são as garantias reais sobre os recebíveis e demais ativos do projeto, por meio de penhor, hipoteca e alienação ou cessão fiduciária, podendo ainda haver garantias adicionais outorgadas pelos acionistas.

Além disso, em 2015 ocorreram alterações nas leis de concessões de serviços públicos e de parcerias público-privadas, as quais estabeleceram a possibilidade da tomada do controle da companhia devedora pelos financiadores com o intuito de promover a restruturação financeira e, assim, assegurar a continuidade da prestação dos serviços públicos. Trata-se de inovação legal que recepciona no direito brasileiro um dos mais relevantes mecanismos do *project finance*: a cláusula de *step-in rights*.

[15] BONOMI, Claudio Augusto e MALVESSI, Oscar. Introdução de TÁPIAS, Alcides Lopes. *Project Finance* no Brasil: fundamentos e estudos de casos. São Paulo: Atlas, 2002, p 71.

Trataremos deste assunto com maior profundidade no item VI.4 abaixo, mas, antes disso, seguem algumas considerações a respeito das garantias do *project finance*.

3. Garantias do *Project Finance (Security Package)*

O empréstimo por meio do *project finance* pressupõe que o pagamento do financiamento seja realizado com receitas geradas pelo próprio projeto.

As garantias outorgadas em favor dos financiadores são constituídas sobre todos ativos do empreendimento, presentes e futuros, de modo que os financiadores possam, numa situação limite, se apropriar do projeto e de seus ativos, excutindo-os judicial ou extrajudicialmente, para fins de quitação da dívida.

O papel das garantias é diminuir a exposição do risco dos financiadores, os quais são terceiros que disponibilizaram recursos para o projeto, mas não possuem envolvimento direto na sua realização e, portanto, não usufruirão de rendimentos proporcionais ao sucesso econômico do empreendimento.

Não obstante isso, os financiadores buscam, através do mecanismo das garantias, exercer o controle e monitoramento sobre o projeto, vislumbrando assegurar a geração de caixa para o retorno do capital emprestado.

As garantias normalmente adotadas no *project finance* são as reais, ou seja, a alienação ou cessão fiduciária de bens, ações e recebíveis, o penhor de bens móveis e recebíveis e hipoteca de imóveis.

Entretanto, além das garantias reais, também poderão ser utilizadas fianças dos patrocinadores, mas estas normalmente com valor abaixo do montante financiado e podendo ser executadas em casos especificados no contrato.

Além disso, costuma-se prever também mecanismos contratuais que visam mitigar determinados riscos do projeto identificados pelos financiadores. Por exemplo, estabelecer obrigações de aporte de recursos no projeto pelos acionistas (*equity contribution* ou *equity support*) em caso de quebra do orçamento ou insuficiência de recursos para conclusão do projeto. Trata-se, do ponto de vista jurídico, não de garantia, mas de uma obrigação de fazer dos acionistas.

Apesar da proposta original do financiamento de projetos de limitar os riscos dos patrocinadores ao capital investido, com o passar dos anos, como vimos, foram necessárias adaptações a novos cenários, tal como o *project finance* em países em desenvolvimento como o Brasil, onde nem sempre os financiadores estão dispostos a emprestar recursos sem uma contraprestação direta dos patrocinadores.

Assim, em alguns casos, vemos também outorga de garantias por parte dos patrocinadores, principalmente durante o período pré-operacional. Nesse sentido, Fabrizio de Oliveira Sasdelli menciona:

> Ainda cabe ressaltar que esse tipo de fiança é muito utilizada no âmbito do *Bridge Loan*, contrato de empréstimo de curto prazo, celebrado ainda no início do projeto, quando os riscos são maiores, uma vez que a SPE acabou de ser constituída, ainda não possuindo receitas e um fluxo de caixa satisfatório.[16]

Considerando o grau de participação dos patrocinadores no *security package*, Sasdelli classifica o *project finance* como:

i) *non-recourse*, que não permite aos credores acessar o patrimônio dos acionistas e/ou dos *sponsors* do empreendimento;

[16] SASDELLI, Fabrizio de Oliveira. Garantias em *Project Finance*. In: CANTIDIANO, Luiz Leonardo; MUNIZ, Igor (Org.). Temas de Direito Bancário e do Mercado de Capitais. Rio de Janeiro: Renovar, 2014, p. 375.

ii) *limited recourse*, formado por *mix* de garantias constituídas sobre ativos do projeto e outras outorgadas pelos acionistas, estas últimas válidas por parte do período do financiamento; e

iii) *full recourse*, em que a totalidade das obrigações do financiamento são garantidas por ativos do projeto e garantias adicionais prestadas pelos acionistas.[17]

Algumas garantias possuem particularidades que visam acompanhar a administração do projeto, com vistas a prevenir eventuais efeitos materiais adversos à geração de caixa e o consequente inadimplemento da dívida. A este respeito ressalta Fabrizio de Oliveira Sasdelli, citando a obra de Scott L. Hoffman, que as garantias em um *project finance* servem a três principais propósitos, que seriam:

> (...) (A) dar aos credores, com total preferência a terceiros, acesso a todas as receitas relacionadas ao projeto; (B) permitir que os financiadores assumam o projeto e o transfiram a terceiros, na hipótese de inadimplemento do financiamento (tendo em vista a vedação ao pacto comissório); e (C) não permitir que terceiros, estranhos ao financiamento e ao projeto, venham a compartilhar ou restringir o acesso dos financiadores a receitas do projeto.[18]

Com relação ao item (B) da citação acima, a respeito da transferência do projeto a terceiros no caso de execução da garantia

17 Bonomi, Claudio Augusto e Malvessi, Oscar. Introdução de Tápias, Alcides Lopes. *Project Finance* no Brasil: fundamentos e estudos de casos. São Paulo: Atlas, 2002, p 51-52.

18 Sasdelli, Fabrizio de Oliveira. Garantias em *Project Finance*. In: Cantidiano, Luiz Leonardo; Muniz, Igor (Org.). Temas de Direito Bancário e do Mercado de Capitais. Rio de Janeiro: Renovar, 2014, p. 366.

pelos financiadores, ressaltamos que se trata de uma adequação aos limites da lei brasileira – vedação ao pacto comissório, assunto que iremos explorar adiante.

4. *Step-in Rights* no Sistema *Common Law*

No *common law*, a cláusula de *step-in* permite aos financiadores, numa situação de inadimplemento, assumir o controle e a administração da SPE que desenvolve o projeto.

Trata-se de uma ferramenta muito importante no âmbito do *project finance*, pela qual os financiadores conseguem intervir diretamente na má administração da SPE, a fim de tomar as providências que julgam necessárias para recuperar a companhia, antes que seja tarde.

A intervenção direta na administração da SPE se dá através da escolha, pelo financiador, de novos membros para ocupar os órgãos de administração da SPE, bem como no exercício do voto em assembleia, no lugar dos acionistas, sempre com o objetivo de reverter a situação financeira delicada da SPE. Em casos extremos, visará recuperar ao menos parte do valor da companhia, para então, vendê-la a um preço que seja suficiente para restituir o montante emprestado ou, ao menos, reduzir sua perda.

A cláusula de *step-in rights* é considerada como um dos remédios mais eficazes no âmbito do inadimplemento, quando comparada com os demais itens do *security package*. Isso porque, como se sabe, no *project finance*:

i) a concessão do crédito foi baseada exclusivamente no potencial de receita a ser gerada pelo empreendimento; e

ii) todos os ativos que compõem o empreendimento (e sobre os quais foram constituídas garantias) são necessários para viabilizar a referida geração de receitas.

Assim, caso ocorra a venda judicial ou extrajudicial de um desses ativos, os financiadores muito provavelmente estariam comprometendo a estrutura criada para gerar o fluxo de caixa, a qual, em última análise, será utilizada para quitar a dívida.

Nesse sentido, Stefano Gatti ressalta que o vencimento antecipado do financiamento, assim como a opção de se executar as garantias constituídas sobre os bens que compõem o projeto, são, na verdade, "remédios ilusórios".

> *All this makes sense if the security in question has its own independent market value and was secured on the basis of that value. In project finance, the logic is completely different. Security is created on every asset that constitutes the project. The project has value only if it is up and running and can generate revenues, which are used to repay the project loan and to compensate sponsors. The individual economic value of the assets that are subject to security, if not, negligible, is by no means commensurate to the amount of the loan. And this value shrinks even more if the project defaults, which is precisely when the issue of security enforcement comes into play.*[19]

De fato, os ativos do projeto são mais valiosos na medida em que, juntos, servem para operar o projeto, o qual tem a capa-

[19] Tudo isso faz sentido se o bem dado em garantia em questão tem seu próprio valor de mercado independente e foi dado em garantia com base nesse valor. Em *project finance*, a lógica é completamente diferente. A garantia é constituída sobre todo ativo que compõe o projeto. O projeto tem valor apenas se estiver constituído e operante e puder gerar receitas, que são usadas para pagar o financiamento do projeto e recompensar os patrocinadores. O valor econômico individual dos ativos que são objeto da garantia, se não forem desprezíveis, de nenhuma forma serão avaliados pelo valor do empréstimo. E esse valor encolhe ainda mais se o projeto falha, que é precisamente quando a execução das garantias passam a ser realizadas. – tradução livre. GATTI, Stefano. *Project finance in theory and practice: designing, structuring and financing private and public projects.* United States of America: Academic Press, 2013, p. 306.

cidade de gerar as receitas para o pagamento do empréstimo. Isoladamente, estes bens valem o seu preço de mercado, que costuma ser menor e insuficiente para cobrir o valor do financiamento.

Portanto, diante de uma situação de inadimplência do financiamento pela SPE, com o consequente vencimento antecipado da dívida, muito provavelmente não será por meio da execução das garantias constituídas sobre os ativos do projeto que os financiadores conseguirão levantar os recursos suficientes para a quitação do débito.

Uma outra possibilidade seria a venda judicial ou extrajudicial das ações da SPE. Busca-se, assim, transferir a um terceiro todo o empreendimento, que, em conjunto, tem maior valor, quando comparado à alienação dos bens considerados individualmente, dado o seu potencial de geração de receita. No entanto, se a SPE se encontra em situação financeira delicada, qual seria o valor de suas ações? Como ressalta Gatti: "*The more serious the crisis at hand, the lower the value of the company.*"[20]

É nesse contexto que se sobressai a cláusula de *step-in*. No *Common Law*, mediante o exercício desse direito, os financiadores poderão, então, apontar novos membros aos *boards* da SPE, bem como tomar as decisões diretivas da companhia, com o objetivo de reverter a sua situação financeira delicada e sanear as dívidas. Em casos extremos, visará recuperar ao menos parte do valor da companhia, para então, vendê-la a um preço que seja suficiente para restituir o montante emprestado ou, ao menos, reduzir sua perda.

É importante ressaltar que não há, nos países do *common law*, notadamente Estados Unidos e Inglaterra, um prazo limite para

[20] Quanto mais séria é a crise, menor é o valor da companhia. – tradução livre. GATTI, Stefano. *Project finance in theory and practice: designing, structuring and financing private and public projects.* United States of America: Academic Press, 2013, p. 306.

o exercício do *step-in*, ou seja, os financiadores poderão permanecer na administração da SPE pelo tempo que julgarem necessário para restabelecer sua capacidade de pagamento da dívida. Além disso, se eventualmente estabelecido o reequilíbrio das contas, os credores não têm a obrigação de devolver a titularidade do empreendimento aos antigos patrocinadores.

5. *Step-in Rights* no Direito Brasileiro

Ao importarmos o *project finance* para o Brasil, se fez necessário encontrar meios jurídicos para viabilizar a cláusula de *step-in*. Isso porque, no sistema *common law*, como dissemos, é permitido ao credor tomar para si as ações do projeto, no caso de inadimplemento do financiamento. No Brasil, no entanto, o credor é obrigado a proceder a venda, judicial ou extrajudicial, destas ações a um terceiro, em razão da vedação ao pacto comissório, nos termos do artigo 1.428 do Código Civil.

Inclusive, Scott L. Hoffman, ao tratar do *project finance* fora dos Estados Unidos, alertou para o risco de limitações ao pacote de garantias, em decorrência da legislação estrangeira à norte-americana:[21]

> (...). Lenders in transational projects do not always enjoy the predictability offered in the United States. There is no collection of international laws that govern the creation, perfection, and priority of security interests. It is the rare project financing that does not require compliance with the security laws of the host country, at least for part of the collateral. The risks presented by these laws must be understood and the requirements complied with.[22]

[21] HOFFMAN, Scott L. *The Law and Business of International Project Finance*. 3ª ed. New York: Cambridge University Press, 2008, p. 364 e 365.

[22] Tradução livre: "(...). Financiadores em projetos transnacionais nem sempre aproveitam a previsibilidade oferecida nos Estados Unidos. Não há compilado

Com relação ao pacto comissório, o credor fica impossibilitado de incorporar no seu patrimônio as ações objeto do contrato de garantia no caso de inadimplemento do alienante.

No direito brasileiro, ao excutir uma garantia, o credor deve aliená-la, utilizando os recursos obtidos com referida alienação para a satisfação de seu crédito.

Assim, devido ao pacto comissório, podemos considerar que o *step-in rights* dos financiadores no direito brasileiro seria possível tão somente para cumprir o escopo de preparar a companhia para venda judicial ou extrajudicial, e não efetivamente para sanear a crise financeira nela instalada, com vistas à satisfação do crédito. Nesse sentido, José Virgilio Lopes esclarece:

> Para não incorrer na vedação ao pacto comissório, a assunção do controle direto sobre a sociedade, via exercício dos direitos políticos próprios da ação, deveria ser obtida com o intuito limitado de preparar a sociedade para sua alienação, via venda amigável de suas ações (totalidade dela, ou bloco que garanta a maioria do capital votante). Ou seja, a assunção do controle jamais poderia ser obtida com o intuito de perpetuar o financiador nessa condição, ou considerar quitado o seu crédito, sob pena de configuração de pacto comissório vedado em lei.[23]

Adicionalmente, se considerarmos uma alienação fiduciária das ações da empresa investida, ao invés do penhor destas

de leis internacionais que regulem a criação, constituição e prioridade sobre garantias. É raro o *project finance* que não requer cumprimento das leis sobre garantias do país anfitrião, ao menos parte das garantias. Os riscos apresentandos por estas legislações devem ser entendidos e os requerimentos atendidos."

[23] Enei, José Virgílio Lopes; Vieira, Antonio Paulo Kubli. *Step-In Right* no Direito Brasileiro. Revista TN Petróleo, Rio de Janeiro, ano XV, nº 91, p. 180-182, set./out. 2013, p. 238.

ações, então haveria que se considerar o conceito da propriedade fiduciária na análise do caso.

Autores como Namem Chalhub entendem que não deveria ser vedado o credor ficar com a propriedade fiduciária no caso de excussão desta modalidade de garantia:

> De outra parte, muito embora seja constituída para garantia, a propriedade fiduciária distingue-se dos demais direitos reais de garantia (hipoteca, penhor e anticrese) porque nestes o direito incide na coisa alheia e naquela se trata de direito real sobre coisa própria.

Dada essa configuração, não há que se cogitar da aplicação da regra do art. 765 do Código Civil (...).[24]

De fato, como conceito, a alienação fiduciária tem o condão de transferir a propriedade ao credor no momento da assinatura e do registro do contrato no livro de ações nominativas, com condição resolúvel correspondente ao adimplemento do contrato de financiamento. Assim, somente quando cumpridas todas as obrigações pela companhia devedora, implementa-se a condição, e, como consequência disso, as ações voltam para a esfera patrimonial da SPE.

Caso ocorra o inadimplemento, não haverá a implementação da condição e, nesse caso, o credor permanecerá como titular do bem alienado fiduciariamente. Veja que a transferência da propriedade não acontece no momento em que ocorre o inadimplemento, mas antes, na assinatura e registro do contrato no livro de ações nominativas. Porém, há que se reconhecer que a

[24] CHALHUB, Melhim Namem. Negócio fiduciário: alienação fiduciária, cessão fiduciária, securitização, Decreto – Lei n. 911, de 1969, Lei n. 8.668, de 1993, Lei n. 9.514, de 1997, Lei n. 10.931/2004. 2ª edição. Rio de Janeiro: Renovar, 2000. p. 234.

transferência é estritamente com escopo de garantia, ou seja, não há transferência da propriedade plena.

Sob esta lógica do momento da transferência da propriedade, a alienação fiduciária se difere do penhor, por exemplo, na classificação de crédito em uma situação falimentar. Os créditos garantidos por alienação fiduciária são considerados extraconcursais, sob o argumento de que já não integram a esfera patrimonial da companhia devedora. O crédito garantido por penhor, por outro lado, é o segundo da lista de preferência, logo após os créditos trabalhistas.

Ora, se o tratamento dado à alienação fiduciária no âmbito da falência é o de que a propriedade foi transferida no momento da assinatura e registro do contrato no livro de ações, porque o mesmo entendimento não serviria para permitir a permanência das ações dadas em garantia fiduciária com o credor?

No entanto, mesmo em casos de alienação fiduciária de ações, em que pesem entendimentos contrários, prevalece a vedação ao pacto comissório.

Assim, considerando a importância da cláusula de *step-in rights* para o *Project Finance* e os entraves para sua utilização no Brasil, vislumbramos as alternativas a seguir expostas para adaptá-la às leis brasileiras, ressalvado, porém, que nenhuma delas adequa perfeitamente o instituto, tal como utilizado nos países de *common law*.

a. Limitações ao exercício do direito de voto dos acionistas da spe

O penhor ou alienação fiduciária de ações da SPE são garantias reais que já são parte do *security package* do *project finance*.

No entanto, existe a possibilidade de se prever, no próprio contrato de penhor ou alienação fiduciária de ações, a necessidade do consentimento prévio, por parte do credor, para aprovação de determinadas matérias a serem deliberadas em assembleia geral de acionistas, com fundamento no artigo 113 e parágrafo único da Lei nº 6.404, de 15 de dezembro de 1976, conforme alterada (Lei das Sociedades por Ações).[25]

A cláusula de consentimento prévio aproxima-se da cláusula de *step-in rights*, na medida em que permite aos financiadores exercerem o controle externo sobre a SPE do projeto, podendo interferir na administração da companhia, de forma a preservar seus interesses como credores.

Certamente, os assuntos que interferem de forma direta na continuidade do projeto têm fundamento para depender de aprovação prévia dos financiadores. Por exemplo, a contratação de novas dívidas pela companhia, instituição de novos gravames sobre os ativos do projeto, pedido de falência ou recuperação judicial ou extrajudicial, término de qualquer contrato comercial relevante, distribuição de dividendos, realização de operações societárias ou reorganizações societárias e alterações no objeto social ou de demais cláusulas do estatuto social da companhia.

Há, no entanto, divergências quanto à possibilidade de o credor pignoratício poder exercer o direito à aprovação prévia do voto do acionista no âmbito da eleição dos administradores da SPE.

Isso porque, a legislação não define quais as matérias que podem ser objeto de aprovação prévia dos financiadores ou quais não estariam sujeitas a esse controle externo. Modesto Carvalhosa entende que deve ser restrito o alcance destas cláusulas que condicionam o voto dos acionistas ao consentimento prévio

[25] LSA, Art. 113. O penhor da ação não impede o acionista de exercer o direito de voto; será lícito, todavia, estabelecer, no contrato, que o acionista não poderá, sem consentimento do credor pignoratício, votar em certas deliberações. Parágrafo único. O credor garantido por alienação fiduciária da ação não poderá exercer o direito de voto; o devedor somente poderá exercê-lo nos termos do contrato.

do credor, não podendo ter por objeto os "*atos ordinários da administração*", como por exemplo a eleição dos administradores.[26]

Por outro lado, Fabio Konder Comparato entende ser possível estabelecer no contrato de penhor a necessidade de consentimento prévio do credor para o voto do acionista em assembleia geral, com relação à eleição dos administradores:

> (...). Nada impede, porém, que as partes estipulem várias outras hipóteses de voto vinculado, notadamente quanto à eleição dos administradores e fiscais, à emissão de empréstimos debenturísticos, ou à mudança de objeto social.[27]

Quanto à escolha dos membros da administração, entendemos ser possível também vincular à aprovação prévia dos credores, uma vez que a legislação não veda de forma expressa essa possibilidade e, ademais, permite o poder de veto em deliberações da companhia por parte dos credores (vide artigo 113 da Lei das Sociedades por Ações). De todo modo é importante ressaltar que, diferente do *step-in rights* do *common law*, em que o credor passa a ter o direito de nomear os membros da administração da companhia de forma direta, no presente caso, os credores têm o poder de veto sobre a escolha destes membros, exercendo, portanto, por via indireta, sua ingerência na escolha dos membros da administração.

[26] Comentários à Lei de Sociedades Anônimas. Carvalhosa, Modesto. 6ª edição. São Paulo: Saraiva, 2014, p. 525, citando *Sociedade por Ações*, Valverde, Trajano de Miranda, volume 2, p. 71: "Não pode, assim, o contrato de financiamento incluir cláusula de prévio consentimento de voto, no que respeita, v.g., à eleição dos administradores, ao aumento de capital social, à criação de ações preferenciais, à eleição do Conselho Fiscal. (...)." "O prévio consentimento do credor não pode ter por objeto matéria de interesse social ordinário."

[27] O Poder de Controle na Sociedade Anônima. Comparato, Fabio Konder e Filho, Calixto Salomão. Rio de Janeiro: Ed. Forense, 2005, p. 91.

Assim, o direito à autorização prévia dos credores pignoratícios ou fiduciários para aprovação de determinadas matérias pelos acionistas, nos termos do artigo 113 e parágrafo primeiro da Lei das Sociedades por Ações, configura-se importante instrumento de controle externo por parte dos credores. Ainda que não proporcione a assunção na administração da SPE pelo credor, tal como tipicamente ocorre no *step-in rights* do *common law*, em determinada medida permite ao financiador influenciar as decisões em assembleias gerais. Cumpre, portanto, em determinado grau, a função do *step-in rights* do direito norte-americano e inglês.

Ressalte-se, por fim que, o consentimento prévio do credor com relação ao voto do acionista em assembleia geral também se distancia do *step-in* pelo fato de que o exercício deste direito não está condicionado a um *default* (inadimplemento contratual) da companhia. Na verdade, ele poderá ser exercido a partir da constituição da garantia pignoratícia ou alienação fiduciária sobre as ações, conforme o caso.

b. Instituição de usufruto condicional sobre as ações da spe

Maria Helena Diniz define o usufruto como "direito real conferido a alguém de retirar, temporariamente, da coisa alheia os frutos e utilidades que ela produz, sem alterar-lhe a substância."[28]

Trata-se da transferência a um terceiro dos direitos de uso e gozo sobre o bem, sem a transferência da propriedade do referido bem, por tempo determinado.

Outra possível forma de estruturação da cláusula de *step-in rights* no direito brasileiro seria através da gravação das ações da SPE com o direito real de usufruto em favor dos financiadores, sob a condição suspensiva correspondente ao inadimplemento da SPE. Nesse sentido, José Virgílio esclarece:

[28] Diniz, Maria Helena, *in* Código Civil Anotado, Editora Saraiva, 2003. p. 910.

> Ocorrido o inadimplemento e entregue a notificação pelo financiador, opera-se automaticamente a eficácia do usufruto, prevendo o respectivo instrumento de constituição o direito de o financiador, investido na posição de usufrutuário, exercer livremente o direito de voto sobre as ações em usufruto. Tendo sido o instrumento de usufruto registrado no livro da sociedade na data de sua constituição, não haveria qualquer impecilho de ordem prática ao exercício do direito de voto e seu acatamento pela sociedade.[29]

Por meio do usufruto condicional sobre as ações da SPE, os financiadores passam a exercer, na hipótese de inadimplemento, o controle direto sobre a companhia, podendo inclusive eleger os administradores, tal como permitido no *step-in rights* do *common law*.

De outro lado, é importante ressaltar que o usufruto previsto no direito brasileiro tem caráter temporário e não tem o condão de conferir ao seu titular o direito de disposição da coisa. Assim esclarece Carlos Roberto Gonçalves:

> Caracteriza-se o usufruto, assim, pelo desdobramento, em face do princípio da elasticidade, dos poderes inerentes ao domínio: de um lado fica com o nu-proprietário o direito à substância da coisa, a prerrogativa de dispor dela, e a expectativa de recuperar a propriedade plena pelo fenômeno da consolidação, tendo em vista que o usufruto é sempre temporário; de outro lado, passam para as mãos do usufrutuário os direitos de uso e gozo, dos quais transitoriamente se torna titular.[30]

[29] ENEI, José Virgílio Lopes. *Project Finance* Financiamento com foco em empreendimentos (parcerias público-privadas, *leveraged buy-outs* e outras figuras afins). São Paulo: Editora Saraiva, 2007. p. 241.

[30] GONÇALVES, Carlos Roberto. *Direito Civil Brasileiro – Direitos das Coisas.* 4ª edição. São Paulo: Saraiva, 2009. Vol. V, p. 450.

Logo, no caso do usufruto condicional das ações da SPE, os financiadores poderão, uma vez ocorrido o inadimplemento, gozar dos direitos políticos decorrentes das ações, mas tal exercício será sempre por tempo determinado. A data limite poderá ser a data da quitação integral da dívida ou mesmo a data de vencimento do contrato de financiamento.

Além disso, uma vez que a propriedade do bem pertence ao nu-proprietário e não ao usufrutuário, não é possível cogitar a alienação das ações pelo financiador a um terceiro. Portanto, caso fosse necessária a venda das ações, judicial ou extrajudicial, os financiadores teriam que realizá-la por meio de outras garantias, como o penhor ou alienação das ações mencionados acima.

Assim, nos termos acima, parece-nos ser possível considerar o usufruto condicional como forma de garantia de um *project finance*, com vistas a produzir os efeitos, ao menos em parte, de uma cláusula de *step-in rights* do *Common Law*, na medida em que, sobrevindo o *default* (falta do pagamento tempestivo da dívida ou descumprimento de qualquer outra obrigação contratual), implementa-se a condição, e os credores passam a exercer os direitos de uso e gozo político decorrente do usufruto das ações, de forma automática, tal como deverá estar previsto no livro de registro de ações da companhia devedora.

c. *Golden shares*

As chamadas ações preferenciais de classe especial podem também ser alternativa para permitir o controle da companhia devedora pelos financiadores, na hipótese de inadimplemento, similar ao mecanismo decorrente da cláusula de *step-in rights* do direito anglo-saxão.

Ainda que a aplicação das *golden shares* fora do contexto das privatizações seja objeto de discussão, parece-nos ser possível admiti-las no âmbito da relação entre particulares, com o fim de preservar interesses de terceiros, como, por exemplo, um credor. Nesse sentido, descreve Juliana Krueger Pela:

> Assim como as classes de ações ordinárias, as *golden shares* procuram compor interesses distintos, trazendo para o *locus* decisório interesses que não seriam contemplados de outra forma. Nas companhias privatizadas, o interesse do particular que adquire o controle da companhia estatal, de um lado, e o interesse nacional ou o interesse público, de outro, e nas companhias privadas, o interesse de terceiros que mantém relações com a sociedade e o interesse do acionista controlador, por exemplo.[31]

A Lei das Sociedade por Ações prevê no parágrafo sétimo do artigo 17 a possibilidade da existência das *golden shares*, chamadas de "ações de classe especial":

> Nas companhias objeto de desestatização poderá ser criada ação preferencial de classe especial, de propriedade exclusiva do ente desestatizante, à qual o estatuto social poderá conferir os poderes que especificar, inclusive o **poder de veto às deliberações da assembleia-geral nas matérias que especificar**.

Não obstante a previsão expressa da lei sobre "ações de classe especial" se dirigir às companhias objeto de desestatização, podemos identificar outros dispositivos da referida norma, aplicáveis tanto a empresas estatais como privadas, que possibilitam conferir a determinadas ações preferenciais poderes semelhantes àqueles previstos no parágrafo sétimo do artigo 17 acima transcrito.

É o caso do parágrafo segundo do artigo 17, segundo o qual o estatuto social da companhia pode prever "outras preferências

[31] As Golden Shares no Direito Societário Brasileiro. Pela, Juliana Krueger. São Paulo: Ed. Quartier Latin, 2012, p. 146.

ou vantagens que sejam atribuídas aos acionistas sem direito a voto, ou com voto restrito". E o artigo 18 e seu parágrafo único estabelece que "o estatuto pode assegurar a uma ou mais classes de ações preferenciais o direito de eleger, em votação em separado, um ou mais membros dos órgãos de administração", bem como que "o estatuto pode subordinar as alterações estatutárias que especificar à aprovação, em assembléia especial, dos titulares de uma ou mais classes de ações preferenciais."

Ora, se a lei das sociedades por ações permite a qualquer sociedade anônima a criação de ações preferenciais que conferem o direito de eleger em votação em separado os membros do órgão de administração, bem como a possibilidade de se subordinar as alterações estatutárias à aprovação dos acionistas preferencialistas, pode-se concluir que tais prerrogativas geram os mesmos efeitos das "ações de classe especial". Assim, nos parece ser possível admitir o uso das *golden shares* nas companhias privadas.

Sobre elas, Fabio Konder Comparato relata:

> (...). Assim, com o poder de veto das alterações estatutárias e com o poder de eleger a maioria dos membros do Conselho, pode-se controlar a sociedade. Esses poderes são atribuídos a ações preferenciais de classe especial (*golden shares* – art. 18 da lei societária) (...).[32]

Admitido, portanto, o uso das *golden shares* tanto no âmbito das empresas estatais quanto das empresas privadas, resumimos suas principais características:

[32] O Poder de Controle na Sociedade Anônima. Comparato, Fabio Konder e Filho, Calixto Salomão. Rio de Janeiro: Ed. Forense, 2005, p. 77.

i) conferir direito de eleger em votação em separado os membros do órgão de administração; e

ii) condicionar a aprovação em assembleia especial de propostas de alterações no estatuto social da companhia.

A propósito, essa segunda característica equipara-se ao poder de veto pelos acionistas preferencialistas, conforme nos esclarece Juliana Krueger Pela:

> Observa-se, dessa forma, perfeita coincidência entre o direito político atribuído às classes de ações preferenciais em virtude do parágrafo único do artigo 18 e uma das principais prerrogativas inerentes às *golden shares*: o veto. (...), o poder de veto caracteriza a *golden share* e possibilita a intervenção do respectivo titular no processo decisório dos órgãos da companhia, especialmente da Assembleia Geral que tiver por objeto deliberar sobre alteração estatutária.[33]

Assim, dadas as suas características, as *golden shares* podem ser utilizadas como uma forma de adaptar a cláusula de *step-in rights* do *common law* ao direito brasileiro. Para tanto, há que se prever no estatuto social estas ações, e outorgá-las às instituições financeiras credoras do projeto. O estatuto social deverá estabelecer ainda as matérias sujeitas à aprovação, em assembleia especial, dos titulares das *golden shares*, tais como: a contratação de novas dívidas, instituição de novos gravames sobre os ativos do projeto, pedido de falência ou recuperação judicial ou extrajudicial, término de contrato comercial relevante, etc.

Dessa forma, haverá a transferência do poder político da companhia aos financiadores (eleição de membros da adminis-

[33] As Golden Shares no Direito Societário Brasileiro. Pela, Juliana Krueger. São Paulo: Ed. Quartier Latin, 2012, p. 155.

tração e poder de veto em alterações estatutárias) e a permanência dos direitos econômicos com os acionistas (direito aos dividendos, etc).

Semelhante ao que ocorre no *step-in rights* do *common law*, as *golden shares*, quando outorgadas aos credores do projeto, lhes permitirá escolher os membros da administração e, por via indireta, lhes conferirá o poder de influenciar as decisões em assembleias gerais, através da necessidade aprovação de determinadas matérias em assembleia especial. Cumpre, portanto, em determinado grau, a função do *step-in rights* do direito norte-americano e inglês.

Por derradeiro, vale ressaltar que as *golden shares* seriam constituídas no momento de criação do estatuto da SPE ou no momento anterior à contratação do *project finance*. Em ambas as situações, os credores passam a ter maior ingerência sobre a SPE desde a criação das *golden shares* e não ficam condicionados a um *default* (inadimplemento contratual) da SPE, o que, neste ponto, difere da cláusula de *step-in rights*.

6. *Step-in Rights* no Âmbito das Concessões e Parcerias Público-Privadas

Sem prejuízo do disposto acima, a cláusula de *step-in rights* foi introduzida no ordenamento jurídico brasileiro por meio da Lei nº 13.097, de 19 de janeiro de 2015, que acresceu o artigo 27-A à Lei nº 8.987, de 13 de fevereiro de 1995, que trata das licitações e concessões de serviços públicos, e alterou o artigo 5º, parágrafo segundo, bem como acresceu o artigo 5-A à Lei 11.079, de 30 de dezembro de 2004, que trata das parcerias público-privadas.

O artigo 27-A da lei das concessões bem como o artigo 5-A, juntamente com o previsto no artigo 5 da lei das parcerias público-privadas, estabelecem que, no intuito de promover a reestruturação financeira da SPE e assegurar a continuidade da prestação dos serviços, poderá ocorrer a transferência do controle ou da administração temporária da SPE aos financiadores.

No primeiro caso, trata-se da transferência da propriedade das ações do projeto aos financiadores, em caráter resolúvel.[34] E, no segundo caso, os financiadores passam a exercer a administração temporária da SPE, sem a transferência da propriedade das ações, por meio da outorga de poderes para:

a) indicar os membros do Conselho de Administração, a serem eleitos em Assembleia Geral pelos acionistas, nas sociedades regidas pela Lei 6.404, de 15 de dezembro de 1976; ou administradores, a serem eleitos pelos quotistas, nas demais sociedades;
b) indicar os membros do Conselho Fiscal, a serem eleitos pelos acionistas ou quotistas controladores em Assembleia Geral;
c) exercer poder de veto sobre qualquer proposta submetida à votação dos acionistas ou quotistas da concessionária, que representem, ou possam representar, prejuízos aos fins previstos no caput deste artigo;
d) outros poderes necessários ao alcance dos fins previstos no caput deste artigo.

Ainda, é importante ressaltar que a administração temporária da SPE pelos financiadores, conforme autorizada pelo poder concedente, nos termos do contrato de concessão ou contrato de parceria público-privada, não imporá responsabilidade aos financiadores em relação *à tributação, encargos, ônus, sanções, obri-*

[34] Artigo 5-A: Para fins do inciso I do §2º do art. 5º, considera-se: I – o controle da sociedade de propósito específico a propriedade resolúvel de ações ou quotas por seus financiadores e garantidores que atendam os requisitos do art. 116 da Lei nº 6.404, de 15 de dezembro de 1976; (...).

gações ou compromissos com terceiros, inclusive com o poder concedente ou empregados. Assim, aparentemente, quis o legislador salvaguardar os financiadores de eventual assunção de obrigações da SPE, ao exercerem a administração temporária.

Não sabemos como será a aplicação do artigo 27-A da lei de concessões e artigo 5º, parágrafo segundo, inciso I, complementado pelo artigo 5-A da lei das parcerias público privadas pelo judiciário brasileiro. Entretanto, ao que parece, o legislador quer sua aplicação semelhante à cláusula de *step-in rights* do direito norte-americano. Isso significa:

i) que por meio do exercício da cláusula de *step-in* prevista nestas legislações pode ocorrer a transferência do controle da companhia devedora aos financiadores, em caráter resolúvel, para o único fim de promover a reestruturação financeira e assegurar a continuidade na prestação dos serviços. Essa transferência das ações não seria decorrente de uma execução judicial ou extrajudicial do penhor constituído sobre tais ações, não devendo se falar, portanto, em conflito com a vedação ao pacto comissório;[35] e

ii) que há a possibilidade de transferência temporária da administração da SPE aos financiadores, com poderes de indicar membros a serem eleitos em assembleia geral e conselho fiscal, sem a transferência da propriedade da ações aos financiadores.

Por ora, é possível afirmar que a cláusula de *step-in rights* existe no direito brasileiro apenas no âmbito das concessões e

[35] Vide artigo 1.428 do Código Civil: É nula a cláusula que autoriza o credor pignoratício, anticrético ou hipotecário a ficar com o objeto de garantia, se a dívida não for paga no vencimento.

parcerias público-privadas e com o escopo de impedir a interrupção da prestação dos serviços públicos.

Em outros financiamentos de projeto não se verifica a possibilidade de aplicação deste instituto, especialmente em razão da proibição do credor permanecer com o bem dado em garantia.

Dada a sua relevância, espera-se que o conceito do *step-in rights* seja incorporado pelo nosso ordenamento jurídico, como um instituto específico, capaz de fornecer aos financiadores maior ingerência na administração da companhia devedora em situações específicas. Assim, não necessitaremos dos esforços hoje realizados para a sua adequação aos instrumentos jurídicos disponíveis atualmente no direito brasileiro.

Conclusão

Por meio deste trabalho, procuramos identificar as possibilidades de se adaptar a cláusula de *step-in rights*, presente no *project finance* aplicado no direito anglo-saxão, ao ordenamento jurídico brasileiro, de modo a não esbarrarmos no pacto comissório, que corresponde à proibição do credor permanecer com o bem dado em garantia.

Parece-nos ser válido os esforços para fazer esta adequação, tendo em vista a importância desta cláusula para o *project finance*, na medida em que é o mecanismo mais eficiente do *security package*, já que as demais garantias, se executadas, comprometem a geração de fluxo de caixa do empreendimento. De fato, levando-se a cabo a execução do penhor sobre os bens e equipamentos do empreendimento e alienação fiduciária ou hipoteca sobre os bens imóveis do projeto estar-se-á, na verdade, comprometendo o próprio projeto e, consequentemente, a capacidade de geração do fluxo de caixa que poderia pagar o financiamento.

Além disso, a cláusula de *step-in rights* visa, em última instância, assegurar maior controle dos financiadores sobre o recebimento do crédito concedido. A segurança jurídica na sua aplicação no Brasil trará benefício tanto aos credores quanto à companhia devedora, pois possibilitaria a redução do custo do financiamento, proporcionalmente à diminuição do risco do financiador.

As alternativas que identificamos para adaptar a cláusula de *step-in rights* no direito brasileiro, quais sejam: **(i)** limitações ao exercício do direito de voto dos acionistas da SPE, previstas no contrato de penhor de ações da SPE; **(ii)** instituição de usufruto condicional sobre as ações da SPE; ou **(iii)** criação de *golden shares*, possuem, cada qual, características que, em determinada medida, visam produzir os efeitos semelhantes à cláusula de *step-in* do direito anglo-saxão. Na verdade, tratam-se de instrumentos que proporcionam aos financiadores algum grau de ingerência sobre a administração da companhia devedora, por meio de controles externos.

Não obstante o disposto acima, nota-se uma tendência à aceitação da cláusula de *step-in rights* no nosso ordenamento. Isso porque, conforme destacamos ao longo deste artigo, as recentes alterações nas leis de concessões e de parcerias público-privadas permitem aos financiadores de projetos de infraestrutura ligados à prestação de serviços públicos tomar o controle ou a administração da companhia devedora para o fim de promover a sua reestruturação financeira. A diferença com o *step-in rights* do direito anglo-saxão é que o objetivo da lei brasileira ao permitir a transferência do controle ou da administração temporária da companhia devedora em situação financeira delicada aos financiadores é impedir a interrupção da prestação do serviço, enquanto que o *step-in* da *common law* visa reestruturar a companhia para possibilitar, em última instância, o pagamento do financiamento, seja por meio da retomada de fluxo de caixa positivo, seja pela venda a terceiros da SPE do projeto.

Enfim, a aceitação da cláusula de *step-in rights* em outros contextos que não os de concessões de serviços públicos e de parcerias público-privadas ainda é um caminho a ser percorrido no Brasil. Enquanto isso, valemos de institutos, como aqueles trabalhados neste artigo, para adaptar, na medida do possível, o *step-in rights* ao nosso ordenamento jurídico, tendo em vista a sua relevância para o *project finance*.

Permitir, sob nossas leis, a adoção da cláusula de *step-in rights* no âmbito do *project finance*, tal como utilizado no sistema *common law*, contribui para o desenvolvimento da infraestrutura no Brasil, pois, em última análise, estamos falando em redução de riscos por partes dos financiadores. Isso beneficia também os empreendimentos, pois com o risco menor, diminui também o custo dos recursos emprestados.

Referências

BONOMI, Claudio Augusto. ***Project Finance* no Brasil: fundamentos e estudos de casos**. São Paulo: Atlas, 2002.

FINERTY, John D. ***Project Finance*: engenharia financeira baseada em ativos**; tradução Bazán Tecnologia e Linguística, Carlos Henrique Trieschmann. Rio de Janeiro: Qualitymark, 1998.

BORGES, Luis Ferreira Xavier. *Project Finance e Infra-Estrutura: Descrição e Críticas*. **Revista do** BNDES. Rio de Janeiro, nº 9, jun. 1998. Disponível em: <http://www.bndes.gov.br/SiteBNDES/export/sites/default/bndes_pt/Galerias/Arquivos/conhecimento/revista/rev905.pdf.>. Acesso em: 01 dez. 2015.

BORGES, Luiz Ferreira Xavier; FARIA, Viviana Cardoso de Sá e. *Project Finance*: Considerações sobre a Aplicação em Infra-estrutura no Brasil. **Revista do BNDES**, Rio de Janeiro, vol. 9, nº 18, p. 241-280, dez. 2002. Disponível em: <http://www.bndes.gov.br/SiteBNDES/export/sites/default/bndes_pt/Galerias/Arquivos/conhecimento/revista/rev1808.pdf>. Acesso em: 29 nov. 2015.

NETO, Eduardo Salomão. **Direito Bancário**. 2ª edição. São Paulo: Atlas, 2014.

ENEI, José Virgilio Lopes. ***Project Finance***. São Paulo: Saraiva, 2007.

PELA, Juliana Krueger. As Golden Shares no Direito Societário Brasileiro. São Paulo: Ed. Quartier Latin, 2012

SASDELLI, Fabrizio de Oliveira. Garantias em *Project Finance*. In: CANTIDIANO, Luiz Leonardo; MUNIZ, Igor (Org.). **Temas de Direito Bancário e do Mercado de Capitais**. Rio de Janeiro: Renovar, 2014, p. 363-383.

SEABRA, Isamara. A Importância do *Project Finance* no Desenvolvimento das Empresas Brasileiras. In: CALDAS, Roberto Correia da Silva Gomes; NEVES, Rubia Carneiro (Org.). **Atuação Empresarial no Estado Democrático de Direito**. São Paulo: Clássica, 2013. p.217-245.

CARVALHOSA, Modesto. **Comentários à Lei das Sociedade Anônimas**. 7ª edição. São Paulo: Saraiva, 2013.

ENEI, José Virgílio Lopes; VIEIRA, Antonio Paulo Kubli. *Step-In Right* no Direito Brasileiro. **Revista TN Petróleo**, Rio de Janeiro, ano XV, nº 91, p. 180-182, set./out. 2013.

CHALHUB, Melhim Namem. **Negócio fiduciário: alienação fiduciária, cessão fiduciária, securitização, Decreto – Lei n. 911, de 1969, Lei n. 8.668, de 1993, Lei n. 9.514, de 1997, Lei n. 10.931/2004**. 2ª edição. Rio de Janeiro: Renovar, 2000.

GONÇALVES, Carlos Roberto. Direito Civil Brasileiro – Direito das Coisas. 4ª edição. São Paulo: Saraiva, 2009. vol. V.

DINIZ, Maria Helena, in Código Civil Anotado, Editora Saraiva, 2003.

SIGOLLO, Angélica Ramos de Frias. **Poder de controle dos agentes financeiros no *project finance***. 2014. Dissertação (Mestrado em Direito Comercial) – Faculdade de Direito, Universidade de São Paulo, São Paulo. Disponível em <http://www.teses.usp.br/teses/disponiveis/2/2132/tde-21012015-082209/>. Acesso em: 01 dez. 2015.

BORGES, Luiz Ferreira Xavier; NEVES, Cesar das. Parceria Público-Privada: Riscos e Mitigação de Riscos em Operações Estruturadas de Infra-Estrutura. **Revista do BNDES**, Rio de Janeiro, vol. 12, nº 23, p. 73-118, jun. 2005. Disponível em: <http://www.bndes.gov.br/SiteBNDES/export/sites/default/bndes_pt/Galerias/Arquivos/conhecimento/revista/rev2305.pdf>. Acesso em: 29 nov. 2015.

TIMM, Luciano Benetti; D'AVILA, Anderson Jardim. Alienação Fiduciária em Garantia no *Project Finance* no Brasil. **Revista de Direito Bancário e do Mercado de Capitais**, São Paulo, ano 14, vol. 51, p. 131-154, jan./mar. 2011.

PEREIRA, Renato Sundin. *Project Finance* como Fonte Alternativa de Recursos. 2003, p. 17. Tese de pós-graduação em engenharia de produção – UFSC.

FILHO, Nelson Fontes Siffert; ALONSO, Leonardo de Almeida; CHAGAS, Eduardo Barros das; SZUSTER, Fernanda Rechtan; SUSSEKIND, Cláudia Sardenberg. O Papel do BNDES na Expansão do Setor Elétrico Nacional e o Mecanismo de *Project Finance*. **BNDES Setorial**. Rio de Janeiro, nº 29, p. 03-36, mar. 2009. Disponível em: <http://www.bndes.gov.br/SiteBNDES/export/sites/default/bndes_pt/Galerias/Arquivos/conhecimento/bnset/Set2901.pdf>. Acesso em: 29 nov. 2015.

FILHA, Dulce Corrêa Monteiro; CASTRO, Marcial Pequeno Saboya de. *Project Finance* para a Indústria: Estruturação de Financiamento. **Revista do BNDES**, Rio de Janeiro, vol. 7, nº 14, p. 107-124, dez. 2000. Disponível em: <http://www.bndes.gov.br/SiteBNDES/export/sites/default/bndes_pt/Galerias/Arquivos/conhecimento/revista/rev1404.pdf>. Acesso em: 01 dez. 2015.

Obras Complementares

NEVITT, Peter K. e FABOZZI, Frank. ***Project Financing***. 7ª edição. Londres: Euromoney Books, 2000.

NETO, Eduardo Salomão. Financiamento de projetos com recursos internacionais (*Project Finance*). **Revista de Direito Bancário e do Mercado de Capitais**, São Paulo, vol. 7, nº 23, p. 53-92, jan./mar. 2004.

ZANCHIM, Kleber Luiz. Intervenção e *step-in rights*: um conflito de poder entre a administração pública e agente financiador nas PPPs brasileiras. **Revista de Direito Mercantil, Industrial, Econômico e Financeiro**, v. 45, nº 144, p. 194-207, out./dez. 2006.

BORGES, Luiz Ferreira Xavier. *Covenants*: Instrumento de Garantia em *Project Finance*. **Revista do BNDES**, Rio de Janeiro, nº 11, jun. 1999. Disponível em: <http://www.bndes.gov.br/SiteBNDES/export/sites/default/bndes_pt/Galerias/Arquivos/conhecimento/revista/rev1106.pdf>. Acesso em: 29 nov. 2015.

CARDOSO, Luana Angélica Salomon. **A Alienação Fiduciária de Ações em Garantia e as Implicações no Direito de Voto, Direito aos Dividendos e na Troca de Controle da Companhia**. 2012. 108 f. Dissertação (Tese de pós-graduação em Direito do Mercado Financeiro e de Capitais) – Insper – Instituto de Ensino e Pesquisa, São Paulo.

MACEDO, Ricardo Ferreira de. **Controle Não Societário**. Rio de Janeiro: Renovar, 2004.

ABRAÃO, Nelson. **Direito Bancário**. 12ª Edição. São Paulo: Saraiva, 2009.

FORTUNA, Eduardo. **Mercado Financeiro: Produtos e Serviços**. 20ª Edição. Rio de Janeiro: Qualitymark, 2015.

COELHO, Fábio Ulhoa. **Curso de Direito Comercial – Direito de Empresa**. 19ª edição. São Paulo: Saraiva, 2015. vol. 2.

GONÇALVES, Carlos Roberto. **Direito Civil Brasileiro – Direito das Coisas.** 4ª edição. São Paulo: Saraiva, 2009. vol. V.

FERNANDES, Jean Carlos. **Cessão Fiduciária de Títulos de Crédito – A Posição do Credor Fiduciário na Recuperação Judicial da Empresa**. 2ª edição. São Paulo: Lumen Iuris, 2010.

PENTEADO, Mauro Bardawil. **O Penhor de Ações no Direito Brasileiro**. São Paulo: Malheiros, 2008.

NOGUEIRA, André Carvalho. Propriedade Fiduciária em Garantia: o sistema dicotômico da propriedade no Brasil. **Revista de Direito Bancário e do Mercado de Capitais**, São Paulo, ano 11, nº 39, p. 56-78, jan./mar. 2008.

PRADO, Lucas Navarro; Ribeiro, Maurício Portugal. **Comentários à Lei de PPP – Parceria Público Privada – Fundamentos econômico-jurídicos**. São Paulo: Malheiros, 2007.

COELHO, Fábio Ulhoa. **Comentários à nova Lei de Falências e de Recuperação de Empresas**. São Paulo: Saraiva, 2005.

NETO, Francisco dos Santos Amaral. A Alienação Fiduciária em Garantia no Direito Brasileiro. In: TEPEDINO, Gustavo; FACHIN, Luiz Edson (Org.). **Doutrinas Essenciais – Obrigações e Contratos**. São Paulo: Revista dos Tribunais, 2014. vol. 5, p. 315-334.

Legislação

Lei nº 6.404, de 15 de dezembro de 1976. Disponível em: <http://www.planalto.gov.br/ccivil_03/leis/L6404consol.htm>. Acessado em: 29.11.2015.

Lei nº 8.987, de 13 de fevereiro de 1995. Disponível em: <http://www.planalto.gov.br/ccivil_03/Leis/L8987cons.htm>. Acessado em: 29.11.2015.

Lei nº 11.079, de 30 de dezembro de 2004. Disponível em: <http://www.planalto.gov.br/ccivil_03/_ato2004-2006/2004/lei/l11079.htm>. Acessado em: 29.11.2015.

Os Derivativos de Crédito na Regulamentação Brasileira

Julia Zatz Tosi

Introdução

Instrumentos de prevenção de desequilíbrios da produção agrícola semelhantes aos hoje designados "derivativos" foram usados pela sociedade ocidental na Idade Média, havendo indícios da sua utilização no Japão antes mesmo de tal período[1]. Foi somente na segunda metade do século XX, contudo, que os derivativos se consolidaram como produtos financeiros tal como são atualmente conhecidos[2], e, apenas após o colapso do Acordo de Bretton Woods em 1971, que passaram a ser utilizados em outros mercados[3], que não apenas o de *commodities* agropecuárias[4].

[1] Hirata, Augusto Jorge. **Derivativos:** o impacto do Direito no desempenho da função econômica. 1. ed. São Paulo: Quartier Latin, 2012. p. 21.

[2] Yazbek, Otavio. **Regulação do mercado financeiro e de capitais.** 2. ed. ampl. Rio de Janeiro: Elsevier, 2007. p. 99.

[3] Salomão Neto, Eduardo. **Direito bancário.** 2. ed. rev. e ampl. São Paulo: Atlas, 2014. p. 467; e Hirata, op. cit., p. 3. Otavio Yazbek explica que o Acordo de Bretton Woods pretendia estabelecer um novo sistema monetário internacional após a Segunda Guerra Mundial, por meio, entre outros, da criação das condições necessárias ao desenvolvimento de uma estabilidade que prevenisse o

A expansão da utilização dos derivativos foi, portanto, uma resposta à necessidade prática dos agentes econômicos de lidar com os novos riscos inerentes às relações comerciais e financeiras internacionais, configurando-se, assim, como fruto de um processo de inovação financeira[5], "por meio do qual uma determinada necessidade dos agentes econômicos foi embutida em um produto financeiro"[6].

O surgimento dos derivativos de crédito, porém, não se deu concomitantemente ao dos derivativos como produto financeiro. Aqueles aparecem em razão não do fim do "padrão dólar" estabelecido pelo Acordo de Bretton Woods, mas da imposição,

surgimento de problemas financeiros como os que culminaram na ascensão do nazismo e na guerra. O pilar do sistema criado pelo Acordo de Bretton Woods era o chamado "padrão-dólar": as reservas internacionais dos países aderentes passariam a ser compostas por dólares, que, por seu turno, seriam lastreados, pelos Estados Unidos, em ouro. Referido sistema conferia ao ouro um preço fixo, garantia a convertibilidade do dólar e impunha que os vários governos aderentes adotassem controles cambiais que impediam a livre oscilação das moedas, praticamente eliminando o risco cambial da economia. YAZBEK, 2007, op. cit., p. 60-61.

4 De acordo com Renato Buranello, *commodities* são mercadorias que apresentam os seguintes requisitos mínimos: (i) padronização, com a especificação das características do produto em um contexto de comércio internacional, (ii) larga escala de consumo, (iii) possibilidade de entrega nas condições e prazos de contratos de bolsa e (iv) armazenagem ou venda em unidades certificadas e previamente aprovadas. BURANELLO, Renato. **Manual do direito do agronegócio**. 1. ed. São Paulo: Saraiva, 2013. p. 49.

5 A expressão "inovação financeira" é aqui utilizada com o sentido que lhe atribui Otávio Yazbek: novos instrumentos ou estratégias (ou nova utilização de certos instrumentos ou estratégias pré-existentes) que modificam os padrões vigentes, apresentando-se como soluções e, consequentemente, gerando resultados distintos daqueles que se esperaria originalmente. YAZBEK, 2007, op. cit., p. 56-64.

6 RIO DE JANEIRO. Comissão de Valores Mobiliários. Voto do Diretor Otavio Yazbek. Processo Administrativo CVM nº RJ 2009/6346. 7 jul. 2009. Disponível em: <http://www.cvm.gov.br/export/sites/cvm/decisoes/anexos/0005/6565-0.pdf>. Acesso em: 30 nov. 2015.

a partir da década de 1990, de maiores restrições e controles sobre a atividade creditícia dos bancos[7], que levou as instituições financeiras a buscarem formas alternativas de administração do risco de crédito[8].

Desde o final da década de 1980, ganharam destaque no cenário internacional as regras relativas à obrigatoriedade de manutenção pelas instituições financeiras de valor de patrimônio compatível com o seu grau de risco, criadas a partir de recomendações do Comitê de Supervisão Bancária Internacional do *Bank for International Settlements* ("BIS"). Essas regras, criadas em 1988 e revistas em 1996, tornaram-se conhecidas como Basileia I, e foram posteriormente revistas em 2004/2005 (Basileia II) e 2010/2011 (Basileia III). De forma bastante resumida, esse conjunto de regras tem como escopo proteger os credores das instituições financeiras e garantir a preferência destes sobre os acionistas de tais instituições, por meio da imposição de um percentual mínimo de capital próprio que deve ser aportado na instituição financeira, definido com base nos riscos assumidos em sua atividade[9].

Nesse contexto, os derivativos de crédito surgem como uma das soluções encontradas pelas instituições financeiras para

[7] RODRIGUES, Rodrigo Alves. **Derivativos de crédito**: aspectos jurídicos. 2015. Tese (Doutorado em Direito Comercial) – Faculdade de Direito da Universidade de São Paulo, São Paulo, 2015. p. 19.

[8] YAZBEK, 2007, op. cit., p. 118.

[9] SALOMÃO NETO, op. cit., p. 126 et seq. O Brasil adotou as recomendações estabelecidas pelos Comitês de Basileia, que foram endereçadas especialmente por meio das Resoluções nº 3.444 e 3.490, de 2007, ambas do CMN. Para mais informações sobre a criação do Acordo da Basileia, vide SADDI, Jairo. O novo acordo da Basiléia. **Revista de Direito Bancário e do Mercado de Capitais**, vol. 20, p. 47 et seq., abr. 2003. Disponível em: <http://revistadostribunais.com.br/maf/app/resultList/document?&src=rl&srguid=i0ad6007a00000151554ce1a61343f925&docguid=I7eea0430f25211dfab6f010000000000&hitguid=I7eea0430f25211dfab6f010000000000&spos=11&epos=11&td=32&context=176&startChunk=1&endChunk=1>. Acesso em: 17 mai. 2015. (Paginação da versão eletrônica difere da versão impressa).

reduzir a exposição de crédito a que estão sujeitas em suas operações ativas[10], mitigando os riscos assumidos e adequando-se aos novos requerimentos de capital impostos, em resposta à evolução do quadro regulatório do sistema financeiro[11].

Por se tratarem de arranjos complexos, de difícil conceituação teórica e ampla utilização no mercado financeiro, bem como por terem assumido posição de destaque na crise financeira de 2008[12], os derivativos de crédito passaram a ser vistos com mais cautela e tornaram-se objeto de discussões mais aprofundadas[13].

1. Noções gerais sobre os derivativos de crédito

1.1. Conceito, finalidades, usos e características dos derivativos de crédito

Instrumentos derivativos são "títulos cujos valores dependem dos valores de outras variáveis mais básicas"[14] ou "instrumen-

[10] Operações bancárias ativas são aquelas pelas quais o banco coloca os recursos captados à disposição dos seus clientes, como ocorre em empréstimos e financiamentos. Contrapõem-se às operações passivas, que têm por objeto a captação de recursos, que fica obrigado à devolução dos montantes colocados à sua disposição pelos seus clientes. RIZZARDO, Arnaldo. **Contratos de crédito bancário**. 9. ed. rev., atual. e ampl. São Paulo: Revista dos Tribunais, 2011. p. 19.

[11] YAZBEK, Otavio. O risco de crédito e os novos instrumentos financeiros: uma análise funcional. In: FONTES, Marcos Rolim Fernandes, e WAISBERG, Ivo (coord.). **Contratos Bancários**. São Paulo: Qcuartier Latin, 2006. p. 318.

[12] Conforme explica Rodrigo Alvez Rodrigues, a não regulação dos derivativos de crédito nos Estados Unidos é apontada como uma das principais causas – ou, ao menos, fator de potencialização – da crise mundial de 2008. RODRIGUES, op. cit., p. 61 et seq. Cf. também SZYSZKA, Adam. Behavioral Anatomy of the Financial Crisis. **Journal of CENTRUM Cathedra**, Lima, v.3, 08 abr. 2011, p. 123. Disponível em: <file:///C:/Users/Tosi/Downloads/Projeto%20Qualificacao%20ALO%20v.%204.10..pdf>. Acesso em: 30 nov. 2015; e POSNER, Richard A. **A Failure of Capitalism**: The Crisis of '08 and the Descent into Depression. Cambridge, MA: Harvard University Press, 2009, p. 56-58.

[13] YAZBEK, 2007, op. cit., p. 119.

[14] HULL, John C. **Introdução aos mercados futuros e de opções**. 2. ed. São Paulo: BM&F, 1996. p. 13. Também nesse sentido, conferir FIGUEIREDO, Anto-

tos que retiram o seu valor de outras relações ou de outros instrumentos"[15]. O Banco Central, na Circular nº 3.082, de 30 de janeiro de 2002, define "instrumentos financeiros derivativo" como "aqueles cujo valor varia em decorrência de mudanças em taxa de juros, preço de título ou valor mobiliário, preço de mercadoria, taxa de câmbio, índice de bolsa de valores, índice de preço, índice ou classificação de crédito, ou qualquer outra variável similar específica, cujo investimento inicial seja inexistente ou pequeno em relação ao valor do contrato, e que sejam liquidados em data futura"[16].

As "variáveis mais básicas", "outras relações ou instrumentos" ou "outros ativos" a que cada derivativo se refere são usualmente referidas(os) como "ativo subjacente" ou "ativo de referência"[17], e podem ser outro instrumento, índice ou ativo financeiro (por exemplo, ações, taxa de juros, índice de um determinado mercado, opção, etc.)[18].

nio Carlos. **Introdução aos Derivativos**. 3. ed. rev. e ampl. São Paulo: Cengage Learning, 2015. p.1.

15 RIO DE JANEIRO. Comissão de Valores Mobiliários. Voto do Diretor Otavio Yazbek. Processo Administrativo CVM nº RJ 2009/6346. 7 jul. 2009. Disponível em: <http://www.cvm.gov.br/export/sites/cvm/decisoes/anexos/0005/6565-0.pdf>. Acesso em: 30 nov. 2015.

16 BANCO CENTRAL DO BRASIL. Circular nº 3.082, de 30 de janeiro de 2002. Estabelece e consolida critérios para registro e avaliação contábil de instrumentos financeiros derivativos. **Diário Oficial da União**, n. 23, 1 fev. 2002, seção 1, p. 20-21. Disponível em: <http://pesquisa.in.gov.br/imprensa/jsp/visualiza/index.jsp?data=01/02/2002&jornal=1&pagina=20&totalArquivos=116>. Acesso em: 8 mar. 2016.

17 EIZIRIK, Nelson et al. **Mercado de capitais**: regime jurídico. 3. ed. rev. e ampl. Rio de Janeiro: Renovar, 2011. p. 114.

18 LEÃES FILHO, Luiz Gastão. **Derivative's Suitability**. Revista de Direito Mercantil, Industrial, Econômico e Financeiro. São Paulo: Revista dos Tribunais, n.102, BR./jun., 1996. p. 60.

Característica marcante dos derivativos é que sua liquidação é diferida no tempo, isto é, não ocorre no mesmo momento da sua contratação[19], sendo-lhes inerente um lapso temporal.

Os derivativos são subdivididos em termos, futuros, opções e *swaps*. Os *swaps* serão analisados ao longo do presente trabalho. Os termos são os derivativos mais simples e percursores dos demais, consistindo em contratos de compra e venda de ativos com liquidação futura[20], em que as partes pactuam as condições da operação na data de sua celebração, incluindo seu preço, que permanecerá inalterável, de sorte que o vendedor se protege contra variações negativas do preço, porém não obtém os ganhos que decorreriam de variações positivas[21]. Já os futuros são, em linhas gerais, a modernização dos contratos a termo, diferenciando-se destes pela negociação bursátil, que impõe aos futuros uma série de peculiaridades, como a padronização, a exigência de depósitos de "margem" e o mecanismo de "ajustes diários"[22], que lhes conferem maior liquidez e transparência[23]. As opções, por sua vez, são derivativos pelos quais uma parte adquire, a título oneroso, o direito de comprar ou vender determinado ativo em data futura, por um preço previamente acordado, podendo o titular decidir se exercerá a opção adquirida, dependendo das condições do mercado[24].

Dentre os diversos derivativos existentes, há os derivativos de crédito, que podem ser definidos como contratos financeiros

[19] Souza Junior, Francisco Satiro. Derivativos de bolsa. In: Kuyveb, Luiz Fernando Martins. **Temas essenciais de Direito Empresarial:** estudos em homenagem a Modesto Carvalhosa. São Paulo: Saraiva, 2012. p. 591.

[20] Souza Júnior, Francisco Satiro de. **Regime jurídico das opções negociadas em bolsas de valores**. 2002. Dissertação (Doutorado em Direito Comercial) – Faculdade de Direito, Universidade de São Paulo, São Paulo, 2002. p. 24.

[21] Rodrigues, op. cit., p. 15.

[22] Para mais informações, cf. Yazbek, 2007, op. cit., p. 106 et seq.

[23] Rodrigues, op. cit., p. 15.

[24] Yazbek, 2007, op. cit., p. 115.

com liquidação futura que permitem a transferência de determinado risco de crédito de um agente de mercado para outro[25], tendo como ativo subjacente um dado instrumento (ou conjunto de instrumentos) que traz em si um risco de crédito[26], como, por exemplo, um contrato de financiamento ou título de crédito. Os derivativos de crédito são, assim, derivativos relativos a um crédito que se pode deixar de receber[27]. A *International Swaps and Derivatives Association* ("ISDA") define derivativo de crédito como um acordo negociado particularmente que expressamente desloca o risco de crédito de uma parte para a outra[28]. Já no Brasil, a Resolução nº 2.933, de 28 de fevereiro de 2002,

[25] Bonfim, Antulio N. **Derivativos de crédito e outros instrumentos**. Rio de Janeiro: Elsevier, 2007. p. 4.

[26] José A. Engrácia Antunes define risco de crédito genericamente como a deterioração da qualidade creditícia de um devedor, usualmente consubstanciada na falta do cumprimento pontual da respectiva obrigação. Antunes, José A. Engrácia. Inovação financeira e produtos derivativos (Parte III e última). **Revista de Direito Bancário e do Mercado de Capitais**, vol. 48, p. 169 et seq., abr. 2010. Disponível em: <http://revistadostribunais.com.br/maf/app/resultList/document?&src=rl&srguid=i0ad6007900000151550fcf2530ab7bfa&docguid=Ibb7c4d90f25211dfab6f010000000000&hitguid=Ibb7c4d90f25211dfab6f010000000000&spos=1&epos=1&td=3&context=26&startChunk=1&endChunk=1>. Acesso em: 17 mai. 2015. p.8. (Paginação da versão eletrônica difere da versão impressa). Cumpre relembrar que diferentemente da incerteza, o risco poder ser mensurado. Knight, Frank H. **Risk, uncertainty and profit**. Boston: Houghton Mifflin Company, 1921. Parte I.I.26. Disponível em: <http://econlib.org/library/Knight/knRUP1.html#Pt.I,Ch.I>. Acesso em: 29 abr. 2016.

[27] Yazbek, 2006, op. cit., p. 330. Utiliza-se aqui a conotação jurídica de crédito: "direito obrigacional em que o beneficiário do crédito é o devedor e o concedente, o credor". Saddi, Jairo. **Crédito e Judiciário no Brasil**: uma análise de Direito & Economia. São Paulo: Quartier Latin, 2007. p. 34.

[28] No original, *"a privately negotiated agreement that explicitly shifts credit risk from one party to the other"*. ISDA. **Product descriptions and frequently asked questions**. Disponível em: <http://isda.org/educat/faqs.html#25>. Acesso em: 2 mar. 2016.

do CMN ("Resolução nº 2.933")[29] conceitua, no parágrafo 3º do seu artigo 1º, derivativos de crédito como "contratos onde as partes negociam o risco de crédito de operações, sem implicar, no ato da contratação, a transferência do ativo subjacente às referidas operações".

A respeito da relação entre derivativos de crédito e risco, Eduardo Fortuna comenta que "os derivativos de crédito não aumentam ou reduzem os riscos, mas, sim, espalham os riscos, o que, na maioria das vezes, significa que ele está sendo mais bem administrado"[30]. No entanto, por um lado, se é verdade que os derivativos são hábeis ferramentas para administração e transferência de risco, por outro, ressalva deve ser feita quanto ao seu potencial de criação de risco. Conforme apontado por Augusto Jorge Hirata a partir da análise de dados divulgados pelo BIS, o valor nocional dos derivativos vigentes é muito maior do que o PIB mundial, parecendo-nos indiscutível o descolamento entre o mercado de derivativos e o mercado "real" de seus ativos subjacentes, do que se conclui que, de fato, os derivativos implicam criação de risco[31]. Ainda a esse respeito, Rachel Sztajn destaca que, em virtude da complexidade e da interligação dos mercados, os derivativos de crédito, de instrumentos de proteção, passam a ser fator de intensificação dos riscos existentes ou de criação de novos riscos, havendo um intercâmbio de riscos entre o sistema econômico e o sistema financeiro[32].

A finalidade clássica dos derivativos é conferir aos agentes econômicos proteção contra os riscos inerentes aos respecti-

[29] Referida Resolução será analisada em detalhes em 2.1.2 abaixo.

[30] FORTUNA, Eduardo. **Mercado financeiro: produtos e serviços**. 17. ed. rev. e atual. Rio de Janeiro: Qualitymark, 2008. p. 718.

[31] HIRATA, op. cit., p. 79-81.

[32] SZTAJN, Rachel. **O paradoxo do sistema financeiro**: estabilidade e risco. Tese para concurso de Professor Titular do Departamento de Direito Comercial da Faculdade de Direito da Universidade de São Paulo, São Paulo, 2009. p. 86.

vos ativos subjacentes ou ativos de referência[33], conferindo ao adquirente da proteção um ganho financeiro que compense a perda observada em um outro negócio ou atividade[34]. Assim, a função tradicional do derivativo de crédito é atribuir ao seu comprador proteção contra o risco de inadimplemento do ativo subjacente[35], à semelhança de uma garantia ou seguro[36]. Essa função é conhecida como *hedge*[37].

No entanto, não é apenas a busca pela proteção que impulsiona um agente econômico a contratar uma operação de derivativo. Ele pode também celebrar, validamente, um derivativo com o objetivo de arbitragem ou de especulação. A arbitragem consiste na realização de operações simultâneas em mercados distintos em que se identifique uma diferença de preço, para a

[33] EIZIRIK et al., op. cit., p. 115.

[34] FIGUEIREDO, op. cit., p. 1.

[35] Note-se que os derivativos de crédito conferem proteção contra o risco de inadimplência, não se limitando à falta de pagamento pura e simples. A deterioração do crédito do devedor do ativo subjacente, medida, por exemplo, pelo rebaixamento de sua classificação de crédito (*rating*) junto às agências especializadas de classificação ou pelo ajuizamento de um pedido de recuperação judicial, pode, se as partes contratantes assim acordarem, ser um evento de crédito sob o derivativo. RODRIGUES, op. cit., p. 4. É importante destacar, ainda, que o derivativo de crédito cria para o seu titular um novo risco de crédito, relativo à contraparte (assim como cria para esta, além do risco relativo à entidade de referência, o risco de crédito da contraparte transferidora), no entanto, para as operações de derivativo de crédito contratadas com a finalidade de proteção contra o risco de crédito da entidade de referência, "espera-se que haja mitigação de risco para a parte transferidora, pois a operação faz sentido econômico se a qualidade de crédito do receptor do risco é melhor do que a da entidade de referência". Ibidem, p. 25.

[36] As diferenças entre o derivativo de crédito e a fiança e o seguro serão abordadas em 2.2 abaixo.

[37] Rachel Sztajn define *hedge* como "a participação em mercado futuro para evitar ou reduzir a exposição ao risco no mercado a vista". SZTAJN, Rachel. **Futuros e swaps: uma visão jurídica**. 5. ed. São Paulo: Cultural Paulista, 1998. p. 189.

realização de lucro sem risco[38]. O arbitrador compra o ativo no mercado em que está mais barato, para venda no mercado em que está mais caro, exercendo, indiretamente, a importante função de anular as diferenças de preço entre os mercados[39]. A especulação, por sua vez, é a celebração do derivativo unicamente com o propósito de obtenção de lucro, com base na expectativa de oscilação de preço do ativo subjacente[40]. Ao contrário do *hedge*, que é a busca pela eliminação de um risco existente, a especulação consubstancia-se na criação de um risco não existente[41]. A atuação do especulador confere liquidez ao mercado de derivativo[42]– se não existissem especuladores, o mercado de derivativos seria, na melhor das hipóteses, muito menor, pois o agente que estivesse à procura de proteção teria que identificar um outro agente disposto a contratar proteção por meio de um derivativo, exposto a risco simetricamente oposto ao dele, inclusive em termos de prazo e volume, para que ambos pudessem, por meio de uma mesma transação, anular o risco suportado por cada um –, no entanto os potenciais efeitos nocivos da especulação, como o aquecimento excessivo capaz de gerar bolhas tanto no mercado de derivativos, quando no dos ativos subjacentes, não podem ser ignorados pelos reguladores[43].

38 HIRATA, op. cit., p. 42. Francisco Satiro ressalva que o arbitrador, na verdade, corre riscos, mas eles são de natureza puramente operacional, como, por exemplo, a impossibilidade de liquidação em um dos mercados. SOUZA JÚNIOR, 2002, op. cit., p. 19.

39 HIRATA, op. cit., p. 44. "[Os arbitradores] são responsáveis, portanto, pela manutenção de uma relação de equilíbrio entre preços à vista em diferentes mercados e pelo equilíbrio entre preços futuros e à vista". BESSADA, Octávio; BARBEDO, Cáudio; ARAÚJO, Gustavo. **Mercado de Derivativos no Brasil**: conceitos, operações e estratégias. 3. ed. Rio de Janeiro: Record, 2009. p. 26.

40 Ibidem, p. 46.

41 Ibidem, p. 49.

42 FIGUEIREDO, op. cit., p. 2.

43 RODRIGUES, op. cit., p. 33. Cumpre destacar que, ainda que se possa defender a imposição de maiores restrições a derivativos meramente especulativos, não

Como observa Rodrigo Alves Rodrigues, a especulação é inerente aos derivativos de crédito, pois a contraparte receptora do risco nunca celebrará o referido derivativo com o intuito de se proteger de um risco a que está exposta, mas, sim, de assumir um novo risco[44]. Pode-se concluir, portanto, que, ainda que os efeitos indesejados da especulação devam ser coibidos, não se pode defender a completa vedação à celebração de derivativos com fins especulativos, posto que, sem especulação não há, por exemplo, derivativo de crédito.

Por meio do derivativo de crédito, a contraparte receptora, ao estipular a remuneração que lhe é aceitável e suficiente para que assuma o risco de crédito de um determinado ativo subjacente, precifica o risco de inadimplência de uma determinada entidade de referência (isto é, a entidade devedora do ativo subjacente)[45], pelo que se pode afirmar que os derivativos de crédito são importante ferramenta da engenharia financeira[46]

havendo no ordenamento jurídico nacional vedação à sua celebração, não se pode questionar a existência, validade ou eficácia de instrumentos derivativos contratados com tal finalidade exclusiva.

44 RODRIGUES, op. cit., p. 33.

45 Artulio N. Bonfim destaca a importância da precificação inclusive para agentes que não participam do mercado de derivativos de crédito: "Cada vez mais, o prêmio do *credit default swap* tem sido acrescentado à graduação dos maiores indicadores de risco de crédito. De fato, alguns observadores do mercado têm sugerido que os preços no mercado de *credit default swaps* mostram tendência a incorporar informação mais rapidamente do que os preços no mercado de bônus corporativos; às vezes, é mais fácil entrar em uma posição de *swap* do que comprar ou vender certos bônus corporativos e empréstimos. Se a informação é verdadeiramente refletida primeiro no mercado de derivativos de crédito ou no mercado à vista, permanece um ponto no debate empírico, mas o fato de que tanto investidores quanto reguladores têm prestado atenção aos sinais enviados pelo mercado de *credit default swap* é difícil de negar". BONFIM, op. cit., p. 45-46.

46 Rachel Sztajn define engenharia financeira como "um processo que envolve criação, desenvolvimento e implementação de instrumentos financeiros novos e de estratégias em busca de soluções eficientes para problemas financeiros". SZTAJN, 1998, op. cit., p. 247.

que auxiliam os investidores a melhor dimensionar e alocar suas exposições[47].

Adicionalmente, os derivativos de crédito conferem liquidez ao próprio mercado de crédito, uma vez que possibilitam a troca de riscos virtualmente não-intercambiáveis sem os derivativos devido à falta de liquidez[48] ou a eventuais vedações operacionais[49], ou ainda, em alguns casos, que investidores assumam posições sem precisar dispor, na data da contratação da operação, da totalidade dos recursos que poderão ser obrigados a desembolsar caso o evento de crédito ocorra[50], além de pro-

47 BONFIM, op. cit., p. 4-5.

48 Ibidem, p. 5.

49 Sobre esse ponto e também sobre a desnecessidade da efetiva transferência do ativo subjacente para o investidor (contraparte receptora do risco), é importante destacar a ressalva feita por Rodrigo Alves Rodrigues, de que tais vantagens não se sustentarão integralmente caso as partes pactuem que a liquidação do derivativo de crédito será feita por meio da entrega física do instrumento de crédito em questão. RODRIGUES, op. cit., p. 24.

50 BONFIM, op. cit., p. 40-41. De acordo com Moorad Choudhry, tradicionalmente, o conceito de crédito estava intimamente relacionado ao de financiamento ou captação – não se podia estar exposto ao risco de crédito de uma parte sem emprestar dinheiro, fosse por meio de títulos de dívida ou de empréstimos tradicionais –, tendo a introdução dos derivativos de crédito sido particularmente importante, uma vez que eles permitiram a transferência de risco de crédito sem a necessidade de captação ou de um relacionamento com o devedor (*"traditionally the concept of credit was intimately linked to funding. One could not get exposure to a company without lending to it either through a bond or a loan. The introduction of credit derivatives was particularly important as it enabled the transfer of credit risk without funding or a relationship with the issuer of the underlying credit"*). CHOUDHRY, Moorad. **An introduction to credit derivatives**. 2. ed. Oxford: Butterworth-Heinemann, 2013. p. xiii. Disponível em: <https://books.google.com.br/books?id=z40PSIgG0xUC&printsec=frontcover&dq=CHOUDHRY,+Moorad.+An+introduction+to+credit+derivatives&hl=pt-BR&sa=X&ved=0ahUKEwiWw-z9ybXNAhUBDpAKHQuoCbkQ6AEIHjAA#v=onepage&q=CHOUDHRY%2C%20Moorad.%20An%20introduction%20to%20credit%20derivatives&f=false>. Acesso em: 10 mai. 2016. Ainda a respeito do poder de alavancagem dos derivativos, confira-se também HIRATA, op. cit., p. 50-53.

porcionarem a redução dos custos de transação, pois um derivativo pode substituir duas ou mais operações realizadas no mercado a vista[51].

Os derivativos de crédito servem, ainda, ao gerenciamento do risco de crédito das instituições financeiras, permitindo que os bancos atendam aos limites regulatórios e internos de concentração por devedor (ou grupo de devedores)[52] sem criar qualquer indisposição com seus clientes[53]. Isso porque a transferência do risco de crédito decorrente de um determinado empréstimo (ou grupo de empréstimos) por meio de derivativos de crédito via de regra pode ser realizada independentemente da ciência do devedor do ativo subjacente[54], diferentemente de uma venda no mercado secundário de empréstimos[55], que dependeria da comunicação ao cliente (e, em alguns casos, até do seu consentimento).

[51] Bonfim, op. cit., p. 5-6.

[52] Como, por exemplo, aqueles definidos na Resolução nº 2.844 do CMN, de 29 de junho de 2001.

[53] Ibidem, p. 32-33. Também nesse sentido, Segio M. Martins Torres Filho e Fernando William Bunemer Nahas afirmam que os derivativos de crédito contribuem "com a preservação de relacionamentos comerciais, dado que uma parte pode obter proteção contra riscos de inadimplemento da outra, sem necessariamente científicá-la desse fato". Torres Filho, Segio M. Martins, Nahas, Fernando William Bunemer. Breves anotações sobre derivativos e securitização no Brasil. **Revista do Direito Empresarial**, vol. 14, p. 195-136, mar-abr. 2016. Disponível em: <http://revistadostribunais.com.br/maf/app/resultList/document?&src=rl&srguid=i0ad81815000001553fc30ff92e35ecef&docguid=I11547c60f6f811e5b024010000000000&hitguid=I11547c60f6f811e5b024010000000000&spos=2&epos=2&td=18&context=29&startChunk=1&endChunk=1#>. Acesso em: 11 jun. 2016. p. 10. (Paginação da versão eletrônica difere da versão impressa).

[54] Bonfim, op. cit., p. 33.

[55] Mercado secundário é aquele em que há a negociação do ativo. Contrapõe-se ao mercado primário, em que há a originação, e exerce a importante função de conferir liquidez ao mercado como um todo, permitindo a transferência dos ativos entre os investidores. Eizirik et al., op. cit., p. 209.

Por fim, outra utilidade dos derivativos de crédito, que, conforme já mencionado, na verdade foi a causa principal do seu desenvolvimento, diz respeito à adequação dos requerimentos de capital das instituições financeiras aos padrões exigidos por seus reguladores[56], em especial à luz dos Acordos da Basileia.

Sergio Myschkis Goldstein explica que:

> Um dos aspectos mais relevantes das operações de derivativos de crédito para as instituições financeiras transferidoras do risco de crédito é o fato destas operações, atendidos alguns pressupostos legais, serem consideradas no cômputo do valor do Patrimônio Líquido Exigido (PLE) de que trata a Res. CMN 2.099 de 1994 e alterações posteriores. Isto significa que, atendidas algumas especificações do Banco Central do Brasil, as instituições financeiras que atuarem como contraparte transferidora do risco, ou seja, compradoras da proteção contra o risco de crédito, poderão diminuir o capital próprio necessário para a cobertura do risco de operações ativas retirando de seus balanços o crédito relativo aos riscos efetivamente transferidos. Desta forma, tais instituições conseguem liberar espaço no seu balanço para novas operações de crédito ou podem utilizar tais operações para se enquadrar nos limites de exposição de risco exigidos pela Res. 2.099.[57]

[56] BONFIM, op.cit., p. 35.

[57] GOLDSTEIN, Sergio Mychkis. Aspectos jurídicos dos derivativos de crédito no Brasil. **Revista de Direito Bancário e do Mercado de Capitais**, São Paulo, v. 7, n. 25, p. 63-81, jul. 2004. Disponível em: <http://revistadostribunais.com.br/maf/app/resultList/document?&src=rl&srguid=i0ad81815000001553fc30ff92e35ecef&docguid=I8c3b49a0f25211dfab6f010000000000&hitguid=I8c3b49a0f25211dfab6f010000000000&spos=16&epos=16&td=18&context=29&startChunk=1&endChunk=1>. Acesso em: 8 mar. 2016. p. 9-10. (Paginação da versão eletrônica difere da versão impressa).

Segio M. Martins Torres Filho e Fernando William Bunemer Nahas complementam:

> Atendidos certos requisitos, instituições financeiras podem, ao transferir riscos de crédito, liberar parte do capital próprio para cobertura de risco de operações ativas, o que é regulamentado pela Res. CMN 2.099/1994. Parte da regulamentação prudencial do Bacen estipula que instituições financeiras possuam um valor mínimo de capital próprio e patrimônio líquido para realização de suas operações. Em síntese, instituições financeiras precisam apresentar um conjunto de ativos que, ponderados pelos riscos assumidos, determinam se há ou não capital próprio alocado em montante suficiente para fazer frente a parte de suas operações. Ao transferir riscos por meio de *swaps* creditícios, a ponderação realizada muda, pois o risco de crédito diminui ou deixa de existir, liberando-se espaço no balanço da instituição financeira para realizar novas operações. Se operações com derivativos de crédito junto a uma mesma contraparte forem superiores a 10% do patrimônio de referência, a instituição financeira deve comunicar tal fato ao Bacen. [58]

Não obstante as vantagens acima apresentadas, não se pode olvidar que o uso dos derivativos de crédito, quando especulativo, pode gerar certas externalidades negativas, que, em grande medida, explicam a má fama desses produtos. A esse respeito, Rodrigo Alves Rodrigues destaca como consequências negativas dos derivativos de crédito não apenas a possibilidade de superaquecimento dos mercados e criação de bolhas acima referida, mas também o potencial impacto no preço dos ativos subjacentes e suas consequências para a entidade de referên-

[58] Torres Filho et al., op. cit., p. 11. (Paginação da versão eletrônica difere da versão impressa).

cia (como a majoração de seu custo de captação); e os riscos de rápidas e vultosas perdas aos investidores, que, a depender de sua importância e interconexão, podem afetar outros agentes econômicos, gerando efeito em cadeia[59]. O referido autor menciona, ainda, que a possibilidade de transferência do risco de crédito de uma operação torna os bancos mais propensos a realizar certos empréstimos e financiamentos que, em razão do alto risco de crédito do devedor, normalmente não seriam concedidos[60]. No entanto, deve-se ponderar que, embora essa característica possa ser verdadeira nos casos em que o banco já tenha contratado a proteção por meio do derivativo concomitantente com o (ou mesmo antes do) desembolso da operação de crédito, não parece ser aplicável às hipóteses em que o banco permanece sujeito ao risco de crédito do devedor até – e se – encontrar um investidor interessado em adquirir tal risco por meio do derivativo. Outra observação que merece ser feita é que esta fragilidade apontada pelo autor é inerente a qualquer mecanismo de transferência de risco de crédito, não sendo um problema exclusivo dos derivativos de crédito.

Fani Léa C. Bader, por sua vez, destaca como decorrência negativa dos derivativos de crédito a redução dos incentivos para que a parte transferidora do risco (contraparte original da operação de crédito subjacente) monitore tal operação, o que pode diminuir a probabilidade de pagamento e recuperação de valores devidos[61].

[59] RODRIGUES, op. cit., p. 34-35.

[60] Ibidem, p. 48.

[61] BADER, Fani Léa C. Derivativos de crédito: uma introdução. **Notas técnicas do Banco Central do Brasil**, Brasília, n. 20, abril/2002. Disponível em: <http://www.bcb.gov.br/pec/notastecnicas/port/2002nt20derivativosdecreditop.pdf>. Acesso em: 8 mar. 2016. p. 22.

1.2. Tipos de derivativos de crédito – o CDS e o TRS

Existe uma ampla gama de derivativos de crédito, que podem ser agrupados pelos mais diversos critérios[62]. Mais relevante do que analisar as possíveis formas de categorização dos derivativos de crédito, porém, é o estudo dos tipos de operações realizadas no mercado em comento. A esse respeito, na medida em que o foco do presente trabalho são os derivativos de crédito previstos na regulamentação brasileira, trataremos somente do *credit default swap* (CDS) e do *total (rate of) return swap* (TRS), denominados, em português, *swap* de crédito e *swap* de taxa de retorno total, respectivamente.

1.2.1. Credit Default Swap (CDS)

O *credit default swap* (CDS) é o tipo mais comum de derivativo de crédito[63]. Em sua forma mais corriqueira, o CDS é um contrato derivativo no qual uma parte (a parte vendedora da proteção) obriga-se a efetuar pagamento à parte compradora em caso de ocorrência de um evento de crédito relativo à entidade de referência, ao passo que a parte compradora, em contrapartida, compromete-se a fazer, em favor do vendedor da proteção, pagamentos pré-estabelecidos ao longo do período de vigência da operação de derivativo[64].

[62] BONFIM, op. cit., p. 6.

[63] Sobre a relevância dos CDS, Antulio N. Bonfim destaca que "as cotações de CDS agora são normalmente consideradas indicadores das percepções dos investidores sobre o risco de crédito com relação às firmas individuais e de suas disposições de tolerar esses riscos. Adicionalmente, as cotações do mercado de CDS são crescentemente usadas como um componente no apreçamento de outros produtos tradicionais de crédito, como empréstimos bancários e bônus corporativos, ajudando a promover maior integração dos vários segmentos do mercado de crédito". BONFIM, op. cit., p. 75.

[64] Ibidem, p. 7.

Na ocorrência de um evento de crédito especificado no contrato de derivativo, o CDS será liquidado, ou por entrega física (geralmente do ativo subjacente ou de qualquer outro título de emissão da entidade de referência, conforme estipulado no contrato) ou por liquidação financeira (quando as contrapartes concordam em consultar participantes do mercado para determinar o valor de recuperação dos ativos inadimplentes e o vendedor da proteção é responsável pela diferença entre o valor de face – chamado de valor nocional do derivativo[65] – e o valor de recuperação apurado)[66]. O CDS, assim como os demais derivativos de crédito, é negociado em mercado de balcão, o que permite ampla flexibilidade de negociação[67], de modo que as partes

[65] O "valor nocional" de um derivativo é o seu valor de referência, sobre o qual o preço e/ou os índices fixados no derivativo incidirá(ão). A esse respeito, cf. Cordeiro Filho, Ari. Swaps: aspectos jurídicos. **Revista de Direito Bancário e do Mercado de Capitais**, vol. 11, p. 6, jan. 2001. Disponível em: <http://revistadostribunais.com.br/maf/app/resultList/document?&src=rl&srguid=i0ad6007900000151 5547e4f030ab7f9c&docguid=I4be70ee0f25511dfab6f010000000000&hitguid=I4be70ee0f25511dfab6f010000000000&spos=1&epos=1&td=1&context=109&startChunk=1&endChunk=1>. Acesso em: 17 mai. 2015, p. 6. (Paginação da versão eletrônica difere da versão impressa).

[66] Bonfim, op. cit., p. 76-77.

[67] Francisco Satiro explica que, de acordo com o ambiente de negociação, os derivativos podem ser classificados em derivativos de bolsa e derivativos de balcão (ou, em inglês, "*over the counter*" ou "OTC"), diferenciando-se não só pelo cenário operacional e normativo, mas também pela possibilidade de os derivativos de balcão se adaptarem às necessidades das partes, característica que resta prejudicada nos derivativos de bolsa, na medida em que estes são padronizados. Souza Júnior, 2002, op. cit., p. 23. Para mais detalhes, cf. Yazbek, Otavio. Crise, inovação e regulação no mercado financeiro: considerações sobre a regulamentação do mercado de derivativos de balcão. In: Souza Junior, Francisco Satiro (Org.). **Mercado de Capitais** – Série GV Law. São Paulo: Saraiva, 2013. Disponível em: <http://disciplinas.stoa.usp.br/pluginfile.php/1041837/mod_resource/content/1/YAZBEK%20-%20Derivativos%20balcao%20-%202011.pdf>. Acesso em: 8 mar. 2016., p. 3 et seq. (Paginação da versão eletrônica difere da versão impressa).

podem dispor sobre quais serão os eventos de crédito e a metodologia de liquidação[68] aplicáveis a uma determinada operação.

No mercado internacional, o CDS normalmente é contratado de acordo com o modelo padrão divulgado pela ISDA, entidade de autorregulação internacional e uma das maiores associações de instituições financeiras do mundo[69], que mantém um contrato modelo com condições gerais uniformes para contratação de *credit default swaps*, o qual prevê como eventos de crédito, com relação à entidade de referência, eventual falência, falta de pagamento, moratória, inadimplência, repúdio, antecipação ou reestruturação da dívida[70].

1.2.2. Total (Rate of) Return Swap (TRS)

O *total return swap* é o derivativo por meio do qual a contraparte receptora do risco de crédito (normalmente referida simplesmente como investidor) concorda em, mediante pagamento à contraparte transferidora do risco (normalmente designada *dealer*) de uma determinada remuneração, receber os fluxos de caixa associados a um dado ativo de referência ou índice financeiro, sem precisar se tornar o titular daquele ativo ou índice[71].

Havendo, na vigência do TRS, o inadimplemento do ativo subjacente, o *dealer* não estará obrigado a efetuar o pagamento do montante inadimplido, de modo que a contraparte receptora do risco sofrerá a perda correspondente, como se fosse o titular do ativo subjacente. Nesse cenário, tipicamente, o TRS

[68] Como exemplo, cita-se o CDS com recuperação fixada ou binária, também designado *credit default swap* digital, no qual o valor a ser recebido pela parte compradora da proteção na hipótese de ocorrência de um evento de crédito é antecipadamente sabido e determinado no contrato. Bonfim, op. cit., p. 93.

[69] Hirata, op. cit., p. 188.

[70] Bonfim, op. cit., p. 77-78.

[71] Ibidem, p. 94.

será terminado, com o pagamento pelo investidor da diferença entre o preço do ativo subjacente na data de início do TRS e o seu valor de recuperação no momento da inadimplência[72].

Diferentemente do CDS, em que o pagamento da contraparte receptora do risco de crédito está condicionado à ocorrência de um evento de crédito, no TRS a troca de fluxos de caixa é feita ordinariamente, enquanto não for apurada ocorrência de tal evento[73].

Dentre as vantagens da utilização de TRS, destacam-se, para o *dealer*, a possibilidade de: transferir, indiretamente (ou, no jargão do mercado, de maneira sintética), o risco oriundo de um determinado ativo em situações em que não lhe seria permitido ou conveniente transferir efetivamente a titularidade do ativo; comprar proteção contra o risco de crédito do ativo subjacente, caso seja de fato o detentor daquele ativo; financiar o investidor a taxas atrativas; ou buscar oportunidade de investimento quando tem uma visão negativa sobre a entidade de referência, sem precisar adquirir o ativo subjacente[74]. Para o investidor, além da possibilidade de aquisição sintética do risco de um ativo, o qual o investidor poderia não estar autorizado a adquirir diretamente, a celebração de um TRS pode representar a contratação de um financiamento com custo reduzido, especialmente em razão das proteções típicas do mercado de derivativos acima referidas[75].

[72] Ibidem, p. 96.

[73] BADER, op. cit., p.15.

[74] BONFIM, op. cit., p. 97-98. Nesta última hipótese, o *dealer* assumiria uma "posição vendida", apostando na ocorrência do evento de inadimplemento do ativo subjacente, caso em auferiria lucro correspondente à diferença entre o seu valor de mercado no início do TRS e seu valor de recuperação após a falta de pagamento pela entidade de referência. Conforme será discutido mais adiante, porém, a regulamentação brasileira impõe limitações à contratação de derivativos de crédito com fins especulativos, o que relativiza a vantagem aqui descrita.

[75] Ibidem, p. 97.

1.3. Breves notas a respeito da natureza jurídica dos *swaps*

Conforme acima exposto, a regulamentação brasileira admite apenas duas modalidades de derivativos de crédito, o "*swap* de crédito" (CDS) e o "*swap* de taxa de retorno total" (TRS). Ambos são espécies do gênero "*swap*", definido por John Hull como um contrato privado entre duas partes pelo qual elas acordam em trocar fluxos financeiros futuros calculados de acordo com fórmulas pré-estabelecidas[76].

Os *swaps* são contratos[77], conforme previsto na Resolução nº 2.933[78]. Na medida em que consistem em negócio jurídico por meio do qual duas partes se comprometem, individualmente, a, em determinada data, efetuar o pagamento de determinado fluxo de caixa, liquidando-se o derivativo pela diferença dos fluxos apurados, não parece haver dúvida quanto à sua qualificação como contratos bilaterais[79], diferenciais[80] e onerosos[81].

[76] Hull, John C. **Opções, futuros e outros derivativos** 3. ed. São Paulo: BM&F Bolsa de Marcadorias & Futuros, c1998. xix. p.

[77] Contratos são acordos de vontades com a finalidade de adquirir, resguardar, transferir, conservar, modificar ou extinguir direitos. Pereira, Caio Mario da Silva. **Instituições de Direito Civil** – Vol. 2: Teoria Geral de Obrigações. 6. ed. Rio de Janeiro: Forense, 1981. p. 10-11.

[78] Cf. artigo 1º, parágrafo 3º, inciso I, da Resolução nº 2.933.

[79] A respeito da bilateralidade dos *swaps* creditícios, deve-se registrar a posição de Eduardo Salomão Neto, para quem não há de se falar em bilateralidade nos *swaps* de crédito em que eventualmente apenas uma das partes assume o risco da outra, sem transferir os seus. Salomão Neto, op. cit., p. 473. A esse respeito, analisando-se unicamente CDS e TRS, entendemos que embora de fato possa não haver transferências mútuas de risco de ativos subjacentes, o contrato não perde seu caráter bilateral, uma vez que a parte que apenas transfere o risco assume necessariamente ao menos uma obrigação sob o derivativo, a de efetuar o pagamento da remuneração exigida pela contraparte compradora do risco. Os derivativos de crédito tanto são bilaterais, que o risco de crédito da contraparte (e não somente da entidade de referência) é um dos aspectos que devem ser considerados pelos agentes antes da celebração de um derivativo de crédito.

Com relação à constituição dos contratos de *swap*, Rodrigo Alves Rodrigues e José A. Engracia Antunes os classificam como contratos consensuais e não solenes[82], isto é, que se formam exclusivamente pelo acordo de vontade das partes contratantes, independentemente de qualquer formalidade adicional[83]. Contudo, deve-se consignar que, por força do parágrafo 4º do artigo 2º da Lei nº 6.385, de 7 de dezembro de 1976 (e, especificamente com relação aos derivativos de crédito, por força do artigo 5º da Resolução nº 2.933), o registro em câmaras ou prestadores de serviço de compensação, de liquidação e de registro autorizados pelo Bacen ou pela CVM é requisito de validade[84] dos *swaps*, assim como de todos os demais derivativos, pelo que entendemos ser os *swaps* contratos formais, embora não reais[85].

No que diz respeito à causalidade, posto que se admite a celebração de derivativos de crédito para fins especulativos e

[80] YAZBEK, 2007, op. cit., p. 107.

[81] Contratos onerosos são aqueles em que ambas as partes perseguem vantagens, impondo-se sacrifícios reciprocamente em benefício uma da outra. PEREIRA, op. cit., p. 57.

[82] Cf. RODRIGUES, op. cit., p. 142; e ANTUNES, José A. Engracia. Os derivados. **Cadernos do Mercado de Valores Mobiliários**, n. 30, ago. 2008. Disponível em: <http://www.cmvm.pt/pt/EstatisticasEstudosEPublicacoes/CadernosDoMercadoDeValoresMobiliarios/Documents/b9928c83e59448f1ba511879b79204b-9CadernosMVM31.pdf>. Acesso em: 11 mai. 2016., p. 98.

[83] PEREIRA, op. cit., p. 54.

[84] Embora o texto legal fale em "condição de validade", preferimos empregar a terminologia ensinada por Antônio Junqueira de Azevedo: "Elementos, requisitos e fatores de eficácia são respectivamente os caracteres de que necessita o negócio jurídico para existir, valer e ser eficaz". AZEVEDO, Antônio Junqueira de. **Negócio jurídico**: existência, validade e eficácia. 4. ed. atual. de acordo com o novo Código Civil (Lei n. 10.406, de 10-1-2002). São Paulo: Saraiva, 2002. p. 30.

[85] Contratos formais ou solenes são aqueles "para cuja formação não basta o acordo das partes", ao passo que contratos reais são aqueles "para cuja perfeição a lei exige a *traditio* efetiva do objeto". PEREIRA, op. cit., p. 55-56. Nos derivativos, não se exige a transferência do ativo subjacente como requisito de validade ou fator de eficácia da sua contratação.

que a validade de referidos instrumentos não é afetada pela validade do seu ativo subjacente[86], são negócios abstratos, e não causais[87].

Não há consenso na doutrina sobre a comutatividade ou aleatoriedade dos derivativos. Para Marcos Paulo de Almeida Salles, Pedro Darahem Mafud e Rodrigo Alves Rodrigues, os *swaps* são contratos aleatórios, uma vez que, na data da celebração do referido derivativo, as partes contratantes sujeitar-se-iam a risco e aceitariam a incerteza de ganho ou de perda, a depender de uma circunstância aleatória, sendo o risco da essência do contrato[88]. Adotando-se a definição de contrato comutativo apresentada por Caio Mario da Silva Pereira[89], porém, podemos concluir que os *swaps*, em especial o CDS e o TRS, são contratos comutativos, uma vez que (i) a forma de cálculo do montante máximo das prestações das partes é conhecidos desde o início, (ii) tais prestações guardam relativa equivalência, servindo o prêmio devido pelo transferidor do risco no CDS e pelo adquirente do

[86] Salomão Neto, op. cit., p. 475-476; e Mafud, Pedro Darahem. **Racionalidade econômica e aspectos jurídicos dos derivativos**: uma análise jurisprudencial. 2014. Dissertação (Mestrado em Direito Comercial) – Faculdade de Direito, Universidade de São Paulo, São Paulo, 2014. Disponível em: <http://www.teses.usp.br/teses/disponiveis/2/2132/tde-09122014-140414/>. Acesso em: 7 mai. 2016. p. 81.

[87] A respeito da abstração dos derivativos, vide Paiva, Rafael Bianchini Abreu. **Natureza jurídica, regulação e tutela dos instrumentos derivativos**. 2015. Dissertação (Mestrado em Direito Comercial) – Faculdade de Direito, Universidade de São Paulo, São Paulo, 2015. Disponível em: <http://www.teses.usp.br/teses/disponiveis/2/2132/tde-06082015-151224/>. Acesso em: 7 mai. 2016. p. 74-78.

[88] Salles, Marcos Paulo de Almeida. **O contrato futuro**. 5. ed. São Paulo: Cultura Editores Associados, 2004. p. 112-115; Rodrigues, op. cit., p. 140-141; e MAFUD, op. cit., p. 88.

[89] Contrato em que as prestações das partes são conhecidas a priori, e guardam entre si relativa equivalência de valores, podendo ser estimados desde a origem. Pereira, op. cit., p. 60-61.

risco no TRS justamente como medida de tal equivalência[90], e (iii) ainda que o pagamento pela contraparte transferidora do risco do CDS e o não pagamento pela contraparte transferidora do risco no TRS estejam condicionados a um evento futuro que pode ou não se verificar, tal evento é previsível, tanto que as partes estabelecem o prêmio devido sob o derivativo de crédito com base em uma análise de probabilidade de o evento de crédito se verificar ou não no futuro.

O grande problema de se classificar o *swap* como contrato comutativo, porém, é a admissibilidade de sua revisão por excessiva onerosidade, nos termos dos artigos 478 a 480 da Lei nº 10.406, de 10 de janeiro de 2002 ("Código Civil"). Não parece coerente ou razoável, no entanto, permitir que a ocorrência do evento de crédito seja motivo para a revisão de um CDS ou TRS, pois foi precisamente o risco de ocorrência de tal evento que motivou a contraparte transferidora do risco a contratar o derivativo de crédito, tendo a outra parte sido remunerada para suportar tal risco. Ao invés de corrigir suposto desequilíbrio entre as partes, a revisão contratual, nessas circunstâncias, teria o efeito oposto de gerar ganho indevido à contraparte receptora do risco, e colocar a contraparte transferidora em posição extremamente desvantajosa, o que claramente vai de encontro à intenção do legislador, que consignou no artigo 478 do Código Civil que a revisão somente é cabível quando "a prestação de uma das partes se tornar excessivamente onerosa, com extrema vantagem para a outra".

Assim, adequada é a posição de Paula Greco Bandeira, para quem os derivativos são contratos comutativos, mas dotados de uma álea normal ilimitada, relativamente ao risco que con-

[90] "No caso dos derivativos de crédito o preço do contrato deriva da maior ou menor probabilidade de risco de insolvência do devedor do ativo cujo risco foi transacionado". Goldstein, op. cit., p. 2. (Paginação da versão eletrônica difere da versão impressa).

substancia a razão pela qual o respectivo contrato foi firmado, de sorte que:

> não admitem revisão ou resolução por excessiva onerosidade em razão da oscilação dos parâmetros financeiros de referência, qualquer que seja sua intensidade. Tal oscilação de valor, provocada pelo mercado, revela-se normal, previsível, prevista, desejada pelas partes e ilimitada, daí decorrendo a impossibilidade de se invocar a excessiva onerosidade. Vale dizer, o risco da oscilação não é extraordinário, tampouco imprevisível, mas eleito pelas partes, determinando o lucro ou prejuízo econômico que os contratantes almejam ao se exporem ao negócio[91].

Quanto à tipicidade[92], Rachel Sztajn[93], Marcos Paulo de Almeida Salles[94] e Rodrigo Alves Rodrigues[95] defendem que

[91] BANDEIRA, Paula Greco. Os contratos de derivativos e a teoria da imprevisão. **Revista dos Tribunais**, vol. 904/2011, p. 97 – 122, fev. 2011. Disponível em: <http://revistadostribunais.com.br/maf/app/resultList/document?&src=rl&srguid=i0ad6007a000001515543eca8727a818c&docguid=I9b26e410659311e0bd4c0000855dd350&hitguid=I9b26e410659311e0bd4c0000855dd350&spos=1&epos=1&td=1&context=82&startChunk=1&endChunk=1>. Acesso em: 17 mai. 2015. p. 8 et seq. (Paginação da versão eletrônica difere da versão impressa).

[92] "Diz-se que um contrato é *típico* (ou *nominado*) quando as suas regras disciplinares são reduzidas de maneira precisa nos Códigos ou nas leis. Mas a imaginação humana não estanca, pelo fato de o legislador haver deles cogitado em particular. Ao contrário, cria novos negócios, estabelece novas relações jurídicas, e então surgem outros contratos, afora aqueles que receberam o batismo legislativo, ou que não foram tipificados, e por esta razão se denominam *atípicos* (ou *inominados*)". PEREIRA, op. cit., p. 53.

[93] SZTAJN, 1998, op. cit., p. 215-234; e **Contrato e inovação financeira:** ensaio sobre contratos e swaps. Tese apresentada para Professor Titular do Departamento de Direito Civil da Faculdade de Direito da Universidade de São Paulo, São Paulo, 1996. Importante salientar que a autora não ignora as peculiaridades do *swap* em relação à permuta ou mesmo à compra e venda, uma vez que classifica o *swap* como uma "permuta atípica". Acreditamos que a conclusão da referida autora pela tipicidade do contrato de *swap* (bem como dos demais autores que

os *swaps* são contratos típicos do gênero troca ou permuta [96], na medida em que importam troca de fluxos financeiros. Concordamos, no entanto, com a observação de Augusto Jorge Hirata para quem:

> A permuta é definida por parte da doutrina como cumulação de dois contratos de compra e venda, com cancelamento dos preços na matriz de prestações recíprocas. O *swap* parece mais o contrário: dupla compra e venda com cancelamento das prestações referentes às coisas.[97]

escreveram sobre os derivativos sob a égide do Código Civil de 1916) pode ter sido em muito guiada pelo fato de que, à época da elaboração das obras em comento, vigorava no ordenamento brasileiro a equiparação dos "contratos sobre títulos de bolsa, mercadorias ou valores" ao jogo ou aposta (conforme artigo 1.479 do Código Civil de 1916), o que retirava a exigibilidade dos contratos de *swap*, conferindo-lhes a natureza de uma obrigação natural (isto é, "aquela a cuja execução não pode o devedor ser constrangido, mas cujo cumprimento voluntário é pagamento verdadeiro". GOMES, Orlando. **Obrigações**. 5. ed. Rio de Janeiro: Forense, 1978. p. 101-102.). Referido dispositivo foi eliminado do Código Civil de 2002, que, em seu artigo 816, prevê que as regras atinentes ao jogo e aposta "não se aplicam aos contratos sobre títulos de bolsa, mercadorias ou valores, em que se estipulem a liquidação exclusivamente pela diferença entre o preço ajustado e a cotação que eles tiverem no vencimento do ajuste". Para mais detalhes sobre o distanciamentos dos derivativos do jogo e da aposta, vide MAFUD, op. cit., p. 72 et seq.

94 SALLES, op. cit., p. 47-49.

95 RODRIGUES, op. cit., p. 138. O autor filia-se à posição de Rachel Sztajn acima apresentada.

96 Cf. artigo 533 do Código Civil.

97 HIRATA, op. cit., p. 150-151. Cumpre mencionar, ainda, o estudo realizado por Rafael Bianchini Abreu Paiva, que apurou que, não obstante os esforços de alguns doutrinadores para classificar os *swaps* como contratos típicos, as soluções adotadas pela jurisprudência raramente levam em consideração as categorias contratuais típicas. PAIVA, 2015, op. cit., p. 109.

Eduardo Salomão Neto menciona, ainda, a possibilidade de caracterização dos *swaps* como reporte (compra à vista de títulos representativos de valor, com simultânea retrocessão à termo) ou mútuos cruzados[98]. Não obstante as semelhanças entre os *swaps* e os negócios acima mencionados, porém, nota-se que nenhum deles captura a essência do derivativo (incluindo, em especial, o derivativo de crédito), que é a transferência do risco. As partes do *swap* não pretendem contratar, e de fato não contratam, uma permuta, compra e venda ou financiamento, mas simplesmente a transferência de um risco[99].

Sob o aspecto da transferência de risco, os derivativos de crédito poderiam ser equivocadamente confundidos, ainda, com a fiança ou o seguro. Distanciam-se da fiança na medida em que são instrumentos autônomos, cuja validade não deve ser prejudicada por vícios do ativo subjacente, ao contrário da fiança, que é contrato acessório a uma determinada obrigação principal e cuja validade depende da validade desta[100]. Adicionalmente, enquanto na fiança, assim como no seguro de crédito, o beneficiário deve, necessariamente, ser credor da obrigação afiançada, conceitualmente inexiste tal imposição aos derivativos de crédito[101], muito embora o Banco Central tenha optado por, em alguns casos, condicionar a contratação de proteção por meio de derivativo de crédito por agente que efetivamente detenha o

[98] SALOMÃO NETO, op. cit., p. 469-470.

[99] HIRATA, op. cit., p. 152. Sobre as diferenças entre o *swap* e a permuta, compra e venda e mútuo, cf. CORDEIRO FILHO op. cit., p. 7 et seq. (Paginação da versão eletrônica difere da versão impressa).

[100] SALOMÃO NETO, op. cit., p. 475-476.

[101] SALOMÃO NETO, op. cit., p. 476. O objeto do seguro é sempre um interesse submetido a um risco, sendo interesse segurável pelo seguro de crédito o valor econômico que determinado crédito representa no patrimônio do segurado. COMPARATO, Fábio Konder. **O seguro de crédito**. São Paulo: Revista dos Tribunais, 1968. p. 33.

risco do ativo subjacente. Por fim, cumpre ressaltar que as garantias e o seguro de crédito são mecanismos capazes de mitigar o risco de crédito de uma determinada operação, que permanece no patrimônio do credor, mas não de os transferir, eliminando-a (total ou parcialmente) do balanço do credor, como ocorre pela utilização dos derivativos de crédito[102].

Diante do exposto, somos da mesma opinião de Otávio Yazbek, Roberto Quiroga Mosquera, Augusto Jorge Hirata e Pedro Darahem Mafud[103], que classificam o *swap* como contrato atípico ou inominado[104], uma vez que esta parece ser "a solução mais coerente com a própria natureza dos processos de inovação financeira e seus frutos"[105], sendo aplicáveis a tais instrumentos as regras aplicáveis aos negócios jurídicos e aos contratos em geral, e aquelas definidas pelo regulador competente[106], devendo respeitar os bons costumes, a ordem pública e os princípios gerais de direito[107].

2. Os derivativos de crédito na regulamentação brasileira

Inexiste no ordenamento brasileiro lei *stricto sensu* que defina o que são ou como funcionam os derivativos de crédito, tampouco que expressamente autorize sua contratação. Tais instrumentos se desenvolveram notoriamente com base nas práticas negociais, sobretudo do mercado norte-americano[108], e foram incluídos no

[102] RODRIGUES, op. cit., p. 29.

[103] YAZBEK, 2007, op. cit., p. 114; MOSQUERA, Roberto Quiroga. **Tributação no mercado financeiro e de capitais**. 2. ed. São Paulo: Dialética, 1999. p. 226; HIRATA, op. cit., p. 154; e MAFUD, op. cit., p. 82-84.

[104] Aqui empregamos os dois termos como sinônimos.

[105] YAZBEK, 2007, op. cit., p. 114.

[106] Ibidem, loc. cit.

[107] VILLAÇA, Álvaro Azevedo. **Teoria geral dos contratos típicos e atípicos**. São Paulo: Atlas, 2002. p. 61.

[108] CORDEIRO FILHO, op. cit., p. 2. (Paginação da versão eletrônica difere da versão impressa).

ordenamento pátrio apenas em 2002, por meio da Resolução nº 2.933 do CMN e da Circular nº 3.106, de 10 de abril de 2002, do Banco Central ("Circular nº 3.106"). Nos próximos itens, serão abordados a competência do CMN e do Bacen para regular a matéria, e os principais aspectos da regulamentação brasileira sobre os derivativos de crédito.

2.1. Competência regulatória

A Lei nº 6.385, de 7 de dezembro de 1976 ("Lei do Mercado de Capitais"), ao criar a Comissão de Valores Mobiliários ("CVM"), atribuiu-lhe competência para disciplinar e fiscalizar o mercado de valores mobiliários, sendo o conceito de valor mobiliário, portanto, o balizador das suas atribuições[109].

Até 1998, ano da edição da Medida Provisória nº 1.637, a legislação pátria seguia a orientação do direito societário francês, conferindo à noção de valor mobiliário caráter restrito[110], de modo que somente eram considerados valores mobiliários aqueles expressamente previstos no artigo 2º da referida lei[111], tendo o legislador optado por enumerar os valores mobiliários, sem, contudo, conceituá-los[112]. Nessa época, a competência para regular os derivativos dividia-se entre CVM – competente pela regulação dos derivativos cujos ativos subjacentes integravam a definição de valores mobiliários contida na Lei do Mercado de Capitais – e Bacen – com competência residual para todos os demais derivativos. Otávio Yazbek explica que:

[109] Eizirik et al., op. cit., p. 263.

[110] Ibidem, p. 53.

[111] Originalmente, a definição legal compreendia ações, partes beneficiárias e debêntures, os cupões desses títulos e bônus de subscrição; os certificados de depósito de valores mobiliários; e outros títulos criados ou emitidos pelas sociedades anônimas, a critério do CMN.

[112] Eizirik et al., op. cit., p. 55.

> [...] tendo em vista que a BM&F foi criada e começou a se desenvolver em um ambiente para o qual não se aplicava nenhuma regra específica, ainda em 1986 foi promulgado o Decreto-Lei nº 2.286, que, ao menos no que tange ao mercado de derivativos, apenas estabeleceu uma competência genérica de regulamentação para o Conselho Monetário Nacional. Tal competência foi distribuída por aquele órgão, por meio da Resolução CMN nº 1.190/1986, para o Banco Central e para a CVM, ficando esta última encarregada da regulação apenas dos mercados em que se negociassem produtos cujo ativo subjacente fosse valores mobiliários (aí incluídos os índices de ações). [113]

A partir da Medida Provisória nº 1.637, de 08 de janeiro de 1998, posteriormente convertida na Lei nº 10.198, de 14 de fevereiro de 2001, porém, instituiu-se no Brasil um conceito amplo de valor mobiliário, inspirado na definição de *securities* do direito norte-americano[114], tendo o legislador se afastado da enumeração dos valores mobiliário. Nesse momento, passaram a ser entendidos como valores mobiliários quaisquer títulos ou contratos de investimento coletivo ofertados publicamente que gerem direito de participação, de parceria ou de remuneração, inclusive resultante de prestação de serviços, cujos rendimentos advêm de esforço do empreendedor ou de terceiros[115].

Nesse contexto de ampliação da atuação da CVM, foi editada a Lei nº 10.303, de 31 de outubro de 2001, que reformou a Lei do Mercado de Capitais para incluir expressamente os derivativos na lista de valores mobiliários regulados pela CVM, independentemente de seu ativo subjacente. Isso porque, a partir da referida alteração, o artigo 2º da Lei do Mercado de Capi-

[113] YAZBEK, 2007, op. cit., p. 120.

[114] Para maiores detalhes sobre o conceito de *securities* no direito norte americano, vide EIZIRIK et al., op. cit., p. 30-52.

[115] EIZIRIK et al., op. cit., p. 56.

tais passou a incluir "os contratos futuros, de opções e outros derivativos, cujos ativos subjacentes sejam valores mobiliários" (inciso VII) e "outros contratos derivativos, independentemente dos ativos subjacentes" (inciso VIII). Embora a intenção do legislador, ao tratar dos derivativos em incisos distintos, tenha provavelmente sido a de deixar claro que a segregação da competência entre CVM e Banco Central que vigorava até então não mais subsistiria, a técnica legislativa é bastante criticada.[116]

A despeito da técnica, não há dúvida de que os derivativos passaram a se sujeitar à competência da CVM. Como, entretanto, o CMN e o Bacen já haviam editado uma série de normas sobre os contratos derivativos, em 02 de maio de 2002, CVM e Banco Central divulgaram a Deliberação Conjunta nº 10, estabelecendo que, enquanto não fossem editadas pela CVM as normas de sua competência relativas aos derivativos, permaneceriam em vigor as normas editadas pelo CMN e pelo Banco Central. Na opinião de Nelson Eizirik et al., tal decisão "não retirava da CVM a competência para regulamentar os contratos derivativos que lhe foi atribuída pela Lei nº 10.303/2001, mas apenas esclarecia que a CVM podia exercer sua fiscalização sobre os contratos derivativos, enquanto não promulgasse normas próprias, 'provisoriamente' com base nas normas anteriormente editadas pelo CMN e pelo BACEN sobre a matéria"[117].

O deslocamento da competência sobre todos os derivativos à CVM trouxe uma série de dificuldades à autarquia[118]. Da

[116] "Ora, se o inciso VIII considera como valores mobiliários todos os contratos derivativos, quaisquer que sejam os "ativos subjacentes", a teor da sua dicção, qual a razão de ser do inciso VII? Trata-se de dispositivos não só pessimamente redigidos, como também redundantes, uma vez que bastaria dizer "todos os contratos derivativos". Ibidem, p. 117.

[117] EIZIRIK et al., op. cit., p. 118.

[118] Como ensina Otávio Yazbek, os processos de inovação financeira acabam por colocar em cheque grande parte das ferramentas regulatórias disponíveis, não

inclusão dos contratos derivativos no rol legal dos valores mobiliários decorreu que toda a regulamentação relativa aos valores mobiliários (incluindo sua emissão e circulação) passou a ser aplicável àqueles contratos[119]. Ocorre, porém, que os derivativos apresentam características peculiares que os afastam dos demais títulos e contratos abrangidos pela definição de valores mobiliários[120]. A esse respeito, Nelson Eizirik et al. esclarece que os valores mobiliários clássicos e os derivativos apresentam finalidades econômicas distintas, pois, enquanto os primeiros visam à captação de poupança popular, estes últimos têm por função a transferência de risco[121]. Adicionalmente, a categoria "derivativo" compreende uma série de instrumentos financeiros muito particulares entre si, tanto sob o aspecto econômico, quanto do ponto de vista da estrutura jurídica[122], e alguns deles sequer são passíveis de negociação no mercado secundário, característica essencial dos títulos tradicionalmente classificados como valores mobiliários[123]. A equiparação dos derivativos aos valores mobiliários clássicos poderia acarretar, assim, a aplicação

apenas inutilizando alguns dos mecanismos de controle, mas também criando novas fontes de instabilidade, que, muitas vezes, somente são identificadas *a posteriori*, motivo pelo qual o surgimento de novos produtos financeiros pode se mostrar um grande desafio para os reguladores. YAZBEK, 2013, op. cit., p. 2. (Paginação da versão eletrônica difere da versão impressa).

119 Machado, Fábio Cardoso. Disciplina jurídica dos contratos derivativos. **Revista dos Tribunais**, vol. 896/2010, p. 61-74, jun. 2010. Disponível em: <http://revistadostribunais.com.br/maf/app/resultList/document?&src=rl&srguid=i0ad6007a000001515549lab8c0287754&docguid=I7f2de070f2511ldfab6f010000000000&hitguid=I7f2de070f2511ldfab6f010000000000&spos=2&epos=2&td=3&context=119&startChunk=1&endChunk=1>. Acesso em: 17 mai. 2015. p. 4. (Paginação da versão eletrônica difere da versão impressa).

120 Eizirik et al., op. cit., p. 118-119.

121 Ibidem, p. 119.

122 Yazbek, 2007, op. cit., p. 123.

123 Eizirik et al., op. cit., p. 119.

aos derivativos de regras inadquadas e imcompatíveis com o regime de tais instrumentos[124].

A própria CVM reconheceu os desafios de regular os derivativos, frente a suas peculiaridades, em decisão proferida em 2003:

> O grande desafio que a CVM enfrentará, neste particular, futuramente, é notar as diferenças que existem entre a forma de regular derivativos e outros valores mobiliários. E reconhecer ainda que nem todos os derivativos devem ser regulados da mesma forma e saber que não regular é também uma decisão regulatória. Deverá também reconhecer as diferenças regulatórias evidentes entre os derivativos ofertados publicamente e aqueles que apenas são negociados em mercados, sem oferta pública.[125]

A CVM regulamentou os contratos de derivativos em 2008, por meio da Instrução CVM nº 467/2008, que estabeleceu o procedimento para aprovação de contratos derivativos admitidos à negociação ou registrados nos mercados organizados de valores mobiliários. Na referida Instrução, a CVM estabelece que modelos de contratos derivativos admitidos à negociação em mercado organizado devem ser aprovados pela CVM antes do início das negociações (artigo 2º), mas permite que os contratos derivativos que não tenham sido negociados em mercado organizado, mas apenas levados a registro em tal mercado, sejam aprovados pela entidade administradora do mercado em que forem registrados, estando dispensados de aprovação da CVM (artigo 3º).

124 Ibidem, p. 120. Rachel Sztajn também critica a inclusão dos derivativos no rol dos valores mobiliários. A esse respeito, cf. SZTAJN, Rachel. **Sistema financeiro**: entre estabilidade e risco. Rio de Janeiro: Elsevier, 2011, p. 109 et seq.

125 CVM, Processo CVM nº RJ 2003/0499, Rel. Dir. Luiz Antonio de Sampaio Campos, j. 28 ago. 2003.

Não bastasse a dificuldade decorrente do fato de os derivativos apresentarem características fundamentalmente distintas das dos valores mobiliários tradicionais, e de englobarem uma gama de instrumentos notadamente distintos entre si, a discussão sobre a competência regulatória relativa especificamente aos derivativos de crédito é ainda mais complexa, pois a regulamentação do crédito foi atribuída a outro regulador. Vejamos.

A Lei nº 4.595, de 31 de dezembro de 1964 ("Lei do Mercado Financeiro") atribui ao Conselho Monetário Nacional competência para "disciplinar o crédito em todas as suas modalidades e as operações creditícias em todas as suas formas"[126] e, ao Banco Central, para "exercer o controle do crédito sob todas as suas formas"[127]. Ou seja, o Bacen e o CMN atuam como reguladores das atividades creditícias, em todas as suas modalidades e formas[128].

À luz do acima, surge a dúvida sobre quem seria competente para regular os derivativos de crédito – seria a CVM, por força do disposto na Lei do Mercado de Capitais, ou seram o CMN e o BACEN, em razão da competência que lhes atribui a Lei do Mercado Financeiro? Embora não tenhamos encontrado posição doutrinária a esse respeito, entendemos que a competência do CMN e do Bacen relativa ao crédito não retira a competência da CVM concernente aos derivativos de crédito, porém lhes confere o poder de, exclusivamente no que tange a aspectos creditícios, editar normas que, na prática, afetam o mercado de derivativos de crédito. Na medida em que não há atualmente norma editada pela CVM relativa especificamente aos derivativos de crédito, somos da opinião de que lhes são apli-

[126] Cf. artigo 4º, incisos VI, da Lei do Mercado Financeiro.

[127] Cf. artigo 10, inciso VI, da Lei do Mercado Financeiro.

[128] Eduardo Salomão Neto aponta que a Lei do Mercado Financeiro atribui ao CMN competência para regulamentar, e, ao Bacen, competência executiva e fiscalizatória. Salomão Neto, op. cit., p. 85.

cáveis as regras gerais contidas na Instrução CVM nº 467/2008, a que estão sujeitos todos os derivativos, resssalvado, porém, que somente são permitidas atualmente no Brasil as operações de derivativo de crédito abarcados pela regulamentação editada pelo CMN e pelo Banco Central, detalhadas a seguir[129].

Insta mencionar, ainda, que é de competência do CMN, por força do artigo 4º, inciso VIII, da Lei do Mercado Financeiro, regular o funcionamento e a fiscalização das instituições financeiras e demais instituições autorizadas a funcionar pelo Banco Central, sendo sua atribuição editar normas relativas às operações realizadas por tais entidades, de sorte que compete ao CMN regular a celebração de derivativos de crédito por referidas entidades.

Em outubro de 2001, o Bacen colocou em audiência pública minutas de resolução e de circular dispondo sobre a realização, no mercado de balcão, de operações de derivativos de crédito por parte das instituições financeiras e demais instituições autorizadas a funcionar pelo Banco Central do Brasil[130]. Após implementar algumas das sugestões apresentadas pelos participantes do mercado[131], conforme será abordado incidentalmente ao longo dos subitens 2.1.2 e 2.1.3 abaixo, foram publicadas a Resolução nº 2.933 e a Circular nº 3.106, que, desde então, regulamentam as operações de derivativos de crédito no Brasil.

129 "Nos mercados regulados, os instrumentos financeiros são aqueles admitidos expressamente". SZTAJN, 2011, op. cit., p.103.

130 BANCO CENTRAL DO BRASIL. Edital de Audiência Pública nº 014/2001, de 18 de outubro de 2001. **Diário Oficial da União**, n. 202, 22 out. 2001, seção 3, p. 14-15. Disponível em: <http://pesquisa.in.gov.br/imprensa/jsp/visualiza/index.jsp?data=22/10/2001&jornal=3&pagina=14&totalArquivos=108>. Acesso em: 8 mar. 2016.

131 PINHEIRO NETO ADVOGADOS. **Derivativos de crédito**: o novo produto financeiro do mercado brasileiro. São Paulo, Anexo BI 1.700, mar. 2002. p. 1.

2.2. A resolução nº 2.933

A Resolução nº 2.933 permite que as instituições financeiras e demais instituições autorizadas a funcionar pelo Banco Central do Brasil celebrem operações de derivativos de crédito, nas modalidades, formas e condições a serem estabelecidas pelo Bacen[132]. Em referido normativo, os derivativos de crédito são definidos como "contratos onde as partes negociam o risco de crédito de operações, sem implicar, no ato da contratação, a transferência do ativo subjacente às referidas operações"[133], sendo que a parte receptora do risco de crédito somente pode ser um banco múltiplo, comercial ou de investimentos, a Caixa Econômica Federal, uma sociedade de crédito, financiamento e investimento, uma sociedade de crédito imobiliário ou uma sociedade de arrendamento mercantil[134]. Observa-se que o CMN limitou a celebração de derivativos de crédito por instituições financeiras e demais instituições autorizadas a funcionar pelo Banco Central com diversos participantes do mercado, incluindo fundos de investimentos e fundos de pensão, entidades que, supostamente, teriam capacidade e sofisticação para celebração de operações dessa natureza[135], e que, inclusive, podem adquirir exposição a risco de crédito por meio da aquisição direta de instrumentos de dívida.

No que diz respeito ao ativo subjacente dos derivativos de crédito objeto da Resolução nº 2.933, o CMN foi bem menos restritivo, autorizando a celebração de operações cujo crédito

[132] Cf. artigo 1º, *caput*, da Resolução nº 2.933.

[133] Cf. artigo 1º, parágrafo 3º, inciso I, da Resolução nº 2.933.

[134] Cf. artigo 1º, parágrafo 1º, da Resolução nº 2.933. Frise-se que as sociedades de arrendamento mercantil somente estão autorizadas a atuar como contraparte receptora do risco quando o ativo subjacente referir-se a créditos oriundos de operações de arrendamento mercantil, conforme previsto no parágrafo 2º do artigo ora em comento.

[135] PINHEIRO NETO ADVOGADOS, op. cit., p. 4.

de referência seja decorrente de qualquer instrumento ou contrato (incluindo valores mobiliários) sujeito a risco de crédito negociado ou celebrado no mercado brasileiro. Na dicção do inciso II, do parágrafo 3º, do artigo 1º da Resolução nº 2.933, ativos subjacentes são "créditos decorrentes de operações de empréstimo, financiamento ou de arrendamento mercantil, títulos de crédito, valores mobiliários, fianças, avais, derivativos de crédito e outros instrumentos e contratos financeiros ou comerciais sujeitos a risco de crédito, negociados e praticados no mercado doméstico". Nota-se que a redação final da Resolução nº 2.933 é consideravelmente mais abrangente do que a redação da minuta originalmente colocada em discussão pelo Bacen, que se limitava a "crédito decorrente de operações de empréstimo, financiamento ou de arrendamento mercantil realizadas no mercado doméstico". Pela redação da Resolução nº 2.933, é possível, então que as partes celebram derivativo de crédito tendo por ativo de referência outro derivativo de crédito ou, ainda, qualquer operação creditícia, mesmo que não bancária (como um contrato de compra e venda, locação, etc.)[136].

Nos termos do artigo 2º da Resolução nº 2.933, somente são permitidas as operações cujo risco de crédito do ativo subjacente seja, necessariamente, detido pela contraparte transferidora do risco no momento da contratação, exceto quando se tratar de ativo subjacente regularmente negociado em mercados organizados, desde que a formação de preço seja passível de verificação. Ou seja, em regra, os derivativos de crédito não podem, no Brasil, ser celebrados com fins especulativos, sendo mandatório que a parte compradora da proteção (i.e., a contraparte transferidora do risco) seja titular do crédito subjacente à

[136] RODRIGUES, op. cit., p. 20.

operação, à semelhança de uma operação de seguro[137]. Operações com fins meramente especulativos somente são admitidas quando for possível confirmar, por meio de consulta ao registro para negociação em mercados organizados, que o crédito subjacente existe, e desde que sua precificação possa ser verificada[138].

A Resolução nº 2.933 estabelece, ainda, que, na hipótese da existência do ativo subjacente na carteira da contraparte transferidora do risco, o montante da transferência do risco está limitado ao valor do ativo subjacente[139].

Por fim, cumpre mencionar que, antecipando a alteração introduzida no ordenamento pátrio pelo artigo 1º da Lei nº 12.534, de 8 de dezembro de 2011, que alterou a Lei do Mercado de Capitais para incluir como requisito de validade dos contratos derivativos o registro em câmaras ou prestadores de serviço de compensação, liquidação e registro autorizados pelo Banco Central ou pela CVM, o artigo 5º da Resolução nº 2.933 já previa que as operações realizadas sob a égide da referida Resolução deveriam ser registradas junto às entidades registradoras de ativos devidamente autorizadas pelo Banco Central do Brasil.

2.3. A circular nº 3.106

Conforme preceitua o artigo 1º da Resolução nº 2.933 acima mencionado, o Conselho Monetário Nacional delegou ao Banco Central do Brasil a competência para estabelecer as modalidades, formas e condições dos derivativos de crédito que as instituições financeiras e demais instituições por ele autorizadas a funcionar pelo Bacen podem contratar. A esse respeito, foi edi-

[137] Vide 2.2 abaixo.

[138] A possibilidade de realização de operações cujo ativo subjacente não seja detido pela contraparte transferidora do risco de crédito não constava da redação originalmente proposta pelo Bacen.

[139] Cf. artigo 2º, parágrafo 1º, inciso I, da Resolução nº 2.933.

tada a Circular nº 3.106, que dispõe sobre a realização de operações de derivativos de crédito de que trata a Resolução nº 2.933.

Nos termos da referida Circular, é autorizada a realização de derivativos de crédito em duas modalidades, a saber, "*swap* de crédito" (ou CDS), operação em que a contraparte receptora do risco é remunerada com base na taxa de proteção, e "*swap* de taxa de retorno total" (ou TRS), operação em que a contraparte receptora do risco é remunerada com base no fluxo de recebimento de encargos e de contraprestações vinculadas ao ativo subjacente[140]. A Circular nº 3.106 define, em seu artigo 2º, operações de "*swap*" como operações realizadas entre a contraparte transferidora e a contraparte receptora do risco de crédito, para liquidação em data futura, que impliquem, quando da ocorrência de um ou mais eventos de deterioração de crédito (a seguir definido), na recomposição[141], total ou parcial, do valor de referência estabelecido no contrato em favor da contraparte transferidora do risco.

Eventos de deterioração do crédito (ou, simplesmente, eventos de crédito) são os fatos contratualmente definidos entre as partes, relacionados ao ativo subjacente e/ou seus obrigados que, independentemente da sua motivação, causam o pagamento, pela contraparte receptora do risco, da proteção contratada pela contraparte transferidora[142]. O Bacen conferiu às

[140] Cf. artigo 1º, incisos I e II, respectivamente, da Circular nº 3.106. Conforme destacado por Otavio Yazbek, as duas modalidades de derivativo de crédito, na forma em que foram adotadas, diferenciam-se, então, pelo mecanismo de remuneração da contraparte receptora do risco. YAZBEK, 2007, op. cit., p. 119.

[141] Curioso observar que o termo "recomposição" está intrinsecamente relacionado à finalidade de *hedge* do derivativo, muito embora a norma não vede por completo operações especulativas.

[142] Cf. artigo 2º, inciso II, da Circular nº 3.106. STUBER, Walter Douglas; STUBER, Adriana M. Godel. Novas modalidades de operações de derivativos de crédito. **Revista de Direito Bancário, do Mercado de Capitais e da Arbitragem**, v. 5, n. 17, p. 255-261, jul. 2002. Disponível em: <http://revistadostribunais.

partes autonomia para estabelecerem os eventos que, em uma determinada operação, desencadeiam a obrigação de pagamento pela receptora do risco.

É importante destacar, porém, que, embora o Bacen conceda às partes contratantes considerável liberdade para fixar os eventos de crédito das operações de derivativos por elas contratadas, para fins de cômputo do valor do Patrimônio Líquido Exigido (PLE) de que trata a Resolução nº 2.099, de 17 de agosto de 1994, do CMN, e suas alterações posteriores, os contratos de derivativos de crédito devem atender a determinados requisitos, previstos no parágrafo 1º, do artigo 3º da Circular nº 3.106, entre eles estabelecer, como eventos de crédito, no mínimo aqueles estipulados no inciso I do referido dispositivo, que incluem (mas não se limitam a) inadimplemento do ativo subjacente, declaração de falência ou insolvência civil dos obrigados do ativo subjacente, repúdio ou questionamento judicial do ativo subjacente, ou, ainda, reestruturação de passivos dos obrigados do ativo subjacente, quando essa representar perda no valor ou deterioração na qualidade do crédito do ativo subjacente.

Em qualquer caso, porém, o Bancen veda a realização de operações de opções vinculadas a derivativos de crédito; a realização de operações de derivativos de crédito entre pessoas físicas ou jurídicas controladoras, coligadas ou controladas; a recepção do risco de crédito das pessoas referidas acima; e a realização de operações de derivativos de crédito cujos fluxos não estejam na mesma moeda ou indexador do ativo subjacente[143].

com.br/maf/app/resultList/document?&src=rl&srguid=i0ad81816000001556b5b1f5a4f34dbde&docguid=If62181702d4111e0baf30000855dd350&hitguid=If62181702d4111e0baf30000855dd350&spos=1&epos=1&td=1&context=8&startChunk=1&endChunk=1>. Acesso em: 5 fev. 2016. p. 2. (Paginação da versão eletrônica difere da versão impressa).

143 Cf. parágrafo único do artigo 1º da Circular nº 3.106.

3. Notas sobre o mercado brasileiro de derivativos de crédito à luz do seu regime jurídico

Como já mencionado anteriormente, na medida em que criam e transferem riscos, os derivativos de crédito são cuidadosamente regulados no Brasil. Para alguns, a rigidez da regulamentação nacional acabou por impedir o crescimento desse segmento do mercado de derivativos no país, que nunca contou com a expressão assumida em mercados estrangeiros. No presente capítulo serão analisados alguns aspectos relevantes do mercado brasileiro de derivativos de crédito à luz da sua regulamentação.

3.1. O mercado brasileiro de derivativos de crédito em números e seus *players*

Os derivativos de crédito não representam, no Brasil, um dos segmentos mais relevantes do mercado de derivativos. Logo antes da crise financeira de 2008, momento em que as negociações de derivativos de crédito no mundo atingiram seu auge, representando trilhões de dólares[144], o volume nocional das operações de derivativos de crédito no Brasil somava apenas R$ 735 milhões[145].

Marcelo Maziero identifica como origem do baixo desenvolvimento do mercado de derivativos no Brasil questões de ordem macroeconômica (como as altas taxas de juros, que desestimulam os investidores a buscarem maior rentabilidade por meio

[144] Em 2006, o *British Bankers'Association (BBA)* projetava que o valor nocional global das operações de derivativos de crédito seria da ordem de 33 trilhões de dólares. BRITISH BANKERS'ASSOCIATION. **Credit Derivatives Report**, 2006. p. 5.

[145] Farhi, Maryse. Projeto de estudos sobre as perspectivas da indústria financeira brasileira e o papel dos bancos públicos: subprojeto derivativos de crédito. Fundação Economia de Campinas – FECAMP. Disponível em: <http://www.bndes.gov.br/SiteBNDES/export/sites/default/bndes_pt/Galerias/Arquivos/empresa/pesquisa/SubprojetoII.9_PIF.pdft>. Acesso em: 30 mai. 2016. p. 82.

de estruturas financeiras mais complexas, e o pouco desenvolvimento do mercado de crédito), cultural (como o desinteresse do empresário nacional na gestão de risco) e regulatória (como a complexidade e onerosidade da tributação e restrições relacionadas aos tipos de operações que fundos de investimento estão autorizados a realizar)[146].

Sergio Mychkis Goldstein, em texto de 2004, argumenta que a fraca utilização dos derivativos de crédito no mercado local poderia ser explicada por razões de ordem conjuntural, pois um instrumento mitigador de risco de crédito naturalmente teria dificuldades em prosperar em uma economia em que prevalece a baixa quantidade de crédito disponível[147]. De qualquer forma, continua o autor, alterações nas regras dos derivativos de crédito, com o fim de admitir que outras entidades além daquelas elencadas no artigo 1º da Resolução nº 2.933 possam contratar derivativos na qualidade de receptoras do risco de crédito, poderiam incrementar a utilização destes instrumentos no Brasil:

> É fundamental para o desenvolvimento do mercado de derivativos de crédito local que investidores institucionais possam atuar como contrapartes receptoras do risco de crédito atuando como vendedores de proteção nos contratos de derivativos de crédito. (...) Diante do exposto, tendo em vista a sofisticação dos investidores institucionais, a competência destes agentes para analisar riscos de crédito, atividade rotineiramente exercida pelos mesmos, a positiva experiência internacional, bem como devido à intensa supervisão a que estão sujeitos estes agentes, seria extremamente interessante para o desenvolvimento do mercado de derivativos de

146 MAZIERO, Marcelo. **Perspectivas do mercado de derivativos de balcão**. Apresentação para o primeiro Seminário Internacional sobre Renda Fixa em Mercado de Balcão, realizado em 29 set. 2006. p. 4-9.

147 GOLDSTEIN, op. cit., p. 6. (Paginação da versão eletrônica difere da versão impressa).

crédito no Brasil que o Conselho Monetário Nacional autorizasse investidores institucionais, principalmente seguradoras, a figurar como contrapartes receptoras do risco de crédito nas operações de derivativos, autorizando que tais investidores assumam riscos de crédito, observando, obviamente, todos os limites de exposição de risco e aplicando-se a devida e indispensável transparência aos negócios firmados[148].

Luiz Carlos Jacob Perera et. at., em pesquisa realizada com as principais instituições financeiras do país, apurou que a Resolução nº 2.933 "reduz consideravelmente o mercado [de derivativos de crédito] e inibe a futura criação de um mercado secundário"[149]. Contrapõe-se Rodrigo Alves Rodrigues, para quem:

> A regulação dos derivativos de crédito tem a função precípua de promover incremento de eficiência em tal mercado e permitir maior estabilidade e segurança por meio do controle do risco sistêmico que estes instrumentos financeiros podem ensejar. O controle do risco sistêmico em realidade é uma preocupação com a própria eficiência do sistema capitalista, na medida em que se objetiva evitar que a insolvência de uma instituição financeira gere externalidades negativas (e custos) a terceiros que não concorreram para tal situação[150].

148 Ibidem, p. 7. (Paginação da versão eletrônica difere da versão impressa). Maryse Farhi aponta que, no mercado internacional, fundos de investimento respondem, sozinhos, por aproximadamente 17% dos negócios envolvendo derivativos de crédito. FARHI, op. cit., p. 82.

149 PERERA, Luiz Carlos Jacob; KIMURA, Herbert; KERR, Roberto Borges; ISHIKAWA, Sérgio. Construindo um mercado de derivativos de crédito no Brasil. **Encontro de Administração Pública e Governança – ENAPG 2006**. São Paulo, nov. 2006. Disponível em: <http://www.anpad.org.br/diversos/trabalhos/EnAPG/enapg_2006/2006_ENAPG410.pdf>. Acesso em: 8 mar. 2016. p. 6.

150 RODRIGUES, op. cit., p. 11. Nesse mesmo sentido, cf. SADDI, Jairo. Crise e regulação, inovação financeira e algoritmos. In: NUSDEO, Fábio (coord.).

Assim, embora a restrição contida no artigo 1º da Resolução nº 2.933 de fato possa explicar a baixa popularidade dos derivativos de crédito no Brasil, e ainda que não haja dúvidas a respeito da capacidade de investidores profissionais não elencados no rol do referido dispositivo tomarem decisões conscientes a respeito da contratação de um derivativo de crédito, as limitações quanto às pessoas autorizadas a recepcionar o risco

O Direito Econômico na atualidade. Sao Paulo: Revista dos Tribunais, 2015. p. 72-73. A respeito do objetivo da regulação financeira, Newton Ferreira da Silva Marques pontua que consiste em "evitar que as instituições financeiras corram riscos que contaminem as demais e que elevem em demasia seu grau de exposição ao risco. A regulação financeira, portanto, tem uma dimensão prudencial, que intenta padronizar a ação das instituições financeiras no tocante à exposição a riscos reduzindo a probabilidade de crises sistêmicas, motivadas por fatores econômicos internos ou em virtude da mundialização financeira, que aumentou a instabilidade dos mercados financeiros, notadamente nos países emergentes (...)". MARQUES, Newton Ferreira da Silva. Quatro décadas de atuação do Banco Central do Brasil na fiscalização e supervisão bancária. **Revista de Direito Bancário e do Mercado de Capitais**, vol. 30, p. 242 et seq., out. 2005. Disponível em: <http://revistadostribunais.com.br/maf/app/resultList/document?&src=rl&srguid=i0ad6007900000151555549b7b030ab7fac&docguid=Id3bbe9d007a911e0892001000000000&hitguid=Id3bbe9d007a911e0892001000000000&spos=1&epos=1&td=1&context=128&startChunk=1&endChunk=1>. Acesso em: 17 mai. 2015. p. 3. (Paginação da versão eletrônica difere da versão impressa). Interessante notar, ademais, que embora a motivação primordial para o surgimento dos derivativos de crédito tenha sido a necessidade das instituições financeiras de se adequarem aos novos requerimentos de capital exigidos pelos reguladores, conforme exposto no capítulo introdutório do presente trabalho, o Banco Central do Brasil associou a regulação dos derivativos de crédito à tentativa de "aumentar a liquidez dos ativos creditícios" e reduzir o "fator risco na composição do *spread* bancário". BANCO CENTRAL DO BRASIL. **Relatório de economia bancária e crédito**: avaliação de 3 anos do Projeto Juros e *Spread* Bancário. dez. 2002. Disponível em: <http://www.bcb.gov.br/ftp/jurospread122002.pdf>. Acesso em: 8 mar. 2016. p.29; e BANCO CENTRAL DO BRASIL. **Relatório de inflação**. mar. 2002. Disponível em: <http://www.bcb.gov.br/htms/relinf/port/2002/03/ri200203b2p.pdf>. Acesso em: 8 mar. 2016. p. 45.

de crédito em instrumentos derivativos podem ser explicadas pela prudência do regulador brasileiro em manter o risco de crédito – oriundo primordialmente do mercado financeiro – circunscrito a tal mercado, isolando-o dos demais, buscando, em última instância, evitar que uma crise bancária sistêmica se dissipe com ainda mais intensidade para agentes externos.

A esse respeito, concordamos com a crítica de Rodrigo Alves Rodrigues:

> Passados mais de dez anos das ponderações de Sergio Mychkis Goldstein, verificamos que a regulação nacional – apesar de mais restritiva em comparação com o cenário desregulado norte-americano e europeu pré-crise de 2008 – foi importante para que a crise não tivesse as mesmas proporções no país. Além disso, considerando que os derivativos de crédito não são instrumentos de garantia, mas de transferência de risco de crédito, entendemos não ser adequado que estes riscos originados no sistema bancário sejam transferidos para entidades que não estão adstritas à mesma regulação que instituições financeiras, ainda que possam ser qualificadas para realizar análise creditícia.[151]

Outro fator que poderia ser citado como contribuição para o baixo desenvolvimento do mercado de derivativos de crédito no Brasil é a inexistência de um padrão contratual para esse tipo de operação, conforme será abordado no item 3.2 a seguir.

3.2. A falta de padronização contratual

Incertezas quanto à interpretação dos contratos de derivativos, em especial com relação à configuração dos eventos de crédito, são preocupação frequente quando se discute o mercado de derivativos de crédito.

[151] Rodrigues, op. cit., p. 59.

Embora a padronização contratual seja característica marcante do mercado de bolsa, tende-se a buscar uma maior padronização dos contratos negociados e registrados em mercado de balcão[152], uma vez que tal padronização é capaz de produzir efeitos não apenas de ordem informacional, reduzindo a assimetria entre as partes, facilitando negociações e, ao menos teoricamente, reduzindo custos de transação, mas também de ordem operacional, minimizando chances de erros na elaboração do contrato e facilitando os controles internos pelas instituições contratantes e a supervisão de mercado[153], além de conferir fungibilidade às operações e viabilizar a compensação de posições e valores[154].

A esse respeito, é fundamental mencionar que, conforme destaca Otavio Yazbek, a maior padronização contratual dos derivativos é, mais do que um fim em si mesma, uma condição para o sucesso de outros mecanismos desejáveis do mercado de balcão, como o registro eficiente das operações[155], conforme será abordado em 3.3 a seguir.

No mercado internacional, a padronização dos derivativos de crédito remonta a 1999, quando a ISDA, associação de autorregulação transnacional que visa aumentar a segurança e transparência, entre outros, do mercado global de derivativos

152 "Importante esclarecer o aparente paradoxo. Derivativos padronizados, como os contratos futuros, são negociados em mercados organizados e em massa, são absolutamente idênticos em condições e volume. Os contratos derivativos estabelecidos a partir do *ISDA Master Agreement* não são padronizados, e contam com condições específicas a serem estabelecidas no *schedule*. O esforço é no sentido de tornar parte do contrato as condições mais gerais, como a liquidação por diferença, uniformes para os aderentes". HIRATA, op. cit., p. 188.

153 YAZBEK, 2013, op. cit., p. 9-10. (Paginação da versão eletrônica difere da versão impressa).

154 RODRIGUES, op. cit., p. 227.

155 YAZBEK, 2013, op. cit., p. 10. (Paginação da versão eletrônica difere da versão impressa).

de balcão[156], divulgou o primeiro modelo de contrato com condições uniformes para a contratação de CDS[157]. De um modo geral, a estrutura da ISDA para CDS contempla um "*master agreement*", documento padrão cujas cláusulas não são objeto de qualquer alteração, em que as duas contrapartes estabelecem as principais regras aplicáveis a uma série de operações a serem potencialmente celebradas entre elas, como, por exemplo, a lei aplicável ("*governing law*") e regras de compensação; uma "*confirmation*", documento que formaliza uma operação de derivativo específica, onde se identificam a entidade e o ativo de referência, o valor nocional e os eventos de crédito aplicáveis àquela determinada transação; as "*definitions*", lista que define os termos principais empregados na "*confirmation*" e no "*master agreement*"; e eventuais suplementos, que corrigem, atualizam ou esclarecem tais definições[158]. As contrapartes podem, ainda, celebrar "*schedules*" ao "*master agreement*" para complementar ou alterar este último[159].

Embora certo grau de padronização contratual seja desejável e possa ser importado da consolidada prática internacional, deve-se ressalvar que mencionada uniformização não elimina por completo eventuais discussões e incertezas a respeito, por exemplo, da ocorrência de um evento de crédito[160]. Tampouco parece razoável apontar a falta de padronização como uma causa crucial para o baixo desenvolvimento do mercado de deriva-

[156] RODRIGUES, op. cit., p. 225.

[157] ALLEN & OVERY. ***An introduction to the documentation of OTC derivatives***. Maio, 2002. Disponível em: <http://isda.org/educat/pdf/documentation_of_derivatives.pdf>. Acesso em: 8 mar. 2016. p. 4. Para mais informações sobre o histórico da evolução do contrato padrão da ISDA, cf HARDING, Paul C.. **Mastering the ISDA Master Agreement (1992 and 2002)**. 3a. ed. London & New York: Prentice Hall, 2010. p. 17 et seq.

[158] BONFIM, op. cit., p. 316-317.

[159] SALOMÃO NETO, op. cit., p. 494.

[160] Cf. CHOUDHRY, 2004, op. cit., p. 41-42.

tivos de crédito no Brasil, especialmente porque não há, no país, uma cultura expressiva de padronização dos contratos em geral.

3.3. A transparência e a especulação nas operaçãoes de derivativos de crédito

A preocupação do CMN e do Banco Central com a transparência nas operações de derivativos de crédito celebrados por instituições financeiras e demais entidades por eles reguladas se manifesta em três aspectos distintos, um referente ao ativo subjacente de tais transações, um referente à sua contabilização e, um terceiro, relativo ao seu registro.

Conforme exposto acima, o artigo 2º da Resolução nº 2.933 exige que o risco de crédito do ativo subjacente do contrato de derivativo de crédito seja, necessariamente, detido pela contraparte transferidora no momento da contratação, sendo vedada sua cessão ou transferência durante a vigência do referido derivativo, exceto quando o ativo subjacente for regularmente negociado em mercados organizados e a formação de seu preço for passível de verificação. A regra, portanto, é que um agente autorizado a funcionar pelo Bacen que não detém o risco de crédito do ativo subjacente não pode contratar um derivativo de crédito como contraparte transferidora, somente sendo permitida tal contratação se seu preço for objetivamente verificável.

Nota-se que o dispositivo em comento cuida de duas questões elementares do mercado de derivativos de crédito: a especulação, na medida em que, ao menos a princípio, veda a transferência de risco por aquele que não o detém, ou seja, veda operações cuja finalidade seja outra que não a aquisição de proteção, e a assimetria de informações, uma vez que veda a celebração de derivativos de crédito com ativos de referência ilíquidos e cuja formação de preço é desconhecida, evitando que a contraparte receptora do risco fique sujeita ao arbítrio da contraparte transferidora, que, via de regra, detém mais informações sobre o ativo e sua precificação[161].

Com relação à especulação, Segio M. Martins Torres Filho et al. ressalva:

> Poder-se-ia imaginar, diante da possibilidade de contratação de swap de crédito sem titularidade do ativo subjacente, que nestes casos tal instrumento somente poderia ser utilizado com fins especulativos, o que nem é sempre verdadeiro. Uma instituição financeira internacional, ao realizar um empréstimo para empresas de determinado país, poderia contratar swap de crédito vinculado à dívida soberana daquele país, pois o risco de moratória pode influenciar a capacidade de pagamento dos mutuários. Mesmo sem deter o ativo subjacente, a operação não é empreendida com finalidade especulativa.[162]

No que tange à assimetria de informações, Sergio Myschkis Goldstein entende que:

> Esta restrição do CMN é justificada uma vez que a formação de preços dos derivativos em geral, e dos derivativos de crédito em particular, continua a ser uma área incipiente. Ao restringir a compra de proteção sem deter o ativo subjacente apenas às hipóteses em que o valor de tal ativo é facilmente auferido no mercado, o CMN impede eventuais manipulações de preços que poderiam prejudicar o mercado de derivativos de crédito no país.[163]

161 Sobre a assimetria de informações no mercado de derivativos, cf. HIRATA, op. cit., p. 213 et seq.

162 TORRES FILHO et al., op. cit., p. 10. (Paginação da versão eletrônica difere da versão impressa).

163 GOLDSTEIN, op. cit., p. 6. (Paginação da versão eletrônica difere da versão impressa).

Quanto à contabilização, para um controle mais efetivo das operações de derivativos de crédito por parte do Banco Central[164], a regulamentação impõe que as instituições referidas no artigo 1º da Resolução nº 2.933 que contratem derivativos de crédito, seja na qualidade de contraparte transferidora, seja como receptora do risco de crédito, divulguem, em nota explicativa às suas demonstrações financeiras, ao menos (i) a política, os objetivos e as estratégias da instituição por meio das operações de derivativos de crédito, (ii) os volumes de risco de crédito recebidos e transferidos (valor contábil e de mercado), total e no período, (iii) o efeito (aumento/redução) no cálculo do valor do Patrimônio Líquido Exigido (PLE), (iv) o montante e as características das operações de créditos transferidas ou recebidas no período em decorrência dos fatos geradores previstos no contrato, e (v) a segregação por tipo (se *swap* de crédito ou *swap* de taxa de retorno total)[165]. Exige-se, ainda, que tais instituições mantenham à disposição do Banco Central, adequadamente documentados, sua política e procedimentos para realização de operações de derivativos de crédito, bem como os limites de exposição estabelecidos, independentemente da condição de receptora ou transferidora do risco[166], e que a celebração de contrato de derivativo de crédito, cujo montante acumulado de operações junto a uma mesma contraparte seja igual ou superior a 10% (dez por cento) do valor do Patrimônio de Referência (PR) de qualquer das instituições que atuarem como contrapartes no contrato, seja objeto de comunicação ao Banco Central do Brasil[167].

Por fim, outro aspecto importante a respeito da transparência nas operações de derivativos de crédito – que, na ver-

164 Ibidem, p. 11.

165 Artigo 6º da Circular nº 3.106.

166 Artigo 7º da Circular nº 3.106.

167 Artigo 8º da Circular nº 3.106.

dade, aplica-se a toda e qualquer operação de derivativo – diz respeito à obrigatoriedade de seu registro. A Lei nº 12.534, de 8 de dezembro de 2011, incluiu na Lei do Mercado de Capitais, como requisito de validade de todos os contratos derivativos, o registro em câmaras ou prestadores de serviço de compensação, de liquidação e de registro autorizados pelo Banco Central do Brasil ou pela CVM[168]. Em antecipação à referida alteração legislativa, porém, o artigo 5º da Resolução nº 2.933 previa, desde 2002, que os derivativos de crédito deveriam ser registrados junto às entidades registradoras de ativos devidamente autorizadas pelo Banco Central. O CMN, aliás, já exigia o registro das operações de derivativos realizadas pelas instituições financei-

[168] A exposição de motivos da Medida Provisória nº 539, de 26 de julho de 2011, posteriormente convocada na Lei nº 12.534, dispõe: "2. Como é do conhecimento de V. Exa., os contratos de derivativos tiveram importante papel no desenvolvimento e na amplificação dos efeitos causados pela última crise financeira internacional. No caso específico do Brasil, além da forte restrição das linhas de captações externas, parte importante da internalização dos efeitos da crise adveio do contágio de grandes grupos econômicos às conseqüências do exercício de cláusulas existentes em contratos de derivativos. 3. Em resposta à evidenciação deste canal de amplificação de riscos, diversos grupos oficiais de discussão sobre conjuntura econômica, como, por exemplo, o G20 e o Fundo Monetário Internacional, iniciaram debates com vistas a fortalecer a infra-estrutura regulatória concernentes ao mercado de capitais e, em especial, ao mercado de contratos de derivativos. 4. O Governo brasileiro, até pelas consequências diretas que vivenciou, também intensificou os debates a respeito do seu marco regulatório sobre mercado de capitais e, em especial, a exemplo dos diversos fóruns internacionais, sobre o mercado de contratos de derivativos. 5. Embora tenhamos um marco legal que incentive ou mesmo obrigue o registro das operações com contratos derivativos, em especial daquelas que contam com instituição financeira como contraparte, e que tenhamos regras que estabeleçam a apresentação de informações sobre derivativos nas informações trimestrais das sociedades anônimas, é importante que consolidemos estas competências, em grande parte esparsas e não necessariamente explícitas, num novo texto legal". Disponível em: <http://www.planalto.gov.br/ccivil_03/_Ato2011-2014/2011/Exm/EM-107-MF-Mpv539.htm>. Acesso em: 26 mai. 2016.

ras desde a Resolução nº 2.042, de 1994, sendo a matéria atualmente regida pela Resolução nº 3.505 do CMN[169].

Otavio Yazbek leciona que a obrigação de registro das operações de derivativos tem caráter informacional e, embora tenha enfrentado certa resistência por parte das instituições financeiras, o registro é benéfico tanto para os reguladores, quanto para os próprios participantes do mercado, na medida em que auxiliam a administração de riscos e de controles internos das instituições, tendo servido, ainda e principalmente, como fonte essencial de informações para balizar medidas regulatórias adotadas após a crise internacional de 2008[170].

Ainda no que diz respeito ao registro dos derivativos de crédito, não se pode deixar de mencionar a necessidade de aprovação do contrato pela entidade administradora junto à qual é registrado, conforme estipula o artigo 3º da Instrução nº 467 da CVM[171],

169 "Artigo 1º Os bancos múltiplos, os bancos comerciais, as caixas econômicas, os bancos de investimento, os bancos de câmbio, as sociedades corretoras de títulos e valores mobiliários e as sociedades distribuidoras de títulos e valores mobiliários podem realizar, no mercado de balcão, no País, por conta própria e de terceiros, operações de swap, a termo e com opções, passíveis de registro em mercados de balcão organizado ou em sistema administrado por bolsas de valores, bolsas de mercadorias e de futuros, por entidades de registro e de liquidação financeira de ativos devidamente autorizados pelo Banco Central do Brasil ou pela Comissão de Valores Mobiliários."

170 YAZBEK, 2013, op. cit., p. 22. (Paginação da versão eletrônica difere da versão impressa). A respeito da obrigatoriedade de registro, cf. SOTO, Hernando de. The crisis: it's about paper and not bubbles. **Revista de Direito Bancário e do Mercado de Capitais**, vol. 45, p. 183 et seq., jul. 2009. Disponível em: <http://revistadostribunais.com.br/maf/app/resultList/document?&src=rl&srguid=i0ad6007900000151554dc4e40f12df0c&docguid=Ib4d14d60f25211dfab6f010000000000&hitguid=Ib4d14d60f25211dfab6f010000000000&spos=2&epos=2&td=2&context=184&startChunk=1&endChunk=1>. Acesso em: 17 mai. 2015. (Paginação da versão eletrônica difere da versão impressa).

171 "Art. 3º Os contratos derivativos que não tenham sido negociados em mercado organizado, mas levados a registro em tal mercado, serão aprovados pela

bem como a possibilidade de as entidades administradoras de mercados organizados, observado o disposto nos incisos I e V do § 3º do art. 1º da Lei Complementar nº 105, de 10 de janeiro de 2001, que trata do sigilo bancário, criar mecanismos de compartilhamento de informações sobre operações com contratos derivativos negociados ou registrados em seus sistemas, com fins de administração de riscos pelas instituições financeiras, conforme dispõe o artigo 4º-A daquele mesmo normativo[172].

Tendo em vista a obrigatoriedade de aprovação dos contratos derivativos, Otavio Yazbcek afirma que não existem, no Brasil, instrumentos derivativos que não tenham sido submetidos a um procedimento de aprovação prévia, e completa:

> Este, aliás, é um dos motivos pelos, por muito tempo, esse regime recebeu duras críticas, em especial da parte de agentes de mercado. O regime brasileiro demonstra, com clareza, a natureza da tensão existente entre os processos de inovação e a segurança outorgada por determinadas opções regulatórias. Ainda que a possibilidade de aprovação dos modelos pelas entidades registradoras, trazida pela Instrução CVM n. 467/2008, tenha limi-

entidade administradora do mercado em que forem registrados, estando dispensados de aprovação na CVM."

[172] "Tal mecanismo se concretizou com a criação da Central de Exposição de Derivativos (CED), que permite aos bancos, mediante autorização expressa, acessar a exposição consolidada em derivativos detida pelas pessoas jurídicas na Cetip e na BM&FBovespa. A CED permite uma diminuição de assimetria de informações, contribuindo para o desenvolvimento do mercado financeiro." PAIVA, Rafael Bianchini Abreu. Derivativos: regulação, função econômica e jurisprudência. **Revista de Direito Empresarial**, vol. 2/2014, p. 187 et seq., mar. 2014. Disponível em: <http://revistadostribunais.com.br/maf/app/resultList/document?&src=rl&srguid=i0ad6007a00000151554b541ec028776c&docguid=I169a0390bfa811e39d9001000000000&hitguid=I169a0390bfa811e39d9001000000000&spos=3&epos=3&td=4&context=140&startChunk=1&endChunk=1>. Acesso em: 17 mai. 2015. p. 17. (Paginação da versão eletrônica difere da versão impressa).

> tado o espectro das críticas recebidas, a mera obrigatoriedade de aprovação – ainda mais quando balizada por critérios como os que aquele diploma traz – não deixa de ser uma restrição ante o regime, bem mais flexível, com os agentes de mercado se deparavam em outros países. [sic][173]

Devido ao reduzido número de operações de derivativos de crédito realizadas no Brasil, nenhuma entidade disponibiliza, na presente data, o serviço de registro de operações de derivativos de crédito[174].

Conclusão

Os derivativos de crédito consubstanciam-se em inovação financeira que desempenha um relevante papel no gerenciamento de risco de crédito, no Brasil, especificamente pelas instituições financeiras e demais entidades autorizadas a funcionar pelo Banco Central.

Da análise da Resolução nº 2.933 e da Circular nº 3.106, fica nítida a opção do CMN e do Bacen de privilegiar a higidez do sistema financeiro, em detrimento do fomento ao mercado de derivativos de crédito, uma vez que limitam os agentes autorizados a contratar esse tipo de operação e restringem as possibilidades de operações "a descoberto" (ou seja, por quem não detém o ativo subjacente).

Embora seja de fundamental importância identificar e mitigar as possíveis externalidades negativas decorrentes dos derivativos de crédito, não se pode impedir a inovação, "inviabilizando

[173] Yazbek, 2013, op. cit., p. 18. (Paginação da versão eletrônica difere da versão impressa).

[174] O registro de *swaps* de crédito, que era realizado pela Cetip S.A. – Mercados Organizados, foi suspenso em 2009, conforme Comunicado Cetip nº 078/09. Disponível em: <http://www.cetip.com.br/comunicados/CCETIP/2009/CCETIP2009-078.PDF>. Acesso em 27 mar. 2017.

operações que interessam ao sistema, ainda quando da inovação resultem incertezas"[175]. Assim, talvez pudessem os reguladores ampliar o rol de entidades autorizadas a contratar derivativos de crédito na qualidade de contraparte receptora do risco de crédito transferido por instituições financeiras e assemelhadas, minimizando os riscos indesejados através da imposição de restrições de outra natureza. A esse respeito, poder-se-ia cogitar que, além das pessoas já autorizadas na regulamentação em vigor, figurassem como contrapartes receptoras em derivativos de crédito entidades que poderiam adquirir o ativo subjacente no mercado – diretamente ou por meio de outras estruturas de sindicalização –, desde que o ativo de referência do derivativo fosse único (sendo vedada, portanto, a celebração de derivativos de crédito referenciados em uma carteira de créditos, o que impediria que o risco real atrelado ao derivativo fosse encoberto) e que, como a regulamentação já prevê, o valor que a contraparte receptora estivesse obrigada a pagar sob o derivativo não superasse o valor do ativo subjacente.

Se tais mudanças fossem implementadas e se verificasse o aumento do volume dos derivativos de crédito no país, aí então se podera dedicar à criação de modelos padronizados de contratos de derivativo de crédito, à semelhança dos modelos desenvolvidos pela ISDA. Na atual conjuntura, porém, não parece fazer sentido empreender tais esforços.

Sem prejuízo da análise acima, na medida em que os derivativos de crédito apresentam significativo potencial de criação de riscos e permitem a transferência destes para além do sistema financeiro, podendo atingir setores econômicos pouco ou não regulados, entendemos que a regulamentação brasileira, embora restritiva, acerta ao buscar a transparência nas operações envolvendo derivativos de crédito – seja ao estabelecer

[175] SZTAJN, 2011, op. cit., p. 123.

que derivativos cujo ativo de referência não seja detido pela parte compradora da proteção somente podem ser celebrados se a existência e precificação do ativo subjacente forem verificáveis, seja ao impor a obrigação de registro dos derivativos de crédito –, o que deve ser uma constante nas operações realizadas em mercados de balcão.

Referências

Allen & Overy. ***An introduction to the documentation of OTC derivatives.*** Maio, 2002. Disponível em: <http://isda.org/educat/pdf/documentation_of_derivatives.pdf>. Acesso em: 8 mar. 2016.

Antunes, José A. Engrácia. Inovação financeira e produtos derivativos (Parte I). **Revista de Direito Bancário e do Mercado de Capitais**, vol. 45, p. 200 et seq., jul. 2009. Disponível em: <http://revistadostribunais.com.br/maf/app/resultList/document?&src=rl&srguid=i0ad6007900000151553ffc5fa704be38&docguid=I6693b890c73711df8be8010000000000&hitguid=I6693b890c73711df8be8010000000000&spos=2&epos=2&td=3&context=61&startChunk=1&endChunk=1>. Acesso em: 17 mai. 2015.

______. Inovação financeira e produtos derivativos (Parte III e última). **Revista de Direito Bancário e do Mercado de Capitais**, vol. 48, p. 169 et seq., abr. 2010. Disponível em: <http://revistadostribunais.com.br/maf/app/resultList/document?&src=rl&srguid=i0ad6007900000151550fcf2530ab7bfa&docguid=Ibb7c4d90f25211dfab6f010000000000&hitguid=Ibb7c4d90f25211dfab6f010000000000&spos=1&epos=1&td=3&context=26&startChunk=1&endChunk=1>. Acesso em: 17 mai. 2015.

______. Os derivados. **Cadernos do Mercado de Valores Mobiliários**, n. 30, ago. 2008. Disponível em: <http://www.cmvm.pt/pt/EstatisticasEstudosEPublicacoes/CadernosDoMercadoDeValoresMobiliarios/Documents/b9928c83e59448f1ba511879b79204b9CadernosMVM31.pdf>. Acesso em: 11 mai. 2016.

Azevedo, Antônio Junqueira de. **Negócio jurídico**: existência, validade e eficácia. 4. ed. atual. de acordo com o novo Código Civil (Lei n. 10.406, de 10-1-2002). São Paulo: Saraiva, 2002.

Bader, Fani Léa C. Derivativos de crédito: uma introdução. **Notas técnicas do Banco Central do Brasil**, Brasília, n. 20, abril/2002. Disponível em: <http://www.bcb.gov.br/pec/notastecnicas/port/2002nt20derivativos decreditop.pdf>. Acesso em: 8 mar. 2016.

BANCO CENTRAL DO BRASIL. **Relatório de economia bancária e crédito**: avaliação de 3 anos do Projeto Juros e *Spread* Bancário. dez. 2002. Disponível em: <http://www.bcb.gov.br/ftp/jurospread122002.pdf>. Acesso em: 8 mar. 2016. p.29.

BANCO CENTRAL DO BRASIL. **Relatório de inflação**. mar. 2002. Disponível em: <http://www.bcb.gov.br/htms/relinf/port/2002/03/ri200203b2p.pdf>. Acesso em: 8 mar. 2016.

Bandeira, Paula Greco. Os contratos de derivativos e a teoria da imprevisão. **Revista dos Tribunais**, vol. 904/2011, p. 97 – 122, fev. 2011. Disponível em: <http://revistadostribunais.com.br/maf/app/resultList/document?&src=rl&srguid=i0ad6007a000001515543eca8727a818c&docguid=I9b26e410659311e0bd4c0000855dd350&hitguid=I9b26e410659311e0bd4c0000855dd350&spos=1&epos=1&td=1&context=82&startChunk=1&endChunk=1>. Acesso em: 17 mai. 2015.

Bessada, Octávio; Barbedo, Cáudio; Araújo, Gustavo. **Mercado de Derivativos no Brasil**: conceitos, operações e estratégias. 3. ed. Rio de Janeiro: Record, 2009.

Bonfim, Antulio N. **Derivativos de crédito e outros instrumentos**. Rio de Janeiro: Elsevier, 2007.

BRITISH BANKERS'ASSOCIATION. **Credit Derivatives Report**, 2006.

Buranello, Renato. **Manual do direito do agronegócio**. 1. ed. São Paulo: Saraiva, 2013.

Choudhry, Moorad. **An introduction to credit derivatives**. 2. ed. Oxford: Butterworth-Heinemann, 2013. p. xiii. Disponível em: <https://books.google.com.br/books?id=z40PSIgG0xUC&printsec=frontcover&dq=CHOUDHRY,+Moorad.+An+introduction+to+credit+derivatives&hl=pt-BR&sa=X&ved=0ahUKEwiWw-z9ybXNAhUBDpAKHQuoCbkQ6AEIHjAA#v=onepage&q=CHOUDHRY%2C%20Moorad.%20An%20introduction%20to%20credit%20derivatives&f=false>. Acesso em: 10 mai. 2016.

Comparato, Fábio Konder. **O seguro de crédito**. São Paulo: Revista dos Tribunais, 1968.

Cordeiro Filho, Ari. Swaps: aspectos jurídicos. **Revista de Direito Bancário e do Mercado de Capitais**, vol. 11, p. 6, jan. 2001. Disponível em: <http://revistadostribunais.com.br/maf/app/resultList/document?&src=rl&srguid=i0ad60079000001515547e4f030ab7f9c&docguid=I4be70ee0f25511dfab6f010000000000&hitguid=I4be70ee0f25511dfab6f010000000000&spos=1&epos=1&td=1&context=109&startChunk=1&endChunk=1>. Acesso em: 17 mai. 2015.

Durbin, Michael. **All about derivatives**. 2. ed. McGraw-Hill Education, 2010. p. 195 et seq.

Eizirik, Nelson et al. **Mercado de capitais**: regime jurídico. 3. ed. rev. e ampl. Rio de Janeiro: Renovar, 2011.

Farhi, Maryse. Projeto de estudos sobre as perspectivas da indústria financeira brasileira e o papel dos bancos públicos: subprojeto derivativos de crédito. Fundação Economia de Campinas – FECAMP. Disponível em: <http://www.bndes.gov.br/SiteBNDES/export/sites/default/bndes_pt/Galerias/Arquivos/empresa/pesquisa/SubprojetoII.9_PIF.pdft>. Acesso em: 30 mai. 2016.

Figueiredo, Antonio Carlos. **Introdução aos Derivativos**. 3. ed. rev. e ampl. São Paulo: Cengage Learning, 2015.

Fortuna, Eduardo. **Mercado financeiro: produtos e serviços**. 17. ed. rev. e atual. Rio de Janeiro: Qualitymark, 2008.

Goldstein, Sergio Mychkis. Aspectos jurídicos dos derivativos de crédito no Brasil. **Revista de Direito Bancário e do Mercado de Capitais**, São Paulo, v. 7, n. 25, p. 63-81, jul. 2004. Disponível em: <http://revistadostribunais.com.br/maf/app/resultList/document?&src=rl&srguid=i0ad81815000001553fc30ff92e35ecef&docguid=I8c3b49a0f25211dfab6f010000000000&hitguid=I8c3b49a0f25211dfab6f010000000000&spos=16&epos=16&td=18&context=29&startChunk=1&endChunk=1>. Acesso em: 8 mar. 2016.

Gomes, Orlando. **Obrigações**. 5. ed. Rio de Janeiro: Forense, 1978

Harding, Paul C.. **Mastering the ISDA Master Agreement (1992 and 2002)**. 3a. ed. London & New York: Prentice Hall, 2010.

Hirata, Augusto Jorge. **Derivativos**: o impacto do Direito no desempenho da função econômica. 1. ed. São Paulo: Quartier Latin, 2012.

Hull, John C. **Introdução aos mercados futuros e de opções**. 2. ed. São Paulo: BM&F, 1996.

_____. **Opções, futuros e outros derivativos**. 3. ed. São Paulo: BM&F Bolsa de Marcadorias & Futuros, c1998. xix.

ISDA. **Product descriptions and frequently asked questions**. Disponível em: <http://isda.org/educat/faqs.html#25>. Acesso em: 2 mar. 2016.

Knight, Frank H. **Risk, uncertainty and profit**. Boston: Houghton Mifflin Company, 1921. Parte I.I.26. Disponível em: <http://econlib.org/library/Knight/knRUP1.html#Pt.I,Ch.I>. Acesso em: 29 abr. 2016.

Leães Filho, Luiz Gastão. **Derivative´s Suitability**. Revista de Direito Mercantil, Industrial, Econômico e Financeiro. São Paulo: Revista dos Tribunais, n.102, BR./jun., 1996.

MACHADO, Fábio Cardoso. Disciplina jurídica dos contratos derivativos. **Revista dos Tribunais**, vol. 896/2010, p. 61-74, jun. 2010. Disponível em: <http://revistadostribunais.com.br/maf/app/resultList/document?&src=rl&srguid=i0ad6007a0000015155491ab8c0287754&docguid=I7f2de070f25111dfab6f010000000000&hitguid=I7f2de070f25111dfab6f010000000000&spos=2&epos=2&td=3&context=119&startChunk=1&endChunk=1>. Acesso em: 17 mai. 2015.

MAFUD, Pedro Darahem. **Racionalidade econômica e aspectos jurídicos dos derivativos**: uma análise jurisprudencial. 2014. Dissertação (Mestrado em Direito Comercial) – Faculdade de Direito, Universidade de São Paulo, São Paulo, 2014. Disponível em: <http://www.teses.usp.br/teses/disponiveis/2/2132/tde-09122014-140414/>. Acesso em: 7 mai. 2016.

MARQUES, Newton Ferreira da Silva. Quatro décadas de atuação do Banco Central do Brasil na fiscalização e supervisão bancária. **Revista de Direito Bancário e do Mercado de Capitais**, vol. 30, p. 242 et seq., out. 2005. Disponível em: <http://revistadostribunais.com.br/maf/app/resultList/document?&src=rl&srguid=i0ad600790000015155549b7b030ab7fac&docguid=Id3bbe9d007a911e08920010000000000&hitguid=Id3bbe9d007a911e08920010000000000&spos=1&epos=1&td=1&context=128&startChunk=1&endChunk=1>. Acesso em: 17 mai. 2015.

MAZIERO, Marcelo. **Perspectivas do mercado de derivativos de balcão**. Apresentação para o primeiro Seminário Internacional sobre Renda Fixa em Mercado de Balcão, realizado em 29 set. 2006.

MOSQUERA, Roberto Quiroga. **Tributação no mercado financeiro e de capitais**. 2. ed. São Paulo: Dialética, 1999.

PAIVA, Rafael Bianchini Abreu. Derivativos: regulação, função econômica e jurisprudência. **Revista de Direito Empresarial**, vol. 2/2014, p. 187 et seq., mar. 2014. Disponível em: <http://revistadostribunais.com.br/maf/app/resultList/document?&src=rl&srguid=i0ad6007a00000151554b641ec028776c&docguid=I169a0390bfa811e39d90010000000000&hitguid=I169a0390bfa811e39d90010000000000&spos=3&epos=3&td=4&context=140&startChunk=1&endChunk=1>. Acesso em: 17 mai. 2015.

______. **Natureza jurídica, regulação e tutela dos instrumentos derivativos**. 2015. Dissertação (Mestrado em Direito Comercial) – Faculdade de Direito, Universidade de São Paulo, São Paulo, 2015. Disponível em: <http://www.teses.usp.br/teses/disponiveis/2/2132/tde-06082015-151224/>. Acesso em: 7 mai. 2016.

PEREIRA, Caio Mario da Silva. **Instituições de Direito Civil** – Vol. 2: Teoria Geral de Obrigações. 6. ed. Rio de Janeiro: Forense, 1981.

PERERA, Luiz Carlos Jacob; KIMURA, Herbert; KERR, Roberto Borges; ISHIKAWA, Sérgio. Construindo um mercado de derivativos de crédito no Brasil. **Encontro de Administração Pública e Governança – ENAPG 2006**. São Paulo, nov. 2006. Disponível em: <http://www.anpad.org.br/diversos/trabalhos/EnAPG/enapg_2006/2006_ENAPG410.pdf>. Acesso em: 8 mar. 2016.

PINHEIRO NETO ADVOGADOS. **Derivativos de crédito**: o novo produto financeiro do mercado brasileiro. São Paulo, Anexo BI 1.700, mar. 2002.

POSNER, Richard A. **A Failure of Capitalism**: The Crisis of '08 and the Descent into Depression. Cambridge, MA: Harvard University Press, 2009.

RIZZARDO, Arnaldo. **Contratos de crédito bancário**. 9. ed. rev., atual. e ampl. São Paulo: Revista dos Tribunais, 2011.

RODRIGUES, Rodrigo Alves. **Derivativos de crédito**: aspectos jurídicos. 2015. Tese (Doutorado em Direito Comercial) – Faculdade de Direito da Universidade de São Paulo, São Paulo, 2015.

SADDI, Jairo. **Crédito e Judiciário no Brasil**: uma análise de Direito & Economia. São Paulo: Quartier Latin, 2007.

_____. Crise e regulação, inovação financeira e algoritmos. In: NUSDEO, Fábio (coord.). **O Direito Econômico na atualidade**. Sao Paulo: Revista dos Tribunais, 2015.

_____. O novo acordo da Basiléia. **Revista de Direito Bancário e do Mercado de Capitais**, vol. 20, p. 47 et seq., abr. 2003. Disponível em: <http://revistadostribunais.com.br/maf/app/resultList/document?&src=rl&srguid=i0ad6007a00000151554ce1a61343f925&docguid=I7eea0430f25211dfab6f010000000000&hitguid=I7eea0430f25211dfab6f010000000000&spos=11&epos=11&td=32&context=176&startChunk=1&endChunk=1>.

SALLES, Marcos Paulo de Almeida. **O contrato futuro**. 5. ed. São Paulo: Cultura Editores Associados, 2004.

SALOMÃO NETO, Eduardo. **Direito bancário**. 2. ed. rev. e ampl. São Paulo: Atlas, 2014.

SOTO, Hernando de. The crisis: it's about paper and not bubbles. **Revista de Direito Bancário e do Mercado de Capitais**, vol. 45, p. 183 et seq., jul. 2009. Disponível em: <http://revistadostribunais.com.br/maf/app/resultList/document?&src=rl&srguid=i0ad6007900000151554dc4e40f12df0c&docguid=Ib4d14d60f25211dfab6f010000000000&hitguid=Ib4d14d60f25211dfab6f010000000000&spos=2&epos=2&td=2&context=184&startChunk=1&endChunk=1>. Acesso em: 17 mai. 2015.

SOUZA JÚNIOR, Francisco Satiro de. **Regime jurídico das opções negociadas em bolsas de valores**. 2002. Dissertação (Doutorado em Direito

Comercial) – Faculdade de Direito, Universidade de São Paulo, São Paulo, 2002.

______. Derivativos de bolsa. In: KUYVEB, Luiz Fernando Martins. **Temas essenciais de Direito Empresarial:** estudos em homenagem a Modesto Carvalhosa. São Paulo: Saraiva, 2012.

STUBER, Walter Douglas; STUBER, Adriana M. Godel. Novas modalidades de operações de derivativos de crédito. **Revista de Direito Bancário, do Mercado de Capitais e da Arbitragem**, v. 5, n. 17, p. 255-261, jul. 2002. Disponível em: <http://revistadostribunais.com.br/maf/app/resultList/document?&src=rl&srguid=i0ad81816000001556b5b1f5a4f34dbde&docguid=If62181702d4111e0baf30000855dd350&hitguid=If62181702d4111e0baf30000855dd350&spos=1&epos=1&td=1&context=8&startChunk=1&endChunk=1>. Acesso em: 5 fev. 2016.

SZTAJN, Rachel. **O paradoxo do sistema financeiro**: estabilidade e risco. Tese para concurso de Professor Titular do Departamento de Direito Comercial da Faculdade de Direito da Universidade de São Paulo, São Paulo, 2009.

______. **Contrato e inovação financeira:** ensaio sobre contratos e swaps. Tese apresentada para Professor Titular do Departamento de Direito Civil da Faculdade de Direito da Universidade de São Paulo, São Paulo, 1996.

______. **Futuros e swaps**: uma visão jurídica. 5. ed. São Paulo: Cultural Paulista, 1998.

______. **Sistema financeiro**: entre estabilidade e risco. Rio de Janeiro: Elsevier, 2011.

SZYSZKA, Adam. Behavioral Anatomy of the Financial Crisis. **Journal of CENTRUM Cathedra**, Lima, v.3, 08 abr. 2011, p. 123. Disponível em: <file:///C:/Users/Tosi/Downloads/Projeto%20Qualificacao%20ALO%20v.%204.10..pdf>. Acesso em: 30 nov. 2015.

TORRES FILHO, Segio M. Martins, NAHAS, Fernando William Bunemer. Breves anotações sobre derivativos e securitização no Brasil. **Revista do Direito Empresarial**, vol. 14, p. 195-136, mar-abr. 2016. Disponível em: <http://revistadostribunais.com.br/maf/app/resultList/document?&src=rl&srguid=i0ad81815000001553fc30ff92e35ecef&docguid=I11547c60f6f811e5b024010000000000&hitguid=I11547c60f6f811e5b024010000000000&spos=2&epos=2&td=18&context=29&startChunk=1&endChunk=1#>. Acesso em: 11 jun. 2016.

VILLAÇA, Álvaro Azevedo. **Teoria geral dos contratos típicos e atípicos**. São Paulo: Atlas, 2002.

YAZBEK, Otavio. Crise, inovação e regulação no mercado financeiro: considerações sobre a regulamentação do mercado de derivativos de balcão. In: SOUZA JUNIOR, Francisco Satiro (Org.). **Mercado de Capitais** – Série GV Law. São Paulo: Saraiva, 2013. Disponível em: <http://disciplinas.stoa.usp.br/pluginfile.php/1041837/mod_resource/content/1/YAZBEK%20-%20Derivativos%20balcao%20-%202011.pdf>. Acesso em: 8 mar. 2016.

_____. O risco de crédito e os novos instrumentos financeiros: uma análise funcional. In: FONTES, Marcos Rolim Fernandes, e WAISBERG, Ivo (coord.). **Contratos Bancários**. São Paulo: Qcuartier Latin, 2006.

_____. **Regulação do mercado financeiro e de capitais**. 2. ed. ampl. Rio de Janeiro: Elsevier, 2007.

Referências legislativas e outras

BANCO CENTRAL DO BRASIL. Circular n° 3.106, de 10 de abril de 2002. Dispõe sobre a realização de operações de derivativos de crédito de que trata a Resolução 2.933, de 28 de fevereiro de 2002. **Diário Oficial da União**, n. 70, 12 abr. 2002, seção 1, p. 58. Disponível em: <http://pesquisa.in.gov.br/imprensa/jsp/visualiza/index.jsp?jornal=1&pagina=58&data=12/04/2002>. Acesso em: 29 nov. 2015.

BANCO CENTRAL DO BRASIL. Circular nº 3.082, de 30 de janeiro de 2002. Estabelece e consolida critérios para registro e avaliação contábil de instrumentos financeiros derivativos. **Diário Oficial da União**, n. 23, 1 fev. 2002, seção 1, p. 20-21. Disponível em: <http://pesquisa.in.gov.br/imprensa/jsp/visualiza/index.jsp?data=01/02/2002&jornal=1&pagina=20&totalArquivos=116>. Acesso em: 8 mar. 2016.

BANCO CENTRAL DO BRASIL. Edital de Audiência Pública nº 014/2001, de 18 de outubro de 2001. **Diário Oficial da União**, n. 202, 22 out. 2001, seção 3, p. 14-15. Disponível em: <http://pesquisa.in.gov.br/imprensa/jsp/visualiza/index.jsp?data=22/10/2001&jornal=3&pagina=14&totalA rquivos=108>. Acesso em: 8 mar. 2016.

BRASIL. Exposição de motivos nº 00107/2011-MF, referente à Medida Provisória nº 539, de 26 de julho de 2011. **Subchefia para Assuntos Jurídicos da Casa Civil**. Brasília, DF, 26 jul. 2011. Disponível em: <http://www.planalto.gov.br/ccivil_03/_Ato2011-2014/2011/Exm/EM-107-MF-Mpv539.htm>. Acesso em: 26 mai. 2016.

BRASIL. Lei nº 6.385, de 7 de dezembro de 1976. Dispõe sobre o mercado de valores mobiliários e cria a Comissão de Valores Mobiliários. **Palácio do Planalto, Presidência da República**, Brasília, DF, 7 dez. 1976. Disponível em: <http://www.planalto.gov.br/ccivil_03/LEIS/L6385.htm>. Acesso em: 29 nov. 2015.

BRASIL. Lei nº 6.404, de 15 de dezembro de 1976. Dispõe sobre as Sociedades por Ações. **Palácio do Planalto, Presidência da República**, Brasília, DF, 15 dez. 1976. Disponível em: <http://www.planalto.gov.br/ccivil_03/LEIS/L6404consol.htm>. Acesso em: 29 nov. 2015.

CETIP. Comunicado CETIP nº 078/09, de 19 de agosto de 2009. **Registro de Contrato de *Swap* de Crédito – Módulo Derivativo de Crédito.** Disponível em: <http://www.cetip.com.br/comunicados/CCETIP/2009/CCETIP2009-078.PDF>. Acesso em 27 mar. 2017.

COMISSÃO DE VALORES MOBILIÁRIOS. Instrução nº 467, de 10 de abril de 2008. Dispõe sobre a aprovação de contratos derivativos admitidos à negociação ou registrados nos mercados organizados de valores mobiliários. Revoga o art. 10 da Instrução CVM nº 283, de 10 de julho de 1998. **Diário Oficial da União**, n. 71, 14 abr. 2002, seção 1, p. 38. Disponível em: <http://pesquisa.in.gov.br/imprensa/jsp/visualiza/index.jsp?jornal=1&pagina=38&data=14/04/2008>. Acesso em: 29 nov. 2015.

CONSELHO MONETÁRIO NACIONAL. Resolução nº 2.921, de 17 de janeiro de 2002. Dispõe sobre a realização de operações ativas vinculadas pelas instituições financeiras que especifica, com base em recursos entregues ou colocados à disposição da instituição por terceiros. **Diário Oficial da União**, n. 14, 21 jan. 2002, seção 1, p. 24. Disponível em: <http://pesquisa.in.gov.br/imprensa/jsp/visualiza/index.jsp?jornal=1&pagina=24&data=21/01/2002>. Acesso em: 29 nov. 2015.

CONSELHO MONETÁRIO NACIONAL. Resolução nº 2.933, de 28 de fevereiro de 2002. Autoriza a realização de operações de derivativos de crédito por parte das instituições que especifica **Diário Oficial da União**, n. 42, 4 mar. 2002, seção 1, p. 22. Disponível em: <http://pesquisa.in.gov.br/imprensa/jsp/visualiza/index.jsp?jornal=1&pagina=22&data=04/03/2002>. Acesso em: 29 nov. 2015.

RIO DE JANEIRO. Comissão de Valores Mobiliários. Voto do Diretor Otavio Yazbek. Processo Administrativo CVM nº RJ 2009/6346. 7 jul. 2009. Disponível em: <http://www.cvm.gov.br/export/sites/cvm/decisoes/anexos/0005/6565-0.pdf>. Acesso em: 30 nov. 2015.

Competição entre Mercados de Bolsas de Valores: Benefícios e Desafios da Fragmentação de Mercado

Mariana Magalhães Chapei

Introdução

Nos últimos anos, o mercado de capitais brasileiro tem apresentado fraca evolução, acompanhando o cenário geral da economia brasileira. Esse mercado representa uma alternativa aos empréstimos bancários, possibilitando às empresas captarem valores para realização de novos investimentos e expansão de atividades. Essa alternativa, porém, não vem sendo utilizada. Em 2014 foram realizadas cinco ofertas públicas de aquisições de ações, ocasiões em que empresas compram suas próprias ações para fechamento de capital. Em 14 de dezembro de 2015, sete empresas já tinham realizado ofertas públicas de aquisição de ações, enquanto outras sete já haviam solicitado fechamento de capital à Comissão de Valores Mobiliários (CVMs).

Em outubro de 2016, a empresa Alliar Médicos à Frente abriu seu capital social no mercado brasileiro, sendo a primeira empresa em dezesseis meses a realizar tal feito. A última abertura de capital havia sido da PAR Corretora de Seguros, em junho de 2015. Dessa forma, verificou-se um afastamento das empresas do mercado de ações nacional, representando uma diminuição na segurança do mercado, em sua liquidez, e no potencial de arrecadação que uma empresa pode ter ao acessar o mercado de ações.

Com a queda do investimento externo no país e na diminuição da confiança dos participantes nos investimentos na BM&FBOVESPA – Bolsa de Valores, Mercadorias e Futuros S.A[1], empresas voltaram seus olhos ao mercado de dívidas internacional. Em 2016, grandes empresas como Petrobras e Vale do Rio Doce optaram por emitirem dívidas no exterior. Essa via, porém, não é uma opção para a maior parte das empresas, visto que se trata de um procedimento caro e que apenas compensa se o valor obtido for consideravelmente alto. As empresas precisam contratar agentes e representantes nos diferentes países e respeitar as diferentes regulações de mercado de capitais. A maior parte das empresas nacionais não tem acesso ao mercado internacional para obter capital barato.

A solução pode parecer óbvia e simples: fomentar o mercado de capitais brasileiro, para que empresas nacionais possam obter investimentos diversos a custo reduzido. A execução dessa solução, porém, passa por diversos fatores, incluindo a recuperação da economia, e por diversos agentes, como a Comissão de Valores Mobiliários (CVM) – órgão governamental que regulamenta e regula o mercado de capitais brasileiro – e o Banco Central do Brasil (BACEN) – regulador das instituições financeiras e as a elas equiparadas, como bolsas, corretoras de ações, mercadorias e câmbio.

Enquanto ao redor do mundo o aumento da tecnologia gerou um movimento natural de abertura de novas bolsas de valores e

[1] Este trabalho foi finalizado antes da fusão entre a BM&FBOVESPA e a CETIP, que gerou a nova entidade "B3". De toda a forma, a análise aqui realizada não se altera, tendo em conta a ausência de alteração regulatória.

sistemas alternativos de negociação, competindo pelos mesmos investidores e empresas, no Brasil o movimento foi inverso. Hoje temos apenas uma bolsa, a BM&FBOVESPA, que realiza operações em dois segmentos: (i) valores, o que inclui ações, opções e futuros sobre ações e (ii) mercadorias e futuros.

O presente trabalho irá analisar os efeitos e desafios regulatórios da introdução de competição entre mercados de bolsa de valores no Brasil. Entendemos que a competição entre entidades de bolsa pode trazer benefícios ao mercado, especialmente no tocante aos custos, uma vez que se demonstrará que os valores cobrados pela BM&FBOVESPA estão entre os mais altos dentre as bolsas mundiais. Destacamos que a análise se limitará à possibilidade de competição na fase de negociação de ações em mercado de bolsa, de forma que não serão tratadas as negociações e pós-negociações de outros valores mobiliários, ou seja, a entrega dos valores mobiliários para os compradores e a compensação do pagamento dos valores mobiliários entregues.

O capítulo 2 apresentará o conceito bolsa e um panorama geral sobre o cenário mundial de introdução de competição entre bolsas. Em seguida, o capítulo 3, verificará os potenciais benefícios da competição entre entidades de mercado de bolsa. No capítulo 4 serão discutidos os desafios regulatórios para a implementação da competição. O trabalho se concentrará na análise jurídica da competição entre mercados de bolsas de valores e a regulamentação atual brasileira, sem se aprofundar no cenário econômico brasileiro.

1. As bolsas de valores

Ainda hoje, quando se fala de bolsa de valores, a imagem que vem à cabeça de grande parte das pessoas é a de um local físico, onde operadores gritam ordens de compra e venda de ações. Entretanto, poucas sãos as bolsas ao redor do mundo que ainda se utilizam do chamado pregão viva-voz. No Brasil, as negociações de mercado de bolsa de valores passaram a ser exclusivamente eletrônicas em 2007. Com isso, não é mais preciso estar em um determinado ambiente físico para se realizar negociações.

O fim do pregão viva-voz marcou a nova era dos mercados de bolsa no país. Fortuna afirma que essa nova fase é a era da agilidade, com custos inferiores de negociação, decorrentes da implementação do sistema eletrônico de negociação[2]. Essa migração do pregão viva-voz para os sistemas eletrônicos gerou benefício aos investidores, especialmente aos investidores de varejo, visto que todas as ordens são tratadas de maneira equivalente, sem preferências. Os critérios de prioridade na execução de negócios são estabelecidos de antemão, levando em conta fatores como melhor preço, a possibilidade de uma ordem ser dividida em negócios distintos em função da quantidade de ofertas em sentido contrário do que esteja no sistema e a cronologia, que determina que a primeira oferta inserida no sistema seja a primeira a ser executada a um mesmo preço.

Pode-se dizer, assim, que a ideia de mercado de bolsa mudou de um ambiente físico e único, onde todos os participantes deveriam se encontrar, para uma ferramenta de negociação. Assim, há a necessidade de conceituação da expressão "mercado de bolsa". Yazbek declara que nos dias de hoje conceituar bolsa é uma tarefa problemática. De forma genérica, o autor define bolsa como um local onde compradores e vendedores de um determinado valor mobiliário se encontram para realização de negociação de tais valores mobiliários, de acordo com determinadas regras e procedimentos preestabelecidos e de conhecimentos por todos.

Yazbek demonstra que a expressão bolsa pode ter vários sentidos diferentes:

[2] FORTUNA, Eduardo. **Mercado financeiro: produtos e serviços.** 19 ed, Rio de Janeiro: Qualitymark, 2013.

i) o local em que se encontram os representantes dos compradores e vendedores para apresentar suas ofertas e fechar as operações;
ii) a instituição que administra aquele local e os sistemas de negociação nele existentes e que processa as operações ali realizadas;
iii) o mecanismo ou sistema adotado para as negociações de um determinado ativo; ou, mais informalmente;
iv) o estado das operações bursáteis em um dado período (quando se discute a tendência geral dos negócios, afirmando-se que ela 'subiu' ou 'caiu', por exemplo)[3].

Fora do Brasil, o conceito de bolsa – no inglês, Exchange – pode apresentar três acepções diferentes, conforme elenca Di Noia: (i) a bolsa como um mercado; (ii) a bolsa como uma empresa que administra um mercado e (iii) a bolsa como um intermediário que pode internalizar ordens de seus clientes[4]. Essa terceira acepção não é aplicável à realidade brasileira, visto que a regulação não permite que corretoras internalizem as ordens de seus clientes, sendo necessário que todos os negócios sejam executados no ambiente da bolsa com a devida transparência[5]. O conceito de bolsa como um mercado, ainda segundo Di Noia, passa a se referir a um sistema eletrônico que fornece um local virtual de execução de ordens e informações referentes a cotações

[3] Yazbek, Otavio. **Regulação do Mercado Financeiro e de Capitais**. 2 ed, Rio de Janeiro: Elsevier, 2009, p. 130-131.

[4] Di Noia, Carmine. Competition and integration among stock exchanges in europe: network effects, implicit mergers and remote acces. **European Financial Management**. v. 7, n. 1, 2001. Disponível em: <http://search.ebscohost.com/login.aspx?direct=true&db=bth&AN=4325479&lang=pt-br&site=ehost-live>. Acesso em 29 jun. 2014.

[5] No Brasil, os negócios devem ser realizados em bolsa e os beneficiários finais (compradores e vendedores) devem ser devidamente registrados pela bolsa.

de compra e venda de ativos, e que permite a formação transparente de preços por meio de suas regras e procedimentos[6].

Santos informa que apesar de ser normal se utilizar da expressão "ambiente de negociação" ao se tratar de bolsa de valores, o certo seria referir-se a "sistemas de negociação", que podem operar sem limites geográficos[7]. Para os fins deste trabalho, bolsa será entendido como o mercado consistente em sistema eletrônico em que ordens de investidores são incluídos pelos participantes (também chamados comumente de corretoras de valores mobiliários, ou intermediários, na denominação mais recente), com o objetivo de fechar negócios de acordo com as regras preestabelecidas.

As bolsas são centros de liquidez para negociações de ativos. No tocante às ações, as bolsas correspondem ao mercado secundário, onde ações emitidas pelas empresas são negociadas por investidores. A possibilidade de negociação de títulos em um mercado secundário é o que possibilita a emissão de ações no mercado primário (quando as empresas vendem suas ações representando partes de seu capital social para os investidores).

Nesse sentido, Eirizik et al. esclarecem que as bolsas têm duas funções básicas:

> A primeira é a de fornecer um local ou sistema adequado à realização de operações com títulos, dotado de todos os meios necessários à pronta realização e visibilidade de negócios, e que assegure, ademais, continuidade de preços e liquidez aos referidos títulos; a segunda é a de preservar elevados padrões éticos de

[6] DI NOIA, Carmine. Competition and integration among stock exchanges in europe: network effects, implicit mergers and remote acces. **European Financial Management**. v. 7, n. 1, 2001. Disponível em: <http://search.ebscohost.com/login.aspx?direct=true&db=bth&AN=4325479&lang=pt-br&site=ehost-live>. Acesso em 29 jun. 2014.

[7] SANTOS, Aline de Menezes. Art. 1o. In: CODORNIZ, Gabriela; PATELLA, Laura (coord.). **Comentários à Lei do Mercado de Capitais – Lei no 6.358/76**. São Paulo: Quartier Latin, 2015

negociação, estabelecendo normas de comportamento para seus membros e fiscalizando a sua observância[8]

As bolsas reúnem, assim, poderes que definem as regras que os participantes devem seguir, realizam a fiscalização do cumprimento dessas regras e punição dos participantes que eventualmente as descumpram.

Diversos tipos de valores mobiliários podem ser negociados em bolsas, mas este trabalho focará nas bolsas de valores que negociam ações. Dessa forma, será importante o entendimento da estrutura da bolsa tanto como sistema de negociação de ações, como seus poderes de regulação dos participantes. Como já dito anteriormente, este trabalho não se aprofundará na negociação de outros valores mobiliários ou da fase de pós-negociação de ações, momento que envolve o pagamento e a entrega dos ativos, normalmente por intermédio de uma câmara de compensação.

1.1. Monopólio e competição

Tradicionalmente, as bolsas de valores são tratadas como monopólios naturais. Monopólios naturais ocorrem quando há, segundo lição de Krugman, Wells e Olney, barreiras à entrada no mercado por um novo concorrente, relacionadas à ocorrência de economias de escala, decorrentes de quando os custos do início da produção ou do fornecimento de um serviço são elevados o suficiente para afastar novos entrantes, independentemente da quantidade produzida ou oferecida[9].

As bolsas eram consideradas monopólios naturais pois, na lição de Gomber et al., estas apresentavam economias de escala

[8] Eizirik, Nelson et al. **Mercado de capitais: regime jurídico**. 3 ed, Rio de Janeiro: Renovar, 2011, p. 211.

[9] Krugman, Paul; Wells, Robin; Olney, Martha L. **Princípios de Economia**. Rio de Janeiro: Elsevier, 2010

e externalidades de rede[10]. As externalidades de rede correspondem ao benefício que um usuário de um serviço ou produto tem quando esse produto ou serviço é utilizado por mais pessoas. Um exemplo simples dessas externalidades de rede são as redes sociais: um usuário se beneficia quando há mais usuários utilizando-se da mesma rede social. No caso das bolsas de valores, os investidores se beneficiam da liquidez gerada quando há mais investidores negociando na mesma bolsa. Quando bolsa significava um local físico, os participantes tinham que, de fato, estar naquele local, tornando a liquidez dependente desse fator.

Em relação às economias de escala, Stoll afirma que estas ocorrem quando a cada novo produto produzido, a média dos custos de produção diminui. Os competidores têm dificuldade de entrar no mercado porque não alcançarão a economia de escala obtida pelo primeiro produtor ou a quantidade de prestação de serviços. Ao se tratar de bolsas, Stoll informa que esses aspectos eram mais relevantes quando a bolsa era de fato um espaço físico, considerando-se os custos de prover um lugar físico para a negociação. Esses custos seriam divididos em valores menores conforme mais participantes utilizassem o espaço[11].

Assim, as bolsas eram monopólios naturais e regionais, como a New York Stock Exchange – NYSE, tendo uma posição dominante no mercado norte-americano. Na Europa cada país apresentava sua bolsa de ações monopolista. Na Inglaterra, por exemplo, essa posição era ocupada pela London Stock Exchange – LSE.

[10] GOMBER, Peter et al. Competition between equity markets: evidence from the consolidation versus fragmentation debate. **Social Science Research Network**, fev. 2016. Disponível em: <http://papers.ssrn.com/sol3/papers.cfm?abstract_id=2362216>. Acesso em: 16 jun. 2016.

[11] STOLL, Hans R. Future of securities markets: competition or consolidation? **Financial Analysts Journal**, v. 64, n. 6, 2008. Disponível em http://www.jstor.org/stable/40390230. Acesso em 29 jun. 2014

A evolução da tecnologia fez com que a presença física dos participantes no ambiente de negociação deixasse de ser necessária. Os participantes passaram a poder acessar diferentes sistemas de negociação ao mesmo tempo, não precisando mais se limitar a apenas um mercado. Stoll observa que a tecnologia trouxe outros benefícios, como uma maior transparência no mercado, especialmente na formação de preços e informações sobre cotações e preço dos últimos negócios fechados. Principalmente, a tecnologia reduziu os custos que o investidor e os intermediários têm ao trocar seus negócios de uma bolsa para outra, sendo também reduzidos os custos de se estabelecer uma nova bolsa[12].

Com isso, foi viabilizado o início da competição entre bolsas pela negociação dos mesmos ativos. Gomber et al. observam que as bolsas competem porque os investidores têm necessidades diferentes e nem sempre um sistema de negociação conseguirá atender a todos. Os autores citam especialmente o fato de que há diferentes níveis de sofisticação de investidores, sendo que os investidores de varejo normalmente executam ordens com pequenas quantidades de ações, enquanto investidores institucionais executam ordens em bloco[13].

1.2. Cenário brasileiro: o monopólio da BM&FBOVESPA

A BM&FBOVESPA surgiu da fusão entre a Bolsa de Valores de São Paulo – Bovespa e a Bolsa de Mercadorias e Futuros – BM&F em 2008, as únicas bolsas em atividade no país naquele

12 STOLL, Hans R. Future of securities markets: competition or consolidation? **Financial Analysts Journal**, v. 64, n. 6, 2008. Disponível em http://www.jstor.org/stable/40390230. Acesso em 29 jun. 2014

13 GOMBER, Peter et al. Competition between equity markets: evidence from the consolidation versus fragmentation debate. **Social Science Research Network**, fev. 2016. Disponível em: <http://papers.ssrn.com/sol3/papers.cfm?abstract_id=2362216>. Acesso em: 16 jun. 2016.

momento. De toda forma, pode-se afirmar que já existia um monopólio de bolsa de valores mesmo antes da fusão, visto que ambas as bolsas negociavam ativos distintos.

Até os anos 1990, apesar de existirem em atividade diferentes bolsas de valores no Brasil, cada qual era monopolista em sua região. Pinheiro esclarece que até 1999, nove bolsas de valores atuavam no país[14]. Em 27 de janeiro de 2000, o então Presidente da República, Fernando Henrique Cardoso, assinou o protocolo de intenções firmado entre a Bovespa e a Bolsa de Valores do Rio de Janeiro para a unificação dos mercados acionários e criação de um mercado secundário de títulos no Rio de Janeiro. Esse protocolo posteriormente foi estendido para todas as demais bolsas de valores. Com isso, o mercado acionário brasileiro passou a ser integrado com a Bovespa, concentrando o mercado de ações, enquanto a Bolsa de Valores do Rio de Janeiro concentrava as transações de títulos públicos.

A introdução de competição entre bolsas de valores pode trazer benefícios ao mercado de capitais brasileiro. As bolsas deverão se esforçar para atrair não apenas investidores como também a listagem de ações de novas empresas. Isso deve levar a melhora na tecnologia de negociação e pós-negociação, maior segurança e baixos custos. As bolsas como entidades autorreguladoras deverão incrementar suas regras de governança, seja referente às empresas a serem listadas ou em relação às corretoras que negociam.

Em um primeiro momento, diante da pouca movimentação no mercado de capitais brasileiro, pode parecer difícil a BM&FBOVESPA enfrentar forte competição de outra bolsa em momento próximo. Entretanto, muitos acreditam que a BM&FBOVESPA pode ser considerada como uma das culpadas

[14] Pinheiro, Juliano Lima. **Mercado de Capitais**. 6 ed, São Paulo: Editora Atlas, 2012.

por esse marasmo, de forma que nos últimos anos houve debate sobre a criação de novas bolsas. Nesse sentido, em 2013, a ATS Brasil S.A. entrou com processo perante a CVM para solicitar a permissão de constituição de uma nova bolsa de valores, visando operação no Brasil. A ATS Brasil S.A. é uma parceria entre a America Trading Group – ATG e a New York Stock Exchange – NYSE. Embora o pedido de abertura de nova bolsa pela ATS Brasil S.A. atualmente se encontre arquivado pela CVM, não se pode considerar que a empresa tenha desistido da ideia, uma vez que a ATS entrou com requerimento perante o Conselho Administrativo de Defesa da Concorrência – CADE solicitando análise da BM&FBOVESPA por prática anticoncorrencial. Em setembro de 2016, o CADE decidiu abrir inquérito administrativo para apurar práticas anticoncorrenciais eventualmente cometidas pela BM&FBOVESPA.

Outras empresas estrangeiras, como a Direct Edge, já se manifestaram no sentido de explorar o mercado de bolsa de valores no país. Embora a empresa não tenha dado início aos procedimentos junto à CVM, é possível considerar que há certo interesse na competição entre entidades que administrem mercados de bolsa no país.

Em contrapartida, a BM&FBOVESPA entende que ainda é necessária uma maior redução dos seus custos operacionais. Com foco nisso, anunciou a fusão com a Central de Custódia e de Liquidação Financeira de Títulos (CETIP), que concentra sua atuação como mercado de balcão. Com a recente aprovação dessa fusão pela CVM e pelo CADE[15], o mercado de capi-

[15] A aprovação da fusão pelo CADE foi feita com restrições, especificamente no tocante à central depositária, de forma que foi assinado Acordo em Controle de Concentração em que a BM&FBOVESPA e CETIP se comprometem a permitir que outras empresas utilizem-se dos serviços de central depositária. Aguardamos para verificar na prática quais os efeitos dessa permissão para o mercado de capitais como um todo.

tais brasileiro como um todo fica ainda mais concentrado em apenas uma empresa.

Assim, é importante se discutir a atual legislação brasileira em comparação com a internacional para verificar quais as condições apresentadas para o fomento ao mercado de capitais. Para tanto, devemos considerar as atuais estruturas e o que se pode alterar para atrair investidores, considerando-se a possibilidade, caso necessária, de alterar a regulamentação para viabilizar a competição entre bolsas de valores no país.

2. Fragmentação de mercado: competição em mercados de bolsa de ações

O presente capítulo se concentra na proposta de adoção de uma estrutura de mercado de bolsa de valores receptível à competição entre bolsas. Ao contrário da estrutura monopolista hoje presente, configurada na BM&FBOVESPA, pode-se vislumbrar benefícios na introdução de competição entre entidades administradoras de mercado de bolsa no Brasil.

A seguir, apresenta-se uma análise dos benefícios que podem surgir com a possível constituição de uma nova bolsa de valores no Brasil. Essa nova bolsa competiria com a BM&FBOVESPA pela realização de negociações de ações, que poderiam, assim, serem negociadas nesses dois, ou até mais, mercados. Essa situação é denominada por fragmentação de mercado.

Em seguida verifica-se como alguns mercados lidam com a possibilidade de fragmentação, por meio de regulamentações. Neste capítulo, apenas apresenta-se uma visão geral dessas regulações, que terão determinados aspectos aprofundados no capítulo 4.

2.1. Possíveis benefícios da fragmentação de mercado

Se por um lado a fragmentação de mercado apresenta os desafios que serão tratados no próximo capítulo, por outro, reguladores entendem que essa estrutura pode trazer benefícios ao mercado. Em um primeiro momento, segundo Pirrong, é preciso observar que a expressão "fragmentação de mercado" muitas vezes traz uma conotação pejorativa, mas que nada mais significa do que competição e, continua o autor, a competição traz declínio no poder de mercado e, consequentemente, declínio nos preços das tarifas e comissões cobradas para negociação e custos de transação para os investidores[16].

A alteração dos custos de negociação pode ser o primeiro fator benéfico a ser identificado com a introdução de competição entre bolsas. Gadinis aponta, por exemplo, que após a adoção pela SEC da Regulation NMS, a NYSE eliminou seu sistema de comissão fixa[17].

Atualmente, os principais custos das operações em bolsa no Brasil são referentes a taxa de corretagem, taxa de custódia, emolumentos e taxa de liquidação. A taxa de corretagem é cobrada pelos intermediários. Relevante ressaltar que as três últimas taxas – custódia, emolumentos e liquidação – são cobradas pela BM&FBOVESPA. Os emolumentos dizem respeito à fase de negociação de ativos e incide sobre o volume negociado, enquanto a taxa de liquidação se trata de custo da pós-negociação, referente à compensação das operações realizadas. A taxa de custódia também é cobrada pela BM&FBOVESPA e se refere aos ativos custodiados pela Central Depositária, sendo

16 PIRRONG, Craig. Pick your poison: fragmentation or market power? analysis of regnms, high frequency trading, and securities market structure. **Journal of Applied Corporate Finance**, v. 26, n. 2, p. 8-15, 2014.

17 GADINIS, Stavros. Market structure for institutional investors: comparing the U.S. and E.U. regimes. **Virginia Law & Business Review**, v. 331, n. 2, 2008. Disponível em: <https://1.next.westlaw.com/Document/Id3f02defe1c611dd93e9a76b30106ace/View/FullText.html?originationContext=citingReferences&transitionType=Document&contextData=(sc.Default)&docSource=fa50e80e965c427db83badd8a6c870bc&rulebookMode=false>. Acesso em: 9 jun. 2016.

cobrada dos intermediários, os quais, muitas vezes, repassam tais custos aos seus clientes finais.

Em 2012, a CVM encomendou à Oxera, empresa de consultoria inglesa, uma pesquisa relacionada a eventuais benefícios a serem obtidos pelo mercado brasileiro em caso de introdução de competição de mercados de bolsa. O resultado da pesquisa constou do relatório intitulado "What would be the costs and benefits of changing the competitive structure of the market for trading and post-trading services in Brazil?", publicado em 2012.

O estudo fez um levantamento das tarifas de pré e pós-negociação de bolsas ao redor do mundo e comparou-as com as tarifas da BM&FBOVESPA. Um detalhe relevante acerca das tarifas é que, no Brasil, a bolsa de valores cobra as tarifas de negociação dos investidores finais, enquanto em outros países essa tarifa é cobrada dos intermediários. Isso ocorre porque, segundo a legislação nacional, os investidores finais são conhecidos pela bolsa e pela CVM, enquanto em outros países a identidade dos investidores é apenas conhecida pelos intermediários.

Os custos de negociação e de pós-negociação foram calculados pela Oxera em pontos base para que os diversos valores cobrados pudessem ser comparáveis. A seguir estão gráficos elaborados pela Oxera que representam tais custos de negociação e pós-negociação nas diferentes bolsas.

Figura 1: custos de negociação[18]

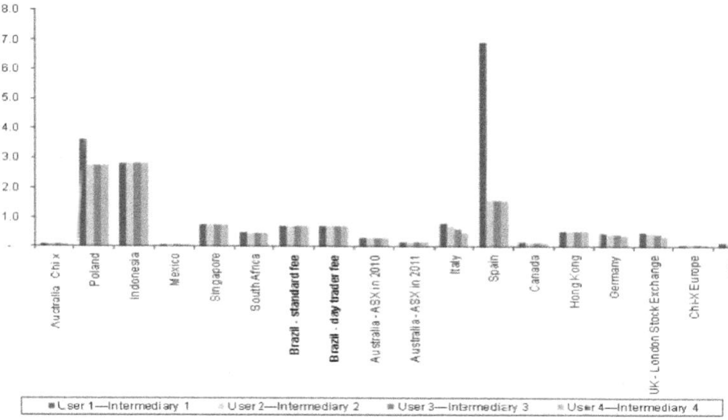

Fonte: Oxera (2012)

Figura 2: custos de negociação e pós-negociação[19]

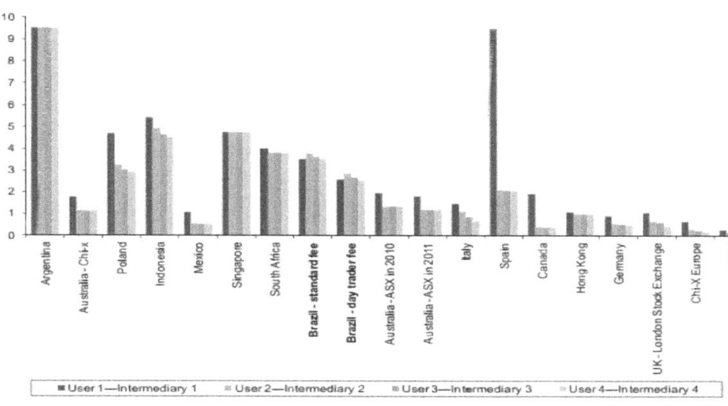

Fonte: Oxera (2012)

[18] Legenda das figuras: (i) User 1-Intermediary 1: investidor de varejo; (ii) User 2-Intermediary 2: investidor institucional pouco ativo; (iii) User 3-Intermediary 3: investidor institucional muito ativo; e (iv) User 4-Intermediary 4: instituição financeira.

[19] Legenda utilizada no Relatório da Oxera (2012): idem nota anterior.

Como se pode verificar, os custos de negociação e de pós-negociação da bolsa brasileira encontram-se entre os maiores quando comparado com bolsas localizadas em países onde a competição entre mercados de bolsa de valores já está instalado, como nos Estados Unidos e nos países da União Europeia. Importante para essa análise também é a constatação de que as bolsas que apresentam custos superiores à bolsa brasileira tiveram volume de negociação muito inferior ao negociado na BM&FBOVESPA no período analisado, conforme se pode verificar do gráfico abaixo, também constante do estudo da Oxera:

Figura 3: Custo da negociação e da pós-negociação vs. valor anual negociado, em bilhões de dólares[20]

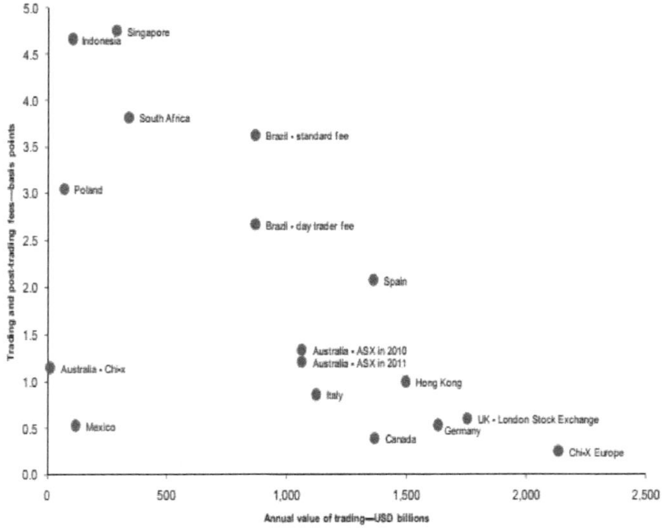

Fonte: Oxera (2012)

[20] A NYSE não foi considerada tendo em vista que o valor negociado por ela no período, em torno de US$ 17.000.000.000,00 (dezessete trilhões de reais), destoou muito do valor das demais bolsas observadas.

Comparando-se a figura 3 com as figuras 1 e 2 é possível observar que as bolsas de valores de Cingapura, da Polônia, da Indonésia e da África do Sul, que apresentam custos superiores aos valores cobrados pela BM&FBOVESPA, tinham volume total negociado muito inferior ao negociado pela bolsa brasileira. O volume de negociação certamente impacta no valor cobrado pelas entidades administradoras do mercado de bolsa, razão pela qual o Brasil não deve se contentar em estar no mesmo patamar de preços de mercados pouco movimentados. Assim, é possível verificar a potencialidade de diminuição das tarifas a serem cobradas dos investidores e intermediários após a introdução de competição entre os mercados de bolsa no Brasil.

Em relação ao mercado brasileiro, o relatório da Oxera apontou que a introdução de competição entre plataformas de negociação poderá trazer benefícios consideráveis. Considerando-se apenas a competição entre plataformas de negociação (mercados de bolsa de ações), o relatório afirma que em um cenário conservador, a expectativa seria de economia bruta de US$ 18,6 milhões de dólares[21 e 22]. Essa estimativa sugere um incentivo à introdução de competição entre os mercados de bolsa no país.

Além da possibilidade de diminuição do preço, Board, Sutcliffe e Wells afirmam que em uma estrutura de mercado fragmentada, as bolsas deverão competir pelas ordens de investidores. As bolsas inevitavelmente realizarão investimentos em melhorias para atrair os investidores. Isso deverá resultar em sistemas de negociação melhores, que poderão prover maior

[21] OXERA. **What would be the costs and benefits of changing the competitive structure of the market for trading and post-trading services in Brazil?** 2012. p. 159. Disponível em: <http://www.cvm.gov.br/export/sites/cvm/menu/acesso_informacao/serieshist/estudos/anexos/Oxera-report-18062012.pdf>. Acesso em: 16 jun. 2016, p. 140.

[22] Em um cenário não conservador, a economia bruta poderia chegar a US$ 89.300.000,00.

liquidez. Os autores citam o estudo feito pela Secuirities and Exchange Comission – SEC, órgão regulador de mercado de capitais dos Estados Unidos, que demonstrou que um pequeno incremento na fragmentação do mercado já levou a execução de negócios mais rápida e com menor custo, e a melhores opções aos investidores de quando e onde enviar suas ordens. O estudo também observou que o mercado como um todo apresentou melhorias na metodologia de execução de grandes ordens[23].

No âmbito europeu, Petrella também aponta que a modernização do mercado de ações europeu ocorreu a partir do meio dos anos 1980, incluindo a introdução dos sistemas eletrônicos de negociação, que deu-se em função da pressão competitiva da International SEAQ, baseada em Londres[24].

Outro efeito positivo da fragmentação de mercado é a possibilidade de que cada bolsa se especialize no atendimento a diferentes clientes. Petrella aponta que os intermediários se diferem entre si em função da necessidade de solucionar problemas distintos de negociação de seus clientes. Como exemplo, o autor cita que investidores institucionais normalmente buscam mercados onde poderão executar grandes ordens, enquanto investidores menores preferem mercados que executem rapidamente as ordens. A fragmentação de mercado pode fazer com que as bolsas se especializem nessas diferentes necessidades, o que melhora o atendimento aos investidores e a qualidade do mercado[25].

[23] BOARD, John; SUTCLIFFE, Charles; WELLS, Stephen. **Transparency and fragmentation: financial market regulation in a dynamic environment**. Basingstoke: Palgrave Macmillan, 2002

[24] PETRELLA, Giovanni. MiFID, Reg NMS and Competition Across Trading Venues in Europe and the USA. **Journal of Financial Regulation and Compliance**. v. 18, n. 3. 2010

[25] PETRELLA, Giovanni. MiFID, Reg NMS and Competition Across Trading Venues in Europe and the USA. **Journal of Financial Regulation and Compliance**. v. 18, n. 3. 2010

A fragmentação de mercado pode também atrair mais investidores arbitradores e especuladores. Ambos são importantes para o mercado, cada qual com sua função, pois fornecem liquidez. O arbitrador é aquele que tem por estratégia comprar um ativo no mercado em que o preço está mais barato e vender no mercado em que o preço está mais caro, lucrando com a diferença de preço entre a compra e a venda de ativos. Por sua vez, o especulador tem como objetivo principal obter lucro com a negociação de ativos, podendo atuar no mercado à vista ou futuro. Normalmente, o especulador faz operações de curto prazo. No mercado de ações, seus investimentos nem sempre se baseam na análise de fundamentos da empresa ou de sua administração.

No mercado fragmentado, especuladores e arbitradores poderão ter papel semelhante, suas atuações poderão ser mais intensas, visto que novas oportunidades de negociação se abrirão a eles. Se hoje o arbitrador que atua no mercado nacional apenas o faz comparando o mercado futuro ao mercado à vista, ele passará a atuar também apenas em mercados à vista, comparando as cotações das duas bolsas. O especulador terá atuação parecida: no lugar de realizar operações de curto prazo e *day-trade* em um mercado apenas, possivelmente realizará considerando ambos os mercados de bolsa que negociam as mesmas ações.

A maior presença de arbitradores e especuladores é benéfica ao mercado de ações. De fato, a atuação de arbitradores tende a diminuir as discrepâncias de cotações nos diferentes mercados, de forma que os preços das ações podem chegar próximo ao seu valor intrínseco. Em relação aos especuladores, sua presença é fundamental ao mercado, pois é o único participante do mercado que assume riscos, sendo que "o fato de os especuladores abrirem e encerrarem suas posições a todo o momento faz com que o volume negociado aumente, trazendo liquidez para o mercado"[26].

[26] COMISSÃO DE VALORES MOBILIÁRIOS. O Mercado de Valores Mobiliários Brasileiro. 3 ed, Rio de Janeiro: Comissão de Valores Mobiliários, 2014, p. 310-311.

A fragmentação do mercado poderá dar mais oportunidade para atuação desses arbitradores e especuladores, o que consequentemente tem o potencial de trazer maior liquidez ao mercado brasileiro. Essa maior atuação pode gerar, também, uma diminuição da diferença entre o preço das ofertas de venda e das ofertas de compra dos ativos (o chamado *spread*). Há consenso de que quanto menor o *spread* entre o preço das ofertas de compra e de venda de um mesmo ativo, melhor a qualidade do mercado. A melhora da qualidade do mercado também ocorre com a maior flexibilidade do fluxo de ordens, como atesta Petrella[27].

Interessante para o caso brasileiro é a análise do mercado australiano. Até 2010, a Australia Securities Exchange (ASX) era a única entidade administradora de mercado de bolsa existente naquele país. Em 2011, a Chi-X passou a atuar como bolsa na Austrália, de forma que o país passou a contar com uma estrutura de mercado competitiva e, portanto, fragmentada. Embora em 2010 o volume negociado pela ASX tenha sido superior ao negociado pela BM&FVOBESPA (vide figura 3), os resultados de introdução de competição na Austrália podem servir como indicativo dos benefícios de se introduzir a competição no mercado de ações.

Aitken, Chen e Foley realizaram um estudo empírico denominado "The impact of fragmentation, exchanges fees and liquidity provisiono on market quality". Neste, os pesquisadores verificaram os efeitos da nova estrutura de mercado fragmentada iniciada em 2011, utilizando-se de dados de negociações ocorridas entre janeiro de 2010 e março de 2013.

Os autores concluíram que a introdução de competição pelo mercado de ações na Austrália levou a um maior nível de frag-

[27] PETRELLA, Giovanni. MiFID, Reg NMS and Competition Across Trading Venues in Europe and the USA. **Journal of Financial Regulation and Compliance**. v. 18, n. 3. 2010

mentação do fluxo de ordens, o que acabou por reduzir custos explícitos e implícitos de negociação. De fato, apenas o anúncio da entrada da Chi-X já foi o suficiente para a ASX diminuir seus emolumentos referentes à negociação de ações (custos explícitos). Em seguida, Aitken, Chen e Foley concluem que os *spreads* de cotação e os referentes às negociações efetivadas diminuíram conforme o fluxo de ordens migrou da antiga bolsa para a nova. A diminuição do *spread* corresponde a uma maior qualidade do mercado de ações. Ao fim, os autores demonstram que a liquidez do mercado aumentou[28].

A experiência australiana parece demonstrar que a qualidade do mercado melhora com a introdução de competição entre os mercados de bolsa de ações. Os benefícios de redução de custos e aumento de liquidez podem ser sentidos pelo mercado e impacta nas decisões dos investidores. Assim, os benefícios teoréticos acima tratados foram verificados na prática neste mercado, podendo servir de exemplo para a experiência brasileira.

A verdade é que, de uma forma ou de outra, já há competição entre bolsas, ao menos no nível internacional. Muitas empresas optam por lançarem seus papeis não apenas no mercado nacional, mas também em listar títulos em bolsas internacionais. O exemplo mais simples é a emissão de American Depository Receipts[29] por empresas brasileiras no mercado de capitais norte-americano. Dessa forma, os reguladores não têm mais o

[28] PETRELLA, Giovanni. MiFID, Reg NMS and Competition Across Trading Venues in Europe and the USA. **Journal of Financial Regulation and Compliance**. v. 18, n. 3. 2010.

[29] *Depositary Receipts* podem ser definidos como "recibos de depósito lastreados em ações negociados livremente nos mercados financeiros do exterior. As ações ou ativos subjacentes são custodiadas em uma instituição financeira local e, como base neste depósito, são emitidos os recibos (DR) negociados no mercado internacional" (PINHEIRO, p. 225). *American Depositary Receipts* são *depositary receipts* emitidos no mercado norte-americano.

poder de consolidar o fluxo de ordens em apenas uma bolsa e devem estar conectados com a realidade, incentivando a competição.

Seguindo Pirrong, pode-se concluir que reguladores enfrentam um *trade-off* entre fragmentação de mercado e a manutenção de uma bolsa dominante. Ambas as opções têm seus pontos positivos e negativos. A socialização do fluxo de ordens gera maior competição, mas traz consequências nem sempre positivas. A manutenção do *status quo*, com apenas uma bolsa de valores, leva a existência de uma bolsa dominante que exerce poder de mercado sobre os instrumentos que nela são negociados[30].

2.2. Regulações sobre fragmentação de mercado: panorama geral

Reguladores de outros países, especialmente Estados Unidos e países europeus, já tiveram que lidar com a fragmentação de mercado e realizarem alterações em suas legislações para responder a realidade da fragmentação de mercado. No caso europeu, a legislação veio da constatação de que as bolsas nacionais passariam a competir com as demais bolsas de valores europeias em função da integração do mercado europeu. No caso norte-americano, houve um incentivo da Securities and Exchange Comission (SEC) em estimular a competição entre bolsas.

A Comissão Europeia emitiu a Markets in Financial Instruments Directive (MiFID) em 2004. Essa diretiva foi alterada pela MiFID II em 2012, porém sua aplicação foi adiada para o ano 2018. A MiFID foi promulgada para promover serviços de investimentos transnacionais dentro da Europa. Smith aponta as seguintes principais características da MiFID: (i) remoção

[30] PIRRONG, Craig. Pick your poison: fragmentation or market power? analysis of regnms, high frequency trading, and securities market structure. **Journal of Applied Corporate Finance**, v. 26, n. 2, p. 8-15, 2014.

das barreiras à competição pan-europeia, como regras nacionais de concentração que determinavam que as negociações fossem concluídas nos mercados locais; (ii) introdução de mínimo de transparência pré-negociação para as bolsas; (iii) obrigação de corretores a realizar a execução de negócios no melhor interesse dos clientes (obrigação também conhecida por "best execution"), com ampla análise do mercado e das diferentes bolsas; e (iv) obrigação criada às firmas de investimento em entender melhor seu cliente[31].

A MiFID é uma regulação fundamentada em princípios. Dessa forma, por não haver prescrição específica acerca das obrigações a serem cumpridas, Smith acredita que as corretoras que atuem sob o MiFID estariam aptas a implementarem soluções específicas aos seus próprios requerimentos. A projeção era de que haveria uma clara diferença entre vencedores e perdedores. Vencedores seriam as empresas, corretoras e bolsas que investissem proativamente em tecnologia para reduzir os custos de negociação e aumentar a eficiência de execução de ordens[32].

Por sua vez, a SEC, que regula bolsas e mercado de valores mobiliários nos Estados Unidos, introduziu a Regulation National Market System (RegNMS). Conforme informam Coffee e Sale, a RegNMS foi adotada em 2005 e procurou estimular a competição entre as bolsas, com a possibilidade efetiva de nego-

[31] SMITH, David A. Surviving or thriving under the MiFID. **Corporate Finance Review**, jul/ago. 2008. Disponível em: <https://1.next.westlaw.com/Document/I2edd4c698e0211e38578f7ccc38dcbee/View/FullText.html?originationContext=typeAhead&transitionType=Default&contextData=(sc.Default)>. Acesso em. 19 jun. 2016.

[32] SMITH, David A. Surviving or thriving under the MiFID. **Corporate Finance Review**, jul/ago. 2008. Disponível em: <https://1.next.westlaw.com/Document/I2edd4c698e0211e38578f7ccc38dcbee/View/FullText.html?originationContext=typeAhead&transitionType=Default&contextData=(sc.Default)>. Acesso em: 19 jun. 2016

ciação em mais de um mercado das mesmas ações. Suas regras contrapuseram o interesse de bolsas consolidadas com novas bolsas e de intermediários e investidores de varejo e institucionais[33].

Blanc esclarece que, em 1975, o Congresso norte-americano determinou à SEC que usasse sua autoridade para estabelecer um Sistema Nacional de Mercado (NMS), em contraposição à ideia de que a fragmentação correspondia a existência de diferentes mercados fechados. Nesse momento, as bolsas poderiam ter regras que proibissem que ações listadas fossem também negociadas em outras bolsas. A ideia do NMS era promover competição justa entre mercados individuais e ao mesmo tempo assegurar que esses mercados estivessem conectados. Ainda segundo Blanc, esse sistema estimularia duas formas de competição: competição entre mercados de bolsa e competição entre as ordens pelos negócios, ambas contribuindo para uma melhor qualidade do mercado[34].

A RegNMS apenas foi promulgada em 2005. Algumas das regras (Rules) que fazem parte da RegNMS já haviam sido estabelecidas anteriormente, outras, porém, inovaram e trouxeram um ambiente regulatório para efetivar o aumento da competição. Essas regras são referentes à negociação de ações e serão tratadas no próximo capítulo. Importante neste momento é o fato de que as regras significarem um movimento dos órgãos reguladores a favor do estímulo à competição. Okuliar escla-

[33] COFFEE JR., John C; SALE, Hillary A. **Securities regulation: cases and materials**. 12 ed, New York: Foundation Press, 2012.

[34] BLANC, Roger D. Intermarket competition and monopoly power in the U.S. stock market. **Brooklyn Journal of Corporate, Financial & Commercial Law**, v. 273, n. 1, 2007. Disponível em: <https://1.next.westlaw.com/Document/I66709b100e5f11dc8c64a372964bef5d/View/FullText.html?originationContext=typeAhead&transitionType=Default&contextData=(sc.Default)>. Acesso em: 9 jun. 2016.

rece que agora as bolsas e os sistemas alternativos de negociação – que não são permitidos no Brasil – são interligados e operam essencialmente como um grande mercado, como será melhor detalhado no capítulo 4 a seguir. Isso ocorre em função do entendimento de que a qualidade do mercado e dos serviços ofertados pelos intermediários e pelas entidades administradoras de bolsa de valores será superior em um ambiente competitivo[35].

Pouco depois da promulgação dessas legislações no âmbito internacional, a CVM publicou a Instrução CVM n. 461, em 23 de outubro de 2007, que disciplinou os mercados regulamentados de valores mobiliários (mercados de bolsa e de balcão organizado). Essa instrução também dispôs sobre constituição, organização, funcionamento e extinção das bolsas de valores, bolsas de mercadorias e futuros e mercados de balcão organizado. Entretanto, a nova regulação brasileira não avançou na possibilidade de fragmentação de mercado. Apesar de o artigo 57[36] da referida instrução permitir que uma mesma ação seja

[35] Okuliar, Alexander P. Financial exchange consolidation and antitrust: is there a need for more intervention? **SPG Antitrust**, v. 66, 2014. Disponível em: <https://1.next.westlaw.com/Document/I30f74930be2b11e398db8b09b4f043e0/View/FullText.html?originationContext=typeAhead&transitionType=Default&contextData=(sc.Default)>. Acesso em: 16 jun. 2016.

[36] Art. 57: "São negociáveis em mercados organizados os valores mobiliários registrados pela CVM. §1º. A admissão à negociação em mercado organizado de valores mobiliários específico depende de decisão da respectiva entidade administradora responsável. §2º. A admissão à negociação, em mercado organizado de valores mobiliários, de outros ativos que não valores mobiliários, depende de prévia aprovação da CVM, sem prejuízo das autorizações eventualmente exigidas por outros órgãos públicos. §3°. É vedada a negociação simultânea de ações em mercados de bolsa e de balcão organizado, sendo facultada sua negociação em mais de uma bolsa ou em mais de um mercado de balcão organizado. §4º. É permitida a negociação simultânea de outros valores mobiliários, com exceção de ações, em mercado organizado de valores mobiliários distinto daquele em

negociada em duas ou mais bolsas de valores, não há qualquer outra regra que preveja como isso ocorreria.

Verificando-se o interesse de outras entidades em começarem a operar no mercado de bolsa, bem com a tendência mundial de estímulo à concorrência, a CVM publicou o Edital de Audiência Pública 5/2013 para discutir "as opções regulatórias relacionadas à identificação, à mitigação, ao gerenciamento de riscos decorrentes da fragmentação de liquidez e de dados e à possível mudança na estrutura de autorregulação, tendo em vista a hipótese de concorrência entre plataformas de negociação". Essa consulta ao mercado tinha o propósito de debater quais as mudanças regulatórias seriam necessárias para que se pudesse implementar a concorrência dos mercados de bolsa no Brasil.

Apesar de receber inúmeras manifestações do mercado sobre as questões apresentadas, a CVM optou por encerrar a Audiência Pública sem edição de norma, ou alteração de Instruções anteriores. Não houve qualquer anúncio da CVM sobre as razões pelas quais a Instituição optou por não editar qualquer norma para estimular a competição entre mercados de bolsa no país.

Entendendo-se que a fragmentação pode trazer efeitos positivos ao mercado brasileiro, o próximo capítulo analisará três pontos que foram questionados no Edital de Audiência Pública n. 5/2013.

3. Desafios à competição nos mercados de bolsa no Brasil

A CVM optou por não introduzir novas regras que tratem especificamente da fragmentação do mercado, como explicado no capítulo anterior. O arquivamento da Audiência Pública n. 5/2013 sem introdução de novas regras não significa, entre-

que o emissor tem seus valores mobiliários negociados, desde que tenha sido obtida a autorização referida no §1° deste artigo".

tanto, que não há a possibilidade de competição entre mercados de bolsa atualmente no Brasil. O arquivamento significa apenas que, por enquanto, a CVM optou por não expandir e estimular a competição com novas normas.

Criar novas regras com o intuito específico de aumentar a competição entre mercados de bolsa significaria passar por desafios e interesses que talvez a entidade não esteja preparada para enfrentar. Em primeiro lugar, temos a posição dominante hoje da BM&FBOVESPA tanto na negociação como na pós-negociação. A relação entre CVM e BM&FBOVESPA é muito próxima (especialmente no tocante à autorregulação de mercado, como será verificado adiante), existindo uma espécie de interdependência entre ambas as entidades. Em segundo lugar, há a questão a fragmentação da liquidez. Se o mercado secundário brasileiro hoje já não apresenta movimentação suficiente quando comparado com outros mercados de economias menores, como a australiana por exemplo, há o temor de que a existência de duas ou mais bolsas negociando as mesmas ações possa reduzir ainda mais a pouca liquidez.

Há outros problemas que podem ser levantados como os custos de liquidez. Quando há negociação de ativos por grandes fundos com as operações em bloco, surgem custos de liquidez. Esses custos referem-se ao fato de que os fundos podemlevar ao aumento do preço de compra ou diminuição do preço de venda dos ativos em relação à última cotação para poderem realizar a transação, atraindo grande número de vendedores ou compradores. Os custos de liquidez podem ser prejudiciais ao mercado uma vez que aumentam a volatilidade do preço dos ativos e trazem incertezas quanto ao valor intrínseco desses ativos. Como consequência, investidores institucionais podem levar suas operações para fora do mercado de bolsa. Com isso, a liquidez do mercado – já tão fraca – pode ficar ainda menor e a informação sobre operações e cotações também podem se perder.

Nesse sentido, os efeitos da fragmentação podem ser heterogêneos. Chlistalla e Lutat fizeram um levantamento analisando os impactos na liquidez de negociação de ações listadas na Euronext Paris após o início da concorrência entre mercados de bolsa com o início das operações da Chi-X Europe. Esse estudo concluiu que a competição gerou maior liquidez às ações que já eram líquidas, enquanto diminuiu a liquidez das ações que não eram tão líquidas. Por fim, esclarecem que não houve alteração na quantidade geral de negócios do mercado, ao menos no período analisado[37].

Considerando a possibilidade de fragmentação de mercado, ainda que a CVM tenha decidido não alterar nesse momento a regulamentação, passa-se a analisar alguns pontos que normalmente são tratados quando se fala em introdução de competição em mercados de bolsa, os quais já haviam sido levantados no Edital de Audiência Pública 5/2013. Em cada um deles, verifica-se se a legislação brasileira atual traz previsão sobre o tema, como esse tópico é tratado em outras legislações e qual a solução que pode ser verificada no caso brasileiro. Com isso, pode-se concluir pela necessidade ou não de alteração da legislação para que a competição seja implementada.

3.1. Regime de melhor execução de ordens no interesse dos clientes

Quando há mais de uma bolsa de valores negociando as mesmas ações, o investidor terá, então, ao menos dois possíveis lugares diferentes para realizar sua transação. A escolha de em qual bolsa executar a ordem pode depender de vários fatores, tais como cotação, velocidade de execução, custos e tarifas, entre

[37] CHLISTALLA, Michael; LUTAT, Marco. Competition in securities markets: the impact on liquidity. **Financial Markets and Portfolio Management**, p. 149-172, jun 2010. Disponível em: <http://papers.ssrn.com/sol3/papers.cfm?abstract_id=1747645>. Acesso em: 9 ago. 2014

outros. Como os intermediários são vinculados às diversas bolsas e são quem executam as ofertas ordenadas pelos investidores, podemos verificar um potencial problema de agência nessa relação.

Para entender o problema de agência na execução de ordens de clientes, é necessário definir primeiro o significado de relação de agência. Conforme Gedicks, uma relação de agência nada mais é do que a relação fiduciária que resulta da manifestação do consentimento de uma pessoa – principal – para que outra – o agente – aja em seu favor e sujeito a seu controle. O intermediário é um agente do investidor, visto que executa as ordens de investimento dadas pelo investidor em nome deste. O intermediário pode ter certa discricionariedade na execução da ordem.

Como agente do investidor, Gedicks afirma que o intermediário deve agir com os deveres de cuidado e lealdade ao atender aos investidores e executar suas ordens[38]. Esses deveres são cumpridos especialmente por meio de informação necessária aos clientes. Em toda relação de agência, podem ocorrer conflitos. Esses problemas decorrem do fato de que diferentes bolsas terão impacto no preço de execução dos negócios[39].

Gadinis explica que esses custos podem ser diretos, como o preço da tarifa de execução de negócio, ou indiretos, visto que

[38] Nesse sentido, os deveres fiduciários dos intermediários têm a mesma função dos deveres fiduciários de outros agentes, como administradores de companhias. Segundo Eastbrook e Fischel (1991), os deveres fiduciários são uma alternativa a promessas detalhadas de atuação e extra-monitoração da atuação do agente pelos principais, substituindo a fiscalização pela dissuasão do agente em agir.

[39] GEDICKS, Frederick Mark. Suitability claims and purchases of unrecommended securities: agency theory of broker-dealer liability. **Arizona State Law Journal**, v. 535, n. 37, 2005. Disponível em: <https://1.next.westlaw.com/Document/I7f5733714a7211db99a18fc28eb0d9ae/View/FullText.html?originationContext=typeAhead&transitionType=Default&contextData=(sc.Default)>. Acesso em: 19 jun. 2016.

uma bolsa pode fornecer serviços para que os negócios tenham melhores preços de execução do que em outros lugares, provendo melhores condições para negociações em bloco ou maior velocidade na execução de transações. Como os investidores não têm acesso direto aos mercados, eles necessitam dos intermediários que executarão os negócios em seus nomes, sendo seus agentes. O autor esclarece que, como profissionais do mercado, os intermediários teriam conhecimento superior aos dos investidores quanto às qualidades de cada mercado de bolsa e liquidez disponível no momento da execução do negócio[40].

Entretanto, ao realizar estratégias de execução de ordens, os intermediários podem optar por executar as ordens dos clientes nas bolsas que melhor atendam aos seus interesses e não aos interesses do cliente. Determinadas entidades administradoras de mercados de bolsa podem oferecer benefício aos intermediários que nela atuem, os quais podem, inclusive, serem monetários. Dessa forma, tornam-se necessários princípios para nortear a atuação dos intermediários em um cenário de múltiplas bolsas, negociando as mesmas ações. Esses princípios são comumente chamados pelo nome em inglês: "best execution". Basicamente, essa expressão significa que os intermediários devem executar as ordens no melhor interesse do cliente.

Diferentes regulações escolheram formas distintas de lidar com esse problema de agência. Há o exemplo da regulação norte-americana que tentou eliminar esse problema ao tirar a opção de em qual bolsa executar o negócio. Já na Europa, foram estabelecidos princípios que norteiam a *best execution.*

[40] GADINIS, Stavros. Market structure for institutional investors: comparing the U.S. and E.U. regimes. **Virginia Law & Business Review**, v. 331, n. 2, 2008. Disponível em: <https://1.next.westlaw.com/Document/Id3f02defe1c611d-d93e9a76b30106ace/View/FullText.html?originationContext=citingReferences&transitionType=Document&contextData=(sc.Default)&docSource=fa50e80e965c427db83badd8a6c870bc&rulebookMode=false>. Acesso em: 9 jun. 2016.

Nesse sentido, Gadinis informa que os reguladores europeus não buscaram uma "obrigação absoluta de melhor execução" para os negócios dos clientes. A opção regulatória foi pela implementação de diretivas que requerem que os intermediários tomem todas as medidas razoáveis para obter o melhor resultado possível para seus clientes, levando em consideração preço, custo, rapidez, probabilidade de execução da oferta, regras de pós-negociação, tamanho, e qualquer outro fator que se entenda relevante. Com isso, os intermediários têm obrigação de considerar diversos critérios ao escolher em qual bolsa executar a ordem do investidor[41].

No caso europeu, os intermediários não precisam analisar sempre todas as bolsas em que os ativos objetos da ordem dos investidores são negociados. Podem ter acesso apenas às bolsas que melhor atendem as características dos negócios comumente realizados pela corretora. Isso significa, por exemplo, que intermediários que atendam mais investidores de varejo podem ter acesso apenas às bolsas mais apropriadas a esses investidores, enquanto corretoras que trabalhem mais com investidores institucionais precisarão de acesso às bolsas que trabalhem com execução de negócios em bloco.

Não obstante todos os fatores a serem considerados na melhor execução de negócios, os quais os intermediários devem conseguir demonstrar aos clientes pós-negociação, Gadinis observa que para clientes de varejo, melhor execução normalmente significa melhor preço de negociação[42].

[41] GADINIS, Stavros. Market structure for institutional investors: comparing the U.S. and E.U. regimes. **Virginia Law & Business Review**, v. 331, n. 2, 2008. Disponível em: <https://1.next.westlaw.com/Document/Id3f02defe1c611dd93e9a76b30106ace/View/FullText.html?originationContext=citingReferences&transitionType=Document&contextData=(sc.Default)&docSource=fa50e80e965c427db83badd8a6c870bc&rulebookMode=false>. Acesso em: 9 jun. 2016.

[42] GADINIS, Stavros. Market structure for institutional investors: comparing the U.S. and E.U. regimes. **Virginia Law & Business Review**, v. 331, n. 2, 2008.

A opção norte-americana foi outra. Para lidar com esse problema de agência que surge com a fragmentação de mercado, a RegNMS tem uma regra denominada "Order Protection Rule". Conforme explica Pirrong, essa regra determina que uma bolsa ou direcione a ordem recebida a outra bolsa que apresente melhores cotações ou cancele a ordem. O autor entende que essa regra representa uma socialização efetiva do fluxo de ordens. Essa regra também ficou conhecida como proibição de "trade-through", o que significa que não se pode fechar um negócio em uma bolsa caso outra apresente cotação melhor para a mesma oferta de compra ou venda[43].

Assim, nos Estados Unidos, não há o problema de agência relacionado à execução de negócios no melhor interesse dos clientes. Isso ocorre exatamente porque há uma regra específica que determina que as bolsas encaminhem as ordens dos intermediários para as que apresentem melhor preço. Petrella informa que as bolsas e sistemas alternativos de negociação são responsáveis por executar as ordens ao melhor preço. Não se trata de uma escolha dos intermediários, ou mesmo dos investidores[44]. Com isso, Coffee Jr. e Sale afirmam que o dever de melhor execução é muito simples de ser cumprido nos Estados Unidos, sendo limitado ao melhor preço[45].

Disponível em: <https://1.next.westlaw.com/Document/Id3f02defe1c611dd93e9a76b30106ace/View/FullText.html?originationContext=citingReferences&transitionType=Document&contextData=(sc.Default)&docSource=fa50e80e965c427db83badd8a6c870bc&rulebookMode=false>. Acesso em: 9 jun. 2016.

43 PIRRONG, Craig. Pick your poison: fragmentation or market power? analysis of regnms, high frequency trading, and securities market structure. **Journal of Applied Corporate Finance**, v. 26, n. 2, p. 8-15, 2014.

44 PETRELLA, Giovanni. MiFID, Reg NMS and Competition Across Trading Venues in Europe and the USA. **Journal of Financial Regulation and Compliance**. v. 18, n. 3. 2010.

45 COFFEE JR., John C; SALE, Hillary A. **Securities regulation: cases and materials**. 12 ed, New York: Foundation Press, 2012.

Cada bolsa – ou sistema alternativo de negociação, o que não existe no Brasil – deverá disponibilizar a melhor cotação de compra e a melhor cotação de venda de cada ativo nela negociado. Segundo a regra que proíbe "trade-through", as bolsas deverão adotar políticas e procedimentos para garantir que negócios não sejam fechados se não forem no melhor preço existente no mercado nacional. Gadinis esclarece que essa regra visa garantir qualidade do mercado, evitando que a fragmentação ocasione transações em preços que não são os melhores disponíveis no mercado do país como um todo[46].

Pirrong aponta que antes da adoção da *Order Protection Rule*, mais de 80% do volume de negociações em bolsa nos Estados Unidos estava concentrada na NYSE. Dois anos após a vigência da regra, a participação da NYSE no volume total de negociação caiu para 52%; em cinco anos, caiu para 32%; em 2014, a NYSE negociava apenas 17,5% do volume total de transações em bolsa nos Estados Unidos. Nesse sentido, Pirrong acredita que o mercado se beneficiou com a opção pelo incentivo à competição feito pelo órgão regulador americano[47].

O problema dessa legislação é a obrigatoriedade de criação de um link específico que conecte as bolsas entre si. Esse custo, então, é passado para as entidades administradoras de mercado de bolsa, que invariavelmente os repassarão para os clientes que nela negociam. Há questionamentos também acerca da

[46] GADINIS, Stavros. Market structure for institutional investors: comparing the U.S. and E.U. regimes. **Virginia Law & Business Review**, v. 331, n. 2, 2008. Disponível em: <https://1.next.westlaw.com/Document/Id3f02defe1c611dd93e9a76b30106ace/View/FullText.html?originationContext=citingReferences&transitionType=Document&contextData=(sc.Default)&docSource=fa50e80e965c427db83badd8a6c870bc&rulebookMode=false>. Acesso em: 9 jun. 2016.

[47] PIRRONG, Craig. Pick your poison: fragmentation or market power? analysis of regnms, high frequency trading, and securities market structure. **Journal of Applied Corporate Finance**, v. 26, n. 2, p. 8-15, 2014.

qualidade do link que conecta as diferentes bolsas e de como pressionar as bolsas para a manutenção de um nível mínimo de qualidade, que mantenha a rapidez na execução de negócios. Outro ponto relevante da opção por ligar as bolsas dessa forma é, conforme relata Okuliar, o fato de que problemas técnicos em uma bolsa podem rapidamente se alastrar para outras bolsas[48].

Caso o regulador opte por uma opção semelhante, deverá criar mecanismos para se averiguar a adequação dos links entre as bolsas, e também se uma determinada bolsa está cancelando excessivamente as ordens no lugar de redirecioná-las a outras bolsas. A política de cobranças também deve ser trabalhada na legislação. Se a ordem foi enviada para ser executada em uma bolsa e foi redirecionada para outra, a bolsa que redirecionou a ordem teria direito ao emolumento?

Comparando as regulações norte-americana e europeia pouco tempo após terem sido adotadas, Gadinis entende que a MiFID deu um passo concreto em reduzir incertezas quanto ao que deve ser considerado a *best execution*. A variedade de fatores a serem considerados e a obrigação de que os intermediários discutam com seus clientes tais fatores assegura a estes que possam dar ordens específicas sobre como executar suas ordens de negociação. De seu lado, a RegNMS impõe regra de prioridade estrita de preço, requerendo que os mercados em si não executem a oferta caso outra bolsa ofereça um preço melhor para o mesmo ativo. Optou-se, então, por uma regulação intervencionista, a qual difere da postura de confiança nos mercados normalmente adotada na economia norte-americana. Gadinis observa que a determinação de redirecionamento de ordens

[48] OKULIAR, Alexander P. Financial exchange consolidation and antitrust: is there a need for more intervention? **SPG Antitrust**, v. 66, 2014. Disponível em: <https://1.next.westlaw.com/Document/I30f74930be2b11e398db8b09b4f043e0/View/FullText.html?originationContext=typeAhead&transitionType=Default&contextData=(sc.Default)>. Acesso em: 16 jun. 2016.

para o mercado que apresente melhor preço aumentou o custo de liquidez para investidores institucionais e limitou a sua flexibilidade em selecionar onde executar negócios[49].

No Brasil, a Instrução CVM n. 505, de 27 de setembro de 2011, traz a obrigação de melhor execução de negócios em seus artigos 19 e 20, a seguir:

> Art. 19. O intermediário deve executar as ordens nas condições indicadas pelo cliente ou, na falta de indicação, nas melhores condições que o mercado permita.
>
> Parágrafo único. Para aferir as melhores condições para a execução de ordens, o intermediário deve levar em conta o preço, o custo, a rapidez, a probabilidade de execução e liquidação, o volume, a natureza e qualquer outra consideração relevante para execução da ordem.
>
> Art. 20. O intermediário deve estabelecer regras, procedimentos e controles internos sobre a execução de ordens, de modo a:
>
> I – permitir que os intermediários obtenham as melhores condições disponíveis no mercado para a execução das ordens de seus clientes;
>
> II – possibilitar, a qualquer tempo, a vinculação entre a ordem transmitida, a respectiva oferta e o negócio realizado; e
>
> III – assegurar que os clientes sejam informados a respeito dos diferentes mercados em que os valores mobiliários objeto da ordem podem ser negociados.

[49] GADINIS, Stavros. Market structure for institutional investors: comparing the U.S. and E.U. regimes. **Virginia Law & Business Review**, v. 331, n. 2, 2008. Disponível em: <https://1.next.westlaw.com/Document/Id3f02defe1c611dd93e9a76b30106ace/View/FullText.html?originationContext=citingReferences&transitionType=Document&contextData=(sc.Default)&docSource=fa50e80e965c427db83badd8a6c870bc&rulebookMode=false>. Acesso em: 9 jun. 2016.

Pela leitura dos artigos acima, verifica-se que a legislação brasileira se aproxima das regras europeias caso ???????? princípios a serem seguidos pelos intermediários. Assim, o intermediário deve executar as ordens dos clientes considerando diversos fatores, caso não seja possível executá-las nas exatas condições determinadas pelos clientes. Há ainda a previsão para que os intermediários adotem regras, procedimentos e controles internos para assegurar que os clientes sejam informados acerca dos diversos mercados em que os mesmos ativos podem ser negociados.

Entretanto, a regulação não trata claramente da existência de mais de uma bolsa negociando as mesmas ações e quais os procedimentos devem ser adotados pelos intermediários nesse caso. Poderia o intermediário escolher em qual mercado executar a ordem do cliente unilateralmente? Esse é um dos principais pontos que devem ser tratados pela legislação. Importante também é analisar como seria feito o controle do cumprimento da melhor execução de ordens e como os intermediários podem demonstrar que seguiram esse preceito.

De toda forma, a ausência de tratamento regulatório específico da *best execution* em uma estrutura de competição de bolsas de valores não parece ser um impedimento, neste momento, para a fragmentação de mercado. A regulamentação atual pode ser utilizada e adaptada para orientar a atuação de intermediários em um novo cenário. Isso não significa que a legislação não possa ser melhorada e que não se deva discutir a adoção de uma regulamentação que se situe entre a MiFID e a RegNMS, com a possibilidade de direcionamento de ordens menores para mercados que apresentem melhores cotações.

3.2. Consolidação das informações e dados dos vários ambientes de negociação

A discussão acerca da melhor execução dos negócios em nome dos investidores traz consigo um outro ponto relevante de análise: qual a melhor maneira de se consolidar as informações dos diversos mercados. A preocupação com o tema decorre da formação dos preços em um mercado fragmentado, o que impactaria na qualidade do mercado. O acesso aos dados pelos investidores de forma fragmentada – cada bolsa disponibilizando seus dados de forma autônoma – pode trazer prejuízos aos investidores, especialmente aos de varejo que não têm a tecnologia ou a expertise necessária para análise simultânea de cotações. A divulgação de dados consolidados pode não ser rápida o suficiente para acompanhar as negociações em tempo real.

Nesse ponto, vale destacar que hoje em dia as informações referentes a cotações e negócios fechados em tempo real são licenciadas pela BM&FBOVESPA aos intermediários e outros serviços de informações, como Bloomberg e Agência Estado. As informações publicadas pela BM&FBOVESPA em sua página da rede mundial de computadores são apresentadas com atraso de mais ou menos quinze minutos.

A nossa regulação atual apenas prevê, no artigo 50 da Instrução CVM n. 461/2007, que: "Os ambientes ou sistemas de negociação devem assegurar a transparência das ofertas e operações realizadas e propiciar uma adequada formação de preços". Não há previsão específica para que eventuais informações e dados de operações sejam consolidados ou como o público poderia ter melhor informação sobre as cotações nos diversos mercados[50]. Dessa forma, entendemos que a qualidade do mercado de ações brasileiro poderia ser prejudicada caso

[50] Observamos que o artigo 18 da Instrução CVM n. 461/2007 dispõe sobre a troca de informações entre as entidades administradoras de mercados regulamentados sobre fatos que possam afetar a regularidade e transparência de operações de ativos negociados em vários mercados. Porém, não há nenhuma orientação no sentido de disponibilização ao público dessas informações como forma de se alcançar uma melhor formação do preço.

não seja adotada uma regra específica acerca da transparência das cotações e negócios fechados nos diversos ambientes de negociação de ações. A viabilidade da competição entre bolsas passa pela disponibilização de dados adequados ao mercado.

Nos Estados Unidos, a RegNMS criou um sistema consolidado de dados de mercado. Conforme Adrian explica, esse sistema coleta dados consolidados de cotações e dados consolidados de negócios fechados. Os dados de cotação referem-se às melhores ofertas de venda e melhores ofertas de compra registradas em cada bolsa, enquanto os dados de negócio referem-se ao registro do valor de cada negócio executado, seja em bolsa de valores ou sistemas alternativos de negociação. O autor explica que todos esses dados são então agrupados em um único centro de informações, chamado de Securities Information Processor (SIP), e então são disponibilizados a todo o mercado. Combinando os dados de todas as bolsas e sistemas alternativos de negociação, o SIP calcula o National Best Bid and Offer prices (NBBO)[51]. Este será o preço das cotações de ofertas de compra e de venda de cada ação listada. É para a bolsa que apresenta essa cotação, ou a cotação mais próxima do NBBO, que a bolsa que recebeu a ordem deverá redirecioná-la[52].

Verifica-se que o modelo norte-americano combina a necessidade de consolidação de dados com a determinação de execução das ofertas sempre no melhor preço de cotação disponível no mercado. Antes de realizar uma operação, de acordo com Gadinis, investidores e intermediários verificam tanto o preço

[51] Melhores preços de ofertas de compra e venda nacionais (tradução livre).

[52] ADRIAN, Jacob. Informational inequality: how high frequency traders use premier access to information to prey on institutional investors. **Duke Law & Technology Review**, v. 253, n. 14, fev. 2016. Disponível em: <https://1.next.westlaw.com/Document/I3069cd6fe4bd11e598dc8b09b4f043e0/View/FullText.html?originationContext=typeAhead&transitionType=Default&contextData=(sc.Default)>. Acesso em: 16 jun. 2016.

em que o último negócio foi executado como as atuais cotações das ofertas de compra e venda[53]. De fato, Petrella informa que a consolidação de dados de negociações e cotações é crucial para facilitar o processo de formação de preços, sendo ainda útil para se averiguar o cumprimento da melhor execução de negócios[54].

A MiFID estabelece apenas a necessidade de que as entidades administradoras de mercados de bolsa tornem público o preço, o volume e a hora dos negócios fechados o mais perto possível do tempo real. Gadinis esclarece que na União Europeia, cada entidade administradora de mercado de bolsa tem uma obrigação individual de disponibilizar suas cotações ao mercado[55].

Petrella ressalta que a falta de previsão da disponibilização de informação consolidada sobre os dados permite uma maior liberação dos serviços de disponibilização de informações. Assim, há serviços especializados na coleta e divulgação de informações. Esses serviços adquirem licenças das bolsas, recebendo as informações e as processando de forma consolidada. Esse

[53] GADINIS, Stavros. Market structure for institutional investors: comparing the U.S. and E.U. regimes. **Virginia Law & Business Review**, v. 331, n. 2, 2008. Disponível em: <https://1.next.westlaw.com/Document/Id3f02defe1c611dd93e9a76b30106ace/View/FullText.html?originationContext=citingReferences&transitionType=Document&contextData=(sc.Default)&docSource=fa50e80e965c427db83badd8a6c870bc&rulebookMode=false>. Acesso em: 9 jun. 2016.

[54] PETRELLA, Giovanni. MiFID, Reg NMS and Competition Across Trading Venues in Europe and the USA. **Journal of Financial Regulation and Compliance**. v. 18, n. 3. 2010.

[55] GADINIS, Stavros. Market structure for institutional investors: comparing the U.S. and E.U. regimes. **Virginia Law & Business Review**, v. 331, n. 2, 2008. Disponível em: <https://1.next.westlaw.com/Document/Id3f02defe1c611dd93e9a76b30106ace/View/FullText.html?originationContext=citingReferences&transitionType=Document&contextData=(sc.Default)&docSource=fa50e80e965c427db83badd8a6c870bc&rulebookMode=false>. Acesso em: 9 jun. 2016.

resultado é licenciado para intermediários e investidores. Há, assim, um custo adicional para a obtenção das informações[56].

A consolidação das melhores cotações e dos negócios executados beneficia investidores, especialmente de varejo, tendo em vista que permite que eles analisem a qualidade da atuação dos intermediários. A fragmentação de mercados perturba o processo de formação de preço, podendo minar a confiança do investidor na integridade do mercado de capitais. Por essa razão, a legislação deve auxiliar a acomodar a fragmentação dos dados.

Em um primeiro momento, parece-nos difícil que o mercado brasileiro consiga seguir os preceitos da legislação norte-americana, especialmente em função dos custos regulatórios. Ao mesmo tempo, não nos parece adequado apenas exigir que cada entidade divulgue informações relativas às negociações nela executadas, deixando ao mercado a opção de consolidar ou não as informações.

Interessante foi a solução encontrada pela Australian Securities and Investments Commission (ASIC), o órgão regulador do mercado de capitais australiano. A entidade realizou uma consulta pública realizada para alterar as regras existentes para acomodar a fragmentação de mercado que seria implementada no ano seguinte. Nessa consulta, a ASIC apresentou três propostas para a consolidação dos dados: (i) selecionar um único provedor de informações que seria responsável pela coleta e disponibilização dos dados consolidados de cotações e negociações ao mercado; (ii) permitir diversos provedores de informações para a coleta e informação de dados consolidados, sendo que todos deveriam ser autorizados pela ASIC; ou (iii) criar

[56] PETRELLA, Giovanni. MiFID, Reg NMS and Competition Across Trading Venues in Europe and the USA. **Journal of Financial Regulation and Compliance**. v. 18, n. 3. 2010.

um provedor governamental para prover essas informações de forma consolidada.

A ASIC declarou, ainda, que a disponibilização de informações consolidadas a preço acessível a todos os usuários deve ser considerada como um bem público valioso e um elemento indispensável a um mercado transparente, justo e ordenado. A nova regulamentação, emitida em 2011, optou pela segunda opção apresentada acima. Assim, a ASIC estimulou que participantes do mercado ofereçam os serviços, devendo atender a requerimentos mínimos para sua aprovação pela comissão, com a possibilidade de competição para estimular a boa prestação de serviços. A comissão também determinou obrigações de fornecimento de dados para as bolsas e demais participantes do mercado[57].

Entendemos que a CVM poderia adotar solução semelhante, utilizando-se da regulação para estimular o fornecimento por diferentes provedores dos serviços de consolidação de informações. Da mesma forma que a competição entre os mercados de bolsa poderá servir para diminuição de custos e melhorias nos serviços, a competição entre diferentes provedores de informações potencialmente também trará benefícios ao mercado na formação de preços das diferentes bolsas.

3.3. Estrutura da autorregulação dos mercados de bolsa

A introdução de mais uma entidade administradora de mercado de bolsa no Brasil também deverá alterar a estrutura de autorregulação hoje existente. Assim como temos apenas uma bolsa de valores, temos apenas uma entidade autorreguladora do mercado de bolsa: a BM&FBOVESPA Supervisão de Mercados (BSM), e essa entidade é vinculada à BM&FBOVESPA,

[57] AUSTRALIAN SECURITIES AND INVESTMENTS COMMISSION. Sydnei, 2016. Disponível em: <http://asic.gov.au>. Acesso em: 16 jun. 2016.

sendo por esta mantida. Isso significa que é a BM&FBOVESPA quem aprova o orçamento da BSM e quem fornece todos os meios necessários para a atuação da BSM. De fato, a Instrução CVM n. 461/2007[58] determina que cada entidade administradora de mercado organizado deverá criar e manter departamento de autorregulação, podendo esse ser constituído como uma pessoa jurídica separada.

A ex-diretora da CVM, Luciana Pires Dias (2005), esclarece os seguintes elementos da autorregulação tradicional: (i) existência de regras de organização de ordem econômica com origem no direito privado, em que o regulador é o próprio regulado; (ii) existência de uma coletividade, envolvendo uma entidade organizadora dos indivíduos que serão regulados, sendo por esses estabelecida e (iii) ocorrência de um fenômeno privado, sendo que as regras a serem cumpridas, fiscalizadas e as penalidades a serem aplicadas em caso de descumprimento de tais regras decorrem do ente privado e não do Estado.

A autora destaca que em determinados casos o Estado não se ausenta completamente da autorregulação, pois é o Estado quem dá garantias à entidade de que poderá criar e aplicar as

[58] A Instrução CVM n. 461/2007 refere-se em inúmeros momentos ao departamento de autorregulação, sendo tratado com detalhes Capítulo 4 denominado "Autorregulação dos Mercados Organizados de Valores Mobiliários". Interessante nesse momento é a definição dada no artigo 42 de referida Instrução: "Art. 42. A entidade administradora deve manter um Departamento de Autorregulação com a função de exercer primariamente, observada a competência do Conselho de Autorregulação (art. 46), a fiscalização e supervisão das operações cursadas nos mercados organizados de valores mobiliários que estejam sob sua responsabilidade e das pessoas ali autorizadas a operar. Parágrafo único. A entidade administradora deve estabelecer mecanismos e procedimentos eficazes para que o Departamento fiscalize a observância de suas regras e normas de conduta, bem como da regulamentação vigente, de maneira a identificar violações, condições anormais de negociação ou comportamentos suscetíveis de por em risco a regularidade de funcionamento, a transparência e a credibilidade do mercado".

suas regras aos seus participantes. Nesse sentido, Dias apontava para duas modalidades de autorregulação, sendo a primeira aquela exclusiva do particular e a segunda aquela que se reveste de natureza pública, quando o Estado estabelece normas para que sejam criadas instâncias de autorregulação[59].

Tradicionalmente, as bolsas de valores são entidades autorreguladoras do mercado de bolsa. Antes da desmutualização, quando as bolsas passaram a ser sociedades de fins lucrativos, as bolsas eram associações formadas por corretoras, sendo que apenas quem tivesse título patrimonial da bolsa poderia nela executar negócios em nome próprio ou em nome de clientes. Agora, os participantes devem respeitar as regras da entidade administradora de mercado de bolsa para continuar a nela operar. Como verificado no capítulo 2, as bolsas sempre tiveram função de estabelecer normas de conduta para seus membros e fiscalizar o cumprimento dessas normas. Seja mutualizada, seja desmutualizada, a bolsa é um órgão autorregulador por natureza.

Com a desmutualização, porém, surge um novo conflito de interesse, como informa Brenneke. Esse conflito decorre do fato de uma entidade ao mesmo tempo que exerce a autorregulação também tem o intuito de realizar negócios e buscar lucro. A autorregulação, conforme a autora, pode implicar na imposição de penalidades aos intermediários que participam daquela bolsa, nela negociando em nome próprio ou de clientes. Entretanto, são os intermediários que trazem negócios à bolsa[60].

59 DIAS, Luciana Pires. **Regulação e Auto-Regulação no Mercado de Valores Mobiliários**. 2005. 172 p. Dissertação (Mestrado em Direito). Faculdade de Direito da Universidade de São Paulo, São Paulo.

60 BRENNEKE, Vanessa Constantino. **Autorregulação no Mercado de Valores Mobiliários Brasileiro: Matizes, Métricas e Modelos**. 2016. 249 p. Dissertação (Mestrado em Direito). Faculdade de Direito da Universidade de São Paulo, São Paulo.

A CVM buscou limitar a ocorrência desses conflitos de interesse ao determinar a separação entre o departamento de autorregulação aos órgãos operacionais das bolsas. Entretanto, ainda há a previsão de que cada bolsa tenha seu próprio departamento de autorregulação, que será sustentado pela respectiva bolsa a qual está calculado. Não há na regulação atual qualquer menção de como ocorreria a autorregulação caso existam duas ou mais bolsas.

Em sua tese de doutorado, Angela Rita Franco Donaggio observa que as bolsas também têm papel autorregulador no tocante às empresas emissoras de ações e outros valores mobiliários com ações negociadas nessas bolsas[61]. No mesmo sentido, Palmiter informa que a legislação norte-americana estabelece que a SEC requer que a autorregulação seja realizada em dois níveis: (i) regras envolvendo a negociação, tais como quais são os ativos que podem ser admitidos à negociação e regras para a realização de ofertas e execução de negócios e (ii) regras envolvendo a qualificação dos membros daquela bolsa. Destacamos, então, que em caso de competição entre bolsas de valores no mercado nacional, aquela atividade autorregulatória sobre os emissores de valores mobiliários e sobre a determinação de regras de negociação continuará sendo exercida pela bolsa de valores[62].

Neste tópico, tratamos das atividades de autorregulação voltadas à supervisão dos participantes de mercado, especialmente intermediários. Tannous demonstra que essa autorregulação decorre do artigo 17 da Lei n. 6.358/1976. A atividade principal da BSM é a de fiscalizar os intermediários, seus funcionários

[61] DONAGGIO, Angela Rita Franco. **Regulação e Autorregulação no Mercado de Valores Mobiliários: o caso dos segmentos especiais de listagem da BM&FBovespa**. 2016. 526 f. Tese (Doutorado em Direito). Faculdade de Direito da Universidade de São Paulo, São Paulo.

[62] PALMITER, Alan R. **Securities Regulation.** 6 ed, New York: Wolsters Kluwer, 2014.

e colaboradores e suas atividades. Assim, a sua atuação ocorre em dois âmbitos: (i) realização de auditorias junto aos intermediários para verificação do cumprimento das normas de mercado emitidas pelo Banco Central do Brasil, pela CVM e pela própria BSM e (ii) análise das operações realizadas no mercado para verificação da ocorrência de ilícitos administrativos, como manipulação de mercado, criação de condições artificiais de preço, demanda e oferta, operações fraudulentas entre outros[63].

Essas atividades exercidas exclusivamente pelo departamento de autorregulação poderão ser duplicadas em caso de uma nova bolsa com uma nova estrutura de autorregulação própria. A duplicidade de auditorias nos intermediários ocasionará custos diversos, seja para as próprias bolsas, sejam para os intermediários. De fato, as bolsas e os intermediários normalmente precisam disponibilizar pessoal para atender às auditorias da BSM, que duram por volta de quatro semanas.

A fragmentação do mercado cria oportunidades de arbitragem, como melhor já detalhado anteriormente. Atualmente, por exemplo, a utilização de sistemas de High-Frequency Trading (HFT) representa um desafio para os mercados de bolsa. Se de um lado, os investidores que se utilizam de HFTs dão liquidez ao mercado, de outro podem trazer distorções pela sua rapidez. Esses sistemas têm maior facilidade de encontrar situações de arbitragem entre mercados para negociar e ganhar na diferença de cotação entre eles. A variedade de bolsas, cada qual com a sua cotação, pode beneficiar HFTs em função da rapidez com que esses sistemas conseguem verificar a diferença de preços de venda e de compra de um mesmo ativo em bolsas diferentes e executar ordens fechando negócios.

63 TANNOUS, Thiago Saddi. Arts. 15, 16, 17 & 18. In: CODORNIZ, Gabriela; PATELLA, Laura (coord.). **Comentários à Lei do Mercado de Capitais – Lei no 6.358/76**. São Paulo: Quartier Latin, 2015.

Em mercados fragmentados, a existência de HFTs pode exacerbar um problema já existente em nossa única bolsa: a manipulação de mercado e criação artificial de demanda, oferta ou preço[64]. A BM&FBOVESPA já identificou irregularidades perpetuadas por HFTs, especialmente as chamadas *spoofing*[65] e *layering*[66]. A rapidez com que HFTs conseguem atuar em duas ou mais bolsas, aproveitando-se – ou criando – situações de arbitragem, pode prejudicar o mercado e os demais investidores. Assim, Pirrong sugere que há formas de limitar a má atuação de HFTs (e outros investidores que se utilizem de práticas semelhantes), como por meio da cobrança de taxas mais altas para dar e cancelar ordens de altas quantidades de ativo, em preços fora do mercado. Entretanto, essa alternativa pode falhar, visto que nem sempre as práticas irregulares podem ser verificadas de antemão[67].

A questão que permanece é como se fazer a supervisão e a aplicação de penas aos envolvidos em irregularidades. Especialmente em como identificar irregularidades que são perpetuadas

[64] Essas práticas são definidas como irregularidades pela Instrução CVM 8, de 15 de outubro de 1979.

[65] *Spoofing*: inserção de ofertas de lotes expressivos sempre no lado oposto ao que se pretende executar negócios, com elevada taxa de cancelamento e curta permanência de tais ordens no livro de ofertas. Com isso, cria-se falsa liquidez ao mercado por meio de uma oferta que não se pretende ver executada. A intenção dessa oferta é induzir outros investidores a inserirem ofertas no mesmo sentido e, com isso, fechar negócio na outra ponta com essas ofertas influenciadas pela falsa liquidez.

[66] *Layering*: prática de enviar e cancelar grandes quantidades ordens, com preços fora do mercado. Ao contrário do *spoofing* tradicional, no caso do *layering* insere-se muitas ordens com pequenas quantidades de ativos ofertados por vez. A ilusão ao mercado é que há liquidez para aquele ativo em razão da quantidade de ordens de venda ou compra do mesmo.

[67] PIRRONG, Craig. Pick your poison: fragmentation or market power? analysis of regnms, high frequency trading, and securities market structure. **Journal of Applied Corporate Finance**, v. 26, n. 2, p. 8-15, 2014.

em dois mercados ao mesmo tempo. De fato, muitas irregularidades hoje em dia são perpetuadas na BM&FBOVESPA mesmo sem a utilização de HFTs. Vários são os casos que violam a Instrução CVM 301, de 22 de abril de 1999, que trata de atipicidades relacionadas à prevenção a lavagem de dinheiro. O mais típico dos casos é o chamado "Money pass", no qual um investidor sempre perde e outro sempre ganha em operações *day-trade*. Imagine que cada parte de uma operação como esta esteja sendo executada em uma bolsa, a constatação da irregularidade apenas pode ocorrer quando se verifica todas as pontas da operação.

O problema da identificação das práticas irregulares que são fragmentadas em duas ou mais bolsas é o que tentamos analisar nesse momento. Com a atuação dos diversos investidores em dois mercados distintos, faz-se necessário criar um órgão de autorregulação que possa ter acesso às operações executadas em ambas as bolsas. E isso apenas ocorrerá se as bolsas se unirem para criar uma entidade autorreguladora que seja distinta de todas as bolsas existentes, sem qualquer vínculo com estas, que supervisione as operações realizadas em todas as bolsas. Essa entidade terá a visão global das operações realizadas em todas as pontas pelos investidores e intermediários, de forma que poderá efetivamente identificar irregularidades em um mercado fragmentado.

É relevante considerar que o setor de autorregulação é um setor custoso para a bolsa. A bolsa é quem assume o encargo das auditorias nas corretoras, o que muitas vezes envolve deslocamento de pessoas para as sedes das corretoras, o custo de se ter a tecnologia adequada para extração de dados das operações realizadas para constatar eventuais irregularidades, além do custo de pessoal para levar à cabo essas atividades. A possibilidade de divisão desse custo entre duas ou mais bolsas deve beneficiar todo o mercado, visto que a diminuição de um custo fixo para a bolsa deve gerar redução de custos de tarifas aos investidores ou, ao menos, investimentos em tecnologias para melhor atender aos clientes.

Isso é o que ocorre nos Estados Unidos, onde a legislação emitida pelo Congresso, o Securities and Exchange Act de 1934, contemplou um sistema em que bolsas e associações de intermediários (*brokers e dealers*) deveriam regular as atividades de seus membros, sujeito à supervisão da SEC. Macey e Novogrand esclarecem que o órgão autorregulador, Financial Industry Regulatory Authority – FINRA, surgiu da união da antiga entidade autorreguladora NASD com o departamento de autorregulação da NYSE. Antes dessa união, os intermediários deveriam arcar com os custos de associação e de cumprimento de regras, muitas vezes eram contraditórias, dos dois órgãos distintos. A SEC aprovou, ainda segundo os autores, a fusão para a formação da FINRA, com o intuito de ajudar a simplificar o sistema de intermediários e incrementar o sistema de supervisão das firmas de valores mobiliários, assegurando proteção aos investidores[68].

Irwin et al. destacam que, enquanto críticos da fusão à época questionaram se a aplicações de penalidades referente ao descumprimento de regras continuaria sendo prioridade dessa nova entidade, muitos aclamaram a fusão pela potencialidade de diminuição de custos de cumprimento de regras pelos intermediários, poupança essa que poderia ser repassada aos investidores[69].

[68] MACEY, Jonathan; NOVOGRAND, Caroline. Enforcing self-regulatory organization's penalties and the nature of self-regulation. **Hofstra Law Review**, v. 963, n. 40, 2012. Disponível em: <https://1.next.westlaw.com/Document/I99897770d430011e28578f7ccc38dcbee/View/FullText.html?originationContext=typeAhead&transitionType=Default&contextData=(sc.Default)>. Acesso em: 16 jun. 2016.

[69] IRWIN, Steven et al. Self-regulation of the american retail securities markets--an oxymoron for what is best for investors? **University of Pennsylvania Journal of Business Law**, v. 1055, n. 14. Disponível em: <https://1.next.westlaw.com/Document/I6ec24cc8f97611e18b05fdf15589d8e8/View/FullText.html?

Pode-se dizer que a atuação da FINRA no tocante à fiscalização e aplicação de penalidades não decepcionou.

Entendemos, porém, que o mercado brasileiro não optaria naturalmente pela união em apenas um único órgão autorregulador, de forma que isso apenas ocorreria caso a regulação brasileira determinasse a existência de uma única entidade autorreguladora. Apesar de parecer benéfico a todos do mercado, o fato é que dificilmente competidores irão se unir em coordenação. Apesar de nos Estados Unidos a união em apenas uma entidade autorreguladora tenha partido das diferentes entidades[70], entendemos que o mercado brasileiro ainda não chegou a esse ponto de cooperação. Um exemplo disso é o fato de que a BM&FBOVESPA se recusa a negociar com a ATS Brasil a possibilidade de utilização pela nova bolsa do sistema de compensação e liquidação da BM&BOVESPA, limitando-se assim a entrada de novos competidores no mercado de bolsa de ações. Esse cenário pode, entretanto, se alterar em função da restrição do CADE na aprovação da fusão entre BM&FBOVESPA e CETIP.

Por fim, é relevante o fato, como bem observou Tannous, de que a Instrução CVM n. 461/2007 "concentrou, de um lado, as dimensões fiscalizatórias e punitivas da autorregulação, e, de outro a dimensão normativa propriamente dita. Esta foi mantida sob responsabilidade direta da entidade administradora, em sua unidade 'negocial'"[71].

originationContext=typeAhead&transitionType=Default&contextData=(sc.Default)>. Acesso em: 16 jun. 2016.

70 Conforme Irwin et al. (2012), a NASD e o departamento regulatório da NYSE anunciaram a fusão informando a pretensão de formar um regulador do setor privado para todos os intermediários que fazem negócios com o público.

71 TANNOUS, Thiago Saddi. Arts. 15, 16, 17 & 18. In: CODORNIZ, Gabriela; PATELLA, Laura (coord.). **Comentários à Lei do Mercado de Capitais – Lei no 6.358/76**. São Paulo: Quartier Latin, 2015. p. 376.

Assim, a bolsa poderá emitir regras específicas para os participantes que nela atuam. A regulação deverá tratar, então, deste ponto também. Sugerimos, na primeira entrega deste trabalho em junho de 2016, que fossem mantidos pequenos departamentos de autorregulação em cada bolsa para verificar o cumprimento de pontos específicos de regras das bolsas pelos intermediários. A auditoria e a análise de operações seriam realizadas pela entidade de autorregulação central.

Em julho de 2016, a CVM apresentou o relatório do Grupo de Trabalho (GT) Concorrência entre Bolsas sobre Autorregulação.

> O GT concluiu que a unificação da atividade de autorregulação pode representar um ganho significativo para o mercado de valores mobiliários na medida em que (i) reduz custos de observância para os participantes do mercado, (ii) evita a duplicação de estruturas nas diversas entidades administradoras, (iii) aumenta a abrangência da autorregulação (que passa a ter competência sobre todas as operações realizadas), e (iv) permite a harmonização de procedimentos, quando necessário e desejável[72].

Ainda na opinião do GT, naquele momento, "a autorregulação unificada deveria se dar a partir da instituição de uma pessoa jurídica da qual possam tomar parte todas as entidades administradoras do mercado organizado"[73]. Assim, a necessi-

[72] COMISSÃO DE VALORES MOBILIÁRIOS. Relatório do GT Concorrência sobre autorregulação das entidades administradoras de mercado. Rio de Janeiro, 2016. Disponível em: http://www.cvm.gov.br/export/sites/cvm/decisoes/anexos/2016/20160719/0292.pdf. Acesso em: 16 ago. 2017.

[73] COMISSÃO DE VALORES MOBILIÁRIOS. Relatório do GT Concorrência sobre autorregulação das entidades administradoras de mercado. Rio de Janeiro, 2016. Disponível em: http://www.cvm.gov.br/export/sites/cvm/decisoes/anexos/2016/20160719/0292.pdf. Acesso em: 16 ago. 2017.

dade de unificação da autorregulação dos mercados em apenas uma entidade desvinculada das administradores de um mercado organizado já era identificada antes mesmo da fusão entre as duas entidades organizadoras de mercado anunciarem sua fusão (BM&FBOVESPA e CETIP).

Em relação à regulação, o GT indica a necessidade de se repensar a Instrução CVM n. 461/2007 para incluir princípios sobre os quais a CVM espera ver assentada a estrutura de autorregulação unificada, deixando para o mercado a definição do rumo dessa atividade, ressaltando que "a autorregulação unificada deve se dar a partir de uma pessoa jurídica da qual todas as entidades administradoras de mercado façam parte"[74].

Com a unificação das atividades da BM&FBOVESPA e da CETIP, a preocupação com a ausência de cooperação entre eventuais competidores para a unificação da autorregulação permanece. Não se imagina que essas entidades aceitariam com facilidade a participação de um concorrente, como pessoa jurídica, em sua entidade de autorregulação. Por essa razão, discordamos da orientação do GT de que o mercado deve ditar o rumo da atividade, e acreditamos que a CVM deveria dispor de regras claras sobre a organização e o financiamento da entidade autorreguladora unificada.

Conclusão

Este trabalho teve como objetivo apresentar um panorama geral das possíveis estruturas de mercados de bolsa. Assim, analisou-se primeiro o conceito de bolsa, sua conceituação como monopólio natural e a possibilidade de competição entre ambientes de negociação com os avanços tecnológicos.

[74] COMISSÃO DE VALORES MOBILIÁRIOS. Relatório do GT Concorrência sobre autorregulação das entidades administradoras de mercado. Rio de Janeiro, 2016. Disponível em: http://www.cvm.gov.br/export/sites/cvm/decisoes/anexos/2016/20160719/0292.pdf. Acesso em: 16 ago. 2017.

A introdução da competição de sistemas de negociação ocasiona a fragmentação do mercado, visto que as operações que antes eram realizadas concentradas em um apenas um mercado passam a ser divididas em mais de um. A competição ocorre quando há a possibilidade de negociação das mesmas ações em mais de uma bolsa de valores. Essa competição tem aspectos positivos, como os tratados no capítulo 3, levando a uma perspectiva de melhora na qualidade do mercado de capitais, com redução de custos diretos – como as tarifas de negociação – e indiretos. A competição também estimula o investimento das bolsas em tecnologias e especialização de serviços.

A fragmentação de mercado pode também ter impactos negativos. Esses efeitos se dão normalmente em relação a uma diminuição da liquidez no mercado, razão pela qual a regulamentação se faz necessária para contrapor a esses problemas. Entendendo a necessidade de legislação para permitir uma efetiva competição entre os mercados de bolsa, países como os da União Europeia, os Estados Unidos e a Austrália alteraram suas regulações de mercado de capitais para estimular a competição entre bolsas de valores. A Comissão Europeia adotou a Markets in Financial Instruments Directive (MiFID) em 2004; a SEC emitiu a Regulatio National Market System em 2005, e a Austrália passou a permitir competição entre bolsas de valores em 2011.

A regulação brasileira permite de forma genérica a negociação de um mesmo valor mobiliário em mais de uma bolsa. Entretanto, não há um conjunto de regras que viabilize a real competição entre os mercados de bolsa, caso a CVM autorize uma nova entidade a administrar mercados de bolsa. Como pontos relevantes para a análise, o estudo focou nos seguintes temas: (i) regras de melhor execução de negócios no interesse do cliente ("best execution"); (ii) consolidação de dados de cotações e de operações realizadas nos diversos mercados;

e (iii) autorregulação única do mercado de capitais, especialmente no que se refere à supervisão dos intermediários.

Em relação ao primeiro ponto, entendemos que as normas da CVM podem ser utilizadas em um primeiro momento. Como a Instrução CVM n. 505/2011 prevê critérios gerais de *best execution*, esses princípios gerais podem ser aplicados em um ambiente com múltiplas bolsas negociando os mesmos ativos. A experiência poderia informar, posteriormente se haveria a necessidade de adaptações a serem realizadas nas regras para melhor atender aos investidores.

A consolidação de dados de cotações e operações representa um desafio maior ao regulador. O processo transparente e justo de formação de preços é essencial para a qualidade do mercado, de forma que se faz necessário que a CVM emita regras específicas determinando como serão realizadas as disponibilizações dessas informações pelas bolsas. É aconselhável, também, que o órgão regulador brasileiro estimule a prestação de serviços por terceiros que consolidem as informações das bolsas e as divulguem ao mercado. Esse serviço deve ser autorizado e supervisionado pela CVM, como forma de garantir a qualidade.

Por fim, analisou-se a questão da autorregulação de mercado de bolsa. Com escopo na autorregulação hoje exercida pela BSM, com supervisão, fiscalização e aplicação de penalidades aos intermediários participantes da BM&FBOVESPA, analisou-se que a autorregulação mais eficiente em um cenário com múltiplas bolsas de valores será aquela realizada por um órgão independente, que tenha acesso às operações realizadas em todas as bolsas em atividade. Essa entidade concentrará as auditorias nos intermediários e a supervisão das operações executadas em todos os mercados.

Conclui-se, então, que a legislação brasileira não está preparada para a alteração da estrutura do mercado brasileiro da situação atual de monopólio da BM&FBOVESPA para a competição entre diferentes bolsas de valores. Ainda que haja possibilidade de competição, ainda há ajustes a serem feitos antes de se viabilizar tal competição. Deve-se considerar, ainda, que esses ajustes na regulação necessariamente gerarão custos adicionais às bolsas que poderão impactar negativamente os custos de negociação para os investidores.

Referências

ADRIAN, Jacob. Informational inequality: how high frequency traders use premier access to information to prey on institutional investors. **Duke Law & Technology Review**, v. 253, n. 14, fev. 2016. Disponível em: <https://1.next.westlaw.com/Document/I3069cd6fe4bd11e598dc8b09b4f043e0/View/FullText.html?originationContext=typeAhead&transitionType=Default&contextData=(sc.Default)>. Acesso em: 16 jun. 2016.

AITJEN, Michael; CHEN, Haoming; FOLEY, Sean. The impact of fragmentation, exchanges fees and liquidity provisiono on market quality. **Social Science Research Network,** jan. 2016. Disponível em: <http://papers.ssrn.com/sol3/papers.cfm?abstract_id=2284635>. Acesso em: 19 jun. 2016.

Alliar médicos à frente: saiba mais sobre o 1º IPO da Bovespa em 16 meses. **Bloomberg,** out. 2016. Disponível em: <http://www.infomoney.com.br/bloomberg/mercados/noticia/5678688/alliar-medicos-frente-saiba-mais-sobre-ipo-bovespa-meses>. Acesso em: 25 mar. 2017.

ATS pede que Cade abra inquérito contra BM&FBovespa por prática anticoncorrencial. **Reuters Brasil**, abr. 2016. Disponível em: <http://br.reuters.com/article/businessNews/idBRKCN0X52O8>. Acesso em: 14 jun. 2016.

AUSTRALIAN SECURITIES AND INVESTMENTS COMMISSION. Sydnei, 2016. Disponível em: <http://asic.gov.au>. Acesso em: 16 jun. 2016.

BLANC, Roger D. Intermarket competition and monopoly power in the U.S. stock market. **Brooklyn Journal of Corporate, Financial & Commercial Law**, v. 273, n. 1, 2007. Disponível em: <https://1.next.westlaw.com/Document/I66709b100e5f11dc8c64a372964bef5d/View/FullText.html?originationContext=typeAhead&transitionType=Default&contextData=(sc.Default)>. Acesso em: 9 jun. 2016.

BM&F BOVESPA SUPERVISÃO DE MERCADOS – BSM. São Paulo, 2016. Disponível em: <http://www.bsm-autorregulacao.com.br/home.asp>. Acesso em: jun. 2016.

BOARD, John; SUTCLIFFE, Charles; WELLS, Stephen. **Transparency and fragmentation: financial market regulation in a dynamic environment**. Basingstoke: Palgrave Macmillan, 2002. 303p.

BRENNEKE, Vanessa Constantino. **Autorregulação no Mercado de Valores Mobiliários Brasileiro: Matizes, Métricas e Modelos**. 2016. 249 p. Dissertação (Mestrado em Direito). Faculdade de Direito da Universidade de São Paulo, São Paulo.

Cade vai investigar suposta infração da BM&FBovespa. **Reuters,** set. 2016. Disponível em: <http://g1.globo.com/economia/negocios/noticia/2016/09/cade-vai-investigar-suposta-infracao-da-bmfbovespa.html>. Acesso em: 25 mar. 2017.

CHLISTALLA, Michael; LUTAT, Marco. Competition in securities markets: the impact on liquidity. **Financial Markets and Portfolio Management**, p. 149-172, jun 2010. Disponível em: <http://papers.ssrn.com/sol3/papers.cfm?abstract_id=1747645>. Acesso em: 9 ago. 2014.

COFFEE JR., John C; SALE, Hillary A. **Securities regulation: cases and materials.** 12 ed, New York: Foundation Press, 2012. 1630p.

Com apenas um IPO, mas cinco OPAs, cai número de empresas na Bolsa em 2014. **InfoMoney**. 22 dez. 2014. Disponível em: <http://www.infomoney.com.br/mercados/acoes-e-indices/noticia/3763827/com-apenas-ipo-mas-cinco-opas-cai-numero-empresas-bolsa>. Acesso em: 14 jun. 2016.

COMISSÃO DE VALORES MOBILIÁRIOS. Rio de Janeiro, 2016. Disponível em: <http://www.cvm.gov.br>. Acesso em: 12 jun. 2016.

______. Relatório do GT Concorrência sobre autorregulação das entidades administradoras de mercado. Rio de Janeiro, 2016. Disponível em: http://www.cvm.gov.br/export/sites/cvm/decisoes/anexos/2016/20160719/0292.pdf. Acesso em: 16 ago. 2017.

______. O Mercado de Valores Mobiliários Brasileiro. 3 ed, Rio de Janeiro: Comissão de Valores Mobiliários, 2014. 376p.

DI NOIA, Carmine. Competition and integration among stock exchanges in europe: network effects, implicit mergers and remote acces. **European Financial Management**. v. 7, n. 1, 2001. Disponível em: <http://search.ebscohost.com/login.aspx?direct=true&db=bth&AN=4325479&lang=pt-br&site=ehost-live>. Acesso em 29 jun. 2014.

DIAS, Luciana Pires. **Regulação e Auto-Regulação no Mercado de Valores Mobiliários**. 2005. 172 p. Dissertação (Mestrado em Direito). Faculdade de Direito da Universidade de São Paulo, São Paulo.

Direct Edge está perto de pedir para operar bolsa no Brasil. **Exame,** 15 jan. 2013. Disponível em: <http://exame.abril.com.br/mercados/noticias/

direct-edge-esta-perto-de-pedir-registro-para-operar-bolsa-no-brasil-2>. Acesso em: 15 jun. 2016.

DONAGGIO, Angela Rita Franco. **Regulação e Autorregulação no Mercado de Valores Mobiliários: o caso dos segmentos especiais de listagem da BM&FBovespa**. 2016. 526 f. Tese (Doutorado em Direito). Faculdade de Direito da Universidade de São Paulo, São Paulo.

EASTERBROOK, Frank H; FISCHEL, Daniel R. **The economic structure of corporate law.** Cambridge: Harvard University Press, 1991. 370p.

EIZIRIK, Nelson et al. **Mercado de capitais: regime jurídico.** 3 ed, Rio de Janeiro: Renovar, 2011. 660p.

FORTUNA, Eduardo. **Mercado financeiro: produtos e serviços.** 19 ed, Rio de Janeiro: Qualitymark, 2013. 1104p.

GADINIS, Stavros. Market structure for institutional investors: comparing the U.S. and E.U. regimes. **Virginia Law & Business Review**, v. 331, n. 2, 2008. Disponível em: <https://1.next.westlaw.com/Document/Id3f02defe1c611dd93e9a76b30106ace/View/FullText.html?originationContext=citingReferences&transitionType=Document&contextData=(sc.Default)&docSource=fa50e80e965c427db83badd8a6c870bc&rulebookMode=false>. Acesso em: 9 jun. 2016.

GEDICKS, Frederick Mark. Suitability claims and purchases of unrecommended securities: agency theory of broker-dealer liability. **Arizona State Law Journal**, v. 535, n. 37, 2005. Disponível em: <https://1.next.westlaw.com/Document/I7f5733714a7211db99a18fc28eb0d9ae/View/FullText.html?originationContext=typeAhead&transitionType=Default&contextData=(sc.Default)>. Acesso em: 19 jun. 2016.

GOMBER, Peter et al. Competition between equity markets: evidence from the consolidation versus fragmentation debate. **Social Science Research Network,** fev. 2016. Disponível em: <http://papers.ssrn.com/sol3/papers.cfm?abstract_id=2362216>. Acesso em: 16 jun. 2016.

High frequency trading (HFT). Nasdaq. Disponível em: <http://www.nasdaq.com/investing/glossary/h/high-frequency-trading>. Acesso em: 16 jun. 2016.

IRWIN, Steven et al. Self-regulation of the american retail securities markets--an oxymoron for what is best for investors? **University of Pennsylvania Journal of Business Law**, v. 1055, n. 14. Disponível em: <https://1.next.westlaw.com/Document/I6ec24cc8f97611e18b05fdf15589d8e8/View/FullText.html?originationContext=typeAhead&transitionType=Default&contextData=(sc.Default)>. Acesso em: 16 jun. 2016.

KRUGMAN, Paul; WELLS, Robin; OLNEY, Martha L. **Princípios de Economia.** Rio de Janeiro: Elsevier, 2010. 472p.

LEVIN, Jonathan. Último sintoma do sofrimento do Brasil: seu mercado de IPO, antes grande, está morto. **Uol Economia**, out. 2015. Disponível em: <http://economia.uol.com.br/noticias/bloomberg/2015/10/15/ultimo-sintoma-do-sofrimento-do-brasil-seu-mercado-de-ipo-antes-grande-esta-morto.htm>. Acesso em: 14 jun. 2016.

MACEY, Jonathan; NOVOGRAND, Caroline. Enforcing self-regulatory organization's penalties and the nature of self-regulation. **Hofstra Law Review**, v. 963, n. 40, 2012. Disponível em: <https://1.next.westlaw.com/Document/I99897777d430011e28578f7ccc38dcbee/View/FullText.html?originationContext=typeAhead&transitionType=Default&contextData=(sc.Default)>. Acesso em: 16 jun. 2016.

NASDAQ STOCK MARKET. New York, 2016. Disponível em: < http://www.nasdaq.com >. Acesso em: jun. 2016.

OKULIAR, Alexander P. Financial exchange consolidation and antitrust: is there a need for more intervention? **SPG Antitrust**, v. 56, 2014. Disponível em: <https://1.next.westlaw.com/Document/I30f74930be2b11e398db8b09b4f043e0/View/FullText.html?originationContext=typeAhead&transitionType=Default&contextData=(sc.Default)>. Acesso em: 16 jun. 2016.

OXERA. **What would be the costs and benefits of changing the competitive structure of the market for trading and post-trading services in Brazil?** 2012. p. 159. Disponível em: <http://www.cvm.gov.br/export/sites/cvm/menu/acesso_informacao/serieshist/estudos/anexos/Oxera-report-18062012.pdf>. Acesso em: 16 jun. 2016.

PACETE, Luiz Gustavo. Pequena destrava a Bolsa. **Isto é Dinheiro**, out. 2014. Disponível em: <http://www.istoedinheiro.com.br/noticias/investidores/20141010/pequena-destrava-bolsa/198217.shtml>. Acesso em: 14 jun. 2016.

PALMITER, Alan R. **Securities Regulation.** 6 ed, New York: Wolsters Kluwer, 2014. p. 656

PETRELLA, Giovanni. MiFID, Reg NMS and Competition Across Trading Venues in Europe and the USA. **Journal of Financial Regulation and Compliance**. v. 18, n. 3. 2010 p. 257-271.

PINHEIRO, Juliano Lima. **Mercado de Capitais**. 6 ed, São Paulo: Editora Atlas, 2012. 545p.

PIRRONG, Craig. Pick your poison: fragmentation or market power? analysis of regnms, high frequency trading, and securities market structure. **Journal of Applied Corporate Finance**, v. 26, n. 2, p. 8-15, 2014.

SANTOS, Aline de Menezes. Art. 1°. In: CODORNIZ, Gabriela; PATELLA, Laura (coord.). **Comentários à Lei do Mercado de Capitais – Lei n° 6.358/76**. São Paulo: Quartier Latin, 2015. p. 25-45.

SCIARRETTA, Toni. CVM aprova fusão entre BM&FBovespa e Cetip. Valor Econômico, mar. 2017. Disponível em: <http://www.valor.com.br/financas/4910720/cvm-aprova-fusao-entre-bmfbovespa-e-cetip>. Acesso em: 25 mar. 2017.

SMITH, David A. Surviving or thriving under the MiFID. **Corporate Finance Review**, jul/ago. 2008. Disponível em: <https://1.next.westlaw.com/Document/I2edd4c698e0211e38578f7ccc38dcbee/View/FullText.html?originationContext=typeAhead&transitionType=Default&contextData=(sc.Default)>. Acesso em: 19 jun. 2016.

STOLL, Hans R. Future of securities markets: competition or consolidation? **Financial Analysts Journal**, v. 64, n. 6, 2008. Disponível em http://www.jstor.org/stable/40390230. Acesso em 29 jun. 2014

TANNOUS, Thiago Saddi. Arts. 15, 16, 17 & 18. In: CODORNIZ, Gabriela; PATELLA, Laura (coord.). **Comentários à Lei do Mercado de Capitais – Lei nº 6.358/76**. São Paulo: Quartier Latin, 2015. p. 339-378.

TOLEDO, Lucia. As empresas que pediram pra sair da bolsa em 2015. **Exame,** dez. 2015. Disponível em: < http://exame.abril.com.br/mercados/noticias/as-empresas-que-pediram-pra-sair-da-bolsa-em-2015#1>. Acesso em: 14 jun. 2016.

TORRES, Fernando. Habemus mercado de capitais. **Valor Econômico**, jun. 2016. Disponível em: <http://www.valor.com.br/valor-investe/casa-das-caldeiras/4592499/habemus-mercado-de-capitais>. Acesso em: 14 jun. 2016.

VERLAINE, Julia-Ambra. EU lawmakers approve MiFID II market rule delay by one year. **Bloomberg,** abr. 2016. Disponível em: <http://www.bloomberg.com/news/articles/2016-04-07/eu-lawmakers-approve-mifid-ii-market-rule-delay-by-one-year>. Acesso em: 15 jun. 2016.

YAZBEK, Otavio. **Regulação do Mercado Financeiro e de Capitais.** 2 ed, Rio de Janeiro: Elsevier, 2009. 322p.

Público Alvo das Ofertas Públicas de Títulos de Dívida Conversíveis em Participação Societária Ofertados por Meio de Plataformas de *Equity Crowdfunding*

MARINA MENDES CORRÊA

Introdução

A expressão *crowdfunding* é termo amplo que se refere a uma modalidade de arrecadação de recursos financeiros captados por meio da contribuição de diversos indivíduos ou sociedades para financiamento de determinado projeto ou negócio, entre outras finalidades, sendo esta arrecadação realizada através de plataforma da internet[1].

O primeiro caso de *crowdfunding* que se tem registro ocorreu em 1997, quando a banda de rock inglesa "Marillion" foi buscar por meio da internet, junto aos seus fãs, recursos para financiar uma turnê pelos Estados Unidos, tendo conseguido obter £39.000,00 (trinta e nove mil libras esterlinas)[2]. Trata-se

[1] KIRBY, E.; WORNER, S. **Crowd-funding: An Infant Industry Growing Fast**. 2014. p. 4. Disponível em: <http://www.iosco.org/research/pdf/swp/Crowd-funding-An-Infant-Industry-Growing-Fast.pdf.> Acesso em 31 de maio de 2015.

[2] PRESTON, J. **How Marillion pioneered crowdfunding in music**. 2014. Disponível em: <http://www.virgin.com/music/how-marillion-pioneered-crowdfunding-in-music>. Acesso em 23 de novembro de 2015.

de caso de *donation crowdfunding*, em que aqueles que disponibilizam os recursos não pretendem receber, absolutamente, nada em troca[3]. Buscam, apenas, fomentar determinada ideia, projeto ou empresa.

Posteriormente, outras categorias de *crowdfunding* foram se desenvolvendo, incluindo a chamada *reward crowdfunding*, em que determinada sociedade busca recursos junto ao público oferecendo, em troca, determinada compensação, como, por exemplo, conforme mencionado por FRIEZ, uma viagem, um jantar com uma celebridade, ingressos para assistir determinado espetáculo, entre outros prêmios[4].

Outra modalidade de *crowdfunding* é a *peer-to-peer lending*, que, de acordo com FREEDMAN e NUTTING, surgiu em 2005 no Reino Unido e em 2006 nos Estados Unidos[5]. Diferentemente da *donation crowdfunding* e da *reward crowdfunding*, a *peer-to-peer lending* é modalidade de financiamento coletivo que possui finalidade lucrativa, de forma que os investidores que fornecem recursos possuem a expectativa de obter retorno sobre o capital investido[6]. Esta modalidade de *crowdfunding* permite que empreendedores captem recursos de uma pluralidade de investidores que, após determinado lapso temporal, tem a expectativa de receber o valor do principal acrescido de juros.

[3] CHOLAKOVA, M; CLARYSSE, B. **Does the possibility to make equity investments in crowdfunding projects crowd out reward-based investments?** 2014. p. 147. Disponível em: <http://onlinelibrary.wiley.com/doi/10.1111/etap.12139/epdf>. Acesso em 28 de novembro de 2015.

[4] FRIESZ, CR. **Crowdfunding & Investor Education: Empowering Investors To Mitigate Risk & Prevent Fraud**. Suffolk University Law Review. 2015. p. 2.

[5] FREEDMAN, DM; NUTTING, MR. **A Brief History of Crowdfunding.** 2015, p. 3. Disponível em: <http://www.freedman-chicago.com/ec4i/History-of-Crowdfunding.pdf>. Acesso em 19 de janeiro de 2016.

[6] FRIESZ, CR. **Crowdfunding & Investor Education: Empowering Investors To Mitigate Risk & Prevent Fraud**. Suffolk University Law Review. 2015. p. 3.

Nota-se, portanto, que existem diversas modalidades de *crowdfunding*, mas o enfoque do presente artigo recairá sobre o *equity crowdfunding*, forma de investimento coletivo realizado por meio de plataforma na internet que envolve a emissão de títulos com direito à aquisição de participação societária[7].

Não serão abordadas, no entanto, todas as formas de investimento via *equity crowdfunding*, mas apenas os títulos de dívida conversíveis em participação societária ofertados por meio de plataformas de *equity crowdfunding*, tais como a Broota Brasil Serviços de Investimento Coletivo Ltda. – ME ("Broota") e a EqSeed Ltda ("EqSeed"). Nesta modalidade de investimento, o investidor adquirente do título de dívida, em um primeiro momento, figura na qualidade de credor, mas em determinadas situações previamente acordadas, possui a opção de converter tal título em participação societária da sociedade investida[8]. Ao exercer esta opção, o investidor deixa de ser credor da sociedade investida e passa a ser seu sócio. Por outro lado, caso nenhuma das hipóteses de conversão previstas no contrato venham a ocorrer, o investidor, na data de vencimento, poderá resgatar o capital investido acrescido de juros[9].

O *equity crowdfunding* é voltado predominantemente para *startups*, que são "empreendedores em fase bastante embrionária, incluindo aqueles que têm apenas um projeto de criação de um negócio usualmente de base tecnológica e com alto poten-

[7] Kirby, E.; Worner, S. **Crowd-funding: An Infant Industry Growing Fast**. 2014. p. 9. Disponível em: <http://www.iosco.org/research/pdf/swp/Crowd-funding-An-Infant-Industry-Growing-Fast.pdf.> Acesso em 31 de maio de 2015.

[8] Broota. **Como funciona**. Disponível em: <http://www.broota.com.br/como-funciona>. Acesso em 17 de março de 2016.

[9] Broota. **Manual do Investidor. Os principais termos para o investidor**. Disponível em: <https://www.broota.com.br/manual-do-investidor/principais-termos>. Acesso em 17 de maio de 2016.

cial de escalabilidade e crescimento"[10], normalmente micro e pequenas empresas. As micro e pequena empresas têm papel de extrema relevância na economia brasileira, sendo consideradas, inclusive "as principais geradoras de riqueza no comércio no Brasil (53,4% do PIB deste setor)"[11].

O atual cenário de enxugamento do crédito (entre 2013 e 2016 houve uma redução de 15,5% relativamente a concessões de crédito com recursos livres para pessoas jurídicas[12]) e de encarecimento dos financiamentos (a média da taxa de juros das operações de crédito com recursos livres para pessoas jurídicas em 2016 foi 46,8% superior em relação à média de 2013[13]) afetou grande parte das empresas no Brasil, mas as empresas de pequeno porte são mais sensíveis aos efeitos de uma economia desestabilizada, marcada pela seletividade das instituições financeiras, tendo em vista que possuem carteira de recebíveis mais reduzida do que a carteira de empresas de maior porte e, consequentemente, possuem menos lastro para a constituição de garantias no âmbito de financiamentos[14].

O *equity crowdfunding*, portanto, é tema de considerável relevância no atual cenário, justamente por se mostrar como forma

[10] MARQUES, Rafael Yonis. **Notas conversíveis no equity crowdfunding: sociedade de fato e risco de responsabilidade pessoal do investidor**. São Paulo: Quartier Latin, 2015. v. 14. p. 20.

[11] SEBRAE. **Participação das Micro e Pequenas Empresas na Economia Brasileira**. 2014, p. 6. Disponível em <http://www.sebrae.com.br/Sebrae/Portal%20Sebrae/Estudos%20e%20Pesquisas/Participacao%20das%20micro%20e%20pequenas%20empresas.pdf>. Acesso em 31 de maio de 2015.

[12] BANCO CENTRAL DO BRASIL. Disponível em: <https://www3.bcb.gov.br/sgspub/localizarseries/localizarSeries.do?method=prepararTelaLocalizarSeries> Acesso em 26 de março de 2017.

[13] Idem.

[14] LOTURCO, R. **Ritmo de empréstimos diminui este ano**. Valor Econômico. 19 de dezembro de 2014. Disponível em: < http://www.valor.com.br/agro/3830154/ritmo-de-emprestimos-diminui-este-ano>. Acesso em 10 de junho de 2016.

alternativa de obtenção de recursos por parte das empresas de pequeno porte.

No Brasil, o *equity crowdfunding* se tornou realidade apenas em meados de 2014, por meio de oferta de títulos de dívida conversíveis de emissão da Broota[15], e, portanto, ainda não é modalidade de financiamento muito difundida. No entanto, tendo em vista as suas peculiaridades, o cenário econômico em que se encontra o Brasil e os enormes avanços na tecnologia ao longo dos últimos anos, esta modalidade de financiamento está crescendo de forma considerável.

Desde o início de 2014 até outubro de 2015, o número de plataformas de *equity crowdfunding* no Brasil triplicou e as primeiras campanhas realizadas por meio destas plataformas alcançaram dois dígitos[16]. Adicionalmente, em agosto de 2014 foi fundada por um grupo de empresas a "Associação Brasileira de *Equity Crowdfunding*", associação que visa, justamente, disseminar o modelo de investimento via *equity crowdfunding*, ampliando "o nível de inovação das empresas nascentes brasileiras"[17].

Com base na regulamentação atualmente em vigor, é possível afirmar que os títulos de dívida conversíveis em participação societária ofertados publicamente por meio de plataforma de *equity crowdfunding* têm natureza de valor mobiliário, conforme será tratado no item 2 abaixo, e, desde que observados determinados requisitos, estão dispensados de registro perante a

[15] HESSEL, C. **Foi dada a partida: com o lançamento de Broota e EuSócio, equity crowdfunding estreia no País levantando recursos apenas com qualificados**. Revista Capital Aberto, São Paulo, v.11, n.131. p. 42-45. jul. 2014.

[16] DATT, Felipe. **O universo bipolar do 'crowdfunding'**. Valor Econômico. 21 de outubro de 2015. Disponível em: <http://www.valor.com.br/financas/4278716/o-universo-bipolar-do-crowdfunding>. Acesso em 22 de fevereiro de 2016.

[17] ASSOCIAÇÃO BRASILEIRA DE EQUITY CROWDFUNDING. **O que é Equity Crowdfunding**. Disponível em: <http://equity.org.br/o-que-e>. Acesso em 22 de fevereiro de 2016.

Comissão de Valores Mobiliários ("CVM"), conforme será descrito no item 3 abaixo.

Tendo em vista os altos riscos envolvidos nos investimentos em títulos de dívidas conversíveis ofertados por meio de plataformas de *equity crowdfunding*, bem como tendo em vista que, na maioria das vezes, conforme mencionado acima, tais ofertas estão dispensadas de realizar registro perante a CVM, deveriam as ofertas de tais títulos serem destinadas exclusivamente para investidores profissionais ou qualificados? Ou, por outro lado, obrigar o direcionamento destas ofertas para investidores profissionais ou qualificados poderia transformar tais títulos em produtos incompatíveis com a realidade negocial, desestimulando o investimento em tais títulos e, consequentemente, reduzindo ainda mais as opções de obtenção de crédito pelas micro e pequenas empresas?

O presente artigo abordará, justamente, qual deve ser o público alvo das ofertas públicas de títulos de dívida conversíveis em participação societária ofertados por meio de plataformas de *equity crowdfunding*. Para tanto: (i) será verificado, no item 4 abaixo, o comportamento das plataformas de *equity crowdfunding* já lançadas no Brasil, antes do advento da Instrução CVM 588 (conforme definida abaixo) relativamente ao público alvo em seus ambientes; (ii) serão analisados, no item 5 abaixo, estudos preparados pela CVM visando a elaboração da regulamentação que trata, especificamente, do mercado de *equity crowdfunding*; (iii) será feito, no item 6 abaixo, um paralelo com os Estados Unidos, local em que o mercado de *equity crowdfunding* é mais desenvolvido do que no Brasil; e (iv) serão feitas breves considerações, no item 7 abaixo, sobre a proteção ao investidor; e, por fim (v) será discutida, no item 8 abaixo, a abordagem sobre o assunto consagrada pela Instrução da CVM nº 588, de 13 de julho de 2017 ("Instrução CVM 588"), que foi publicada recentemente e que trata, justamente, das ofertas públicas de distribuição de valores mobiliários de emissão de sociedades empresárias de pequeno porte realizadas com dispensa de registro por meio de plataforma eletrônica de investimento participativo.

1. Natureza de valor mobiliário dos títulos de dívida conversíveis em participação societária ofertados publicamente por meio de plataforma de *equity crowdfunding*

A Lei 6.385, de 7 de dezembro de 1976, conforme alterada ("Lei 6.385") dispõe sobre o mercado de valores mobiliários e cria a CVM, autarquia federal que possui como competência disciplinar, regular e fiscalizar tal mercado. Assim, "a importância de se determinar quais títulos efetivamente são valores mobiliários decorre da necessidade de definir o escopo de atuação da Comissão de Valores Mobiliários – CVM"[18].

Com o advento da Lei nº 10.198, de 14 de fevereiro de 2001, passaram a ser considerados valores mobiliários não apenas aqueles que já se encontravam previstos na legislação em vigor, mas também quaisquer contratos de investimento oferecidos ao público investidor, nos termos do inciso IX do atual artigo 2º da Lei 6.385.

Foi adotada, portanto, uma acepção mais ampla de valores mobiliários, que atualmente abrange, além dos títulos expressamente previstos nos incisos I a VIII do artigo 2º, os títulos emitidos nos termos do inciso IX deste artigo. Ou seja, devem ser considerados valores mobiliários não apenas os títulos listados nos incisos I a VIII do artigo 2º da Lei 6.385, mas também, conforme disposto inciso IX deste artigo:

> quando ofertados publicamente, quaisquer outros títulos ou contratos de investimento coletivo, que gerem direito de parti-

[18] Codorniz, G; Patella, L; Copola, M. **Comentários à Lei do Mercado de Capitais – Lei nº 6.385/76**. Editora Quartier Latin do Brasil. 2015. P. 49.

> cipação, de parceria ou de remuneração, inclusive resultante de prestação de serviços, cujos rendimentos advêm do esforço do empreendedor ou de terceiros.

Os títulos de dívida conversíveis em participação societária, quando ofertados por meio de plataformas de *equity crowdfunding*, devem ser considerados como valores mobiliários, tendo em vista que estão contidos no conceito de contrato de investimento coletivo previsto no inciso IX da Lei 6.385[19]. É possível fazer esta afirmação, tendo em vista que os títulos de dívida conversíveis em participação societária ofertados por meio de plataformas de *equity crowdfunding*: (i) caracterizam modalidade de investimento coletivo; (ii) oferecem expectativa de se obter lucros, que pode se dar por meio da remuneração dos títulos de dívida, ou caso tais títulos sejam convertidos, por meio do recebimento de dividendo e/ou da alienação de participação societária; (iii) caracterizam modalidade de investimento em que os rendimentos, caso existentes, não advêm do esforço do investidor, mas sim da empresa investida; e (iv) são ofertados publicamente, conforme será tratado abaixo.

O legislador brasileiro não previu uma distinção conceitual entre oferta privada e oferta pública, limitando-se a "enunciar algumas hipóteses em que esta última vem a caracterizar"[20]. Neste sentido, o §3º do artigo 19 da Lei 6.385 e o artigo 3º da Instrução da CVM nº 400, de 29 de dezembro de 2003, conforme alterada ("Instrução CVM 400") apenas enumeram "de forma exemplificativa, determinados elementos objetivos que podem configurar a distribuição pública de valores

[19] MARQUES, Rafael Yonis. **Notas conversíveis no equity crowdfunding: sociedade de fato e risco de responsabilidade pessoal do investidor**. São Paulo: Quartier Latin, 2015. v. 14. p. 53.

[20] EIZIRIK, N.; GAAL, A. B.; PARENTE, F.; HENRIQUES, M. F. **Mercado de Capitais – Regime Jurídico**. 3ª edição. Rio de Janeiro: Renovar, 2011. P. 147

mobiliários"[21]. Para verificar o caráter público ou privado da oferta, portanto, é necessário:

> verificar se os meios ou instrumentos utilizados pela companhia para fazer chegar sua emissão junto aos potenciais investidores caracterizam a intenção de atingir o público em geral ou apenas um número restrito e determinado de pessoas[22].

O meio utilizado para distribuir os valores mobiliários objeto do presente artigo, quais sejam títulos de dívida conversíveis em participação societária, é a internet. Em 30 de setembro de 2015, a CVM editou o Parecer de Orientação CVM nº 32 que trata justamente do uso da internet em ofertas de valores mobiliários e na intermediação de operações. Nos termos deste Parecer, ressalvados alguns casos excepcionais:

> o uso da Internet como meio para divulgar a oferta de valores mobiliários caracteriza tal oferta, via de regra, como pública, nos termos do inciso III do § 3º do art. 19 da Lei nº 6.385/76, uma vez que a Internet permite o acesso indiscriminado às informações divulgadas por seu intermédio.

Desta forma, tendo em vista que a distribuição de títulos de dívida conversíveis em participação societária via plataforma de *equity crowdfunding* é feita pela internet, nos termos do Parecer de Orientação CVM nº 32, deve, em regra, ser considerada uma distribuição pública, ressalvados os casos em que sejam tomadas medidas preventivas ou em que situações especiais sejam verificadas.

[21] Idem. P. 148

[22] Idem. P. 148

2. Dispensas automáticas de registro de companhia aberta e de registro da oferta na CVM antes e depois do advento da Instrução CVM 588

Em regra, para que uma companhia possa ter valores mobiliários de sua emissão ofertados ao público, deve obter, em primeiro lugar, o registro de companhia aberta perante a CVM, nos termos do artigo 21 da Lei 6.385[23], do §1º do artigo 4º da Lei 6.404, de 15 de dezembro de 1976, conforme alterada ("Lei das Sociedades por Ações")[24] e do artigo 1º da Instrução da CVM nº 480, de 7 de dezembro de 2009, conforme alterada ("Instrução CVM 480")[25]. Por meio deste registro, "a CVM visa assegurar o fornecimento ao mercado de informações periódicas e eventuais sobre a companhia emissora e os negócios por ela desenvolvidos"[26].

Além do registro de companhia aberta, para que determinada companhia realize oferta pública de distribuição de valores mobiliários de sua emissão, precisa, em regra, registrar tal oferta perante a CVM, nos termos do *caput* do artigo 19 da Lei 6.385[27], do §2º do artigo 4º da Lei das Sociedades por Ações[28]

[23] *"Art. 21. A Comissão de Valores Mobiliários manterá, além do registro de que trata o Art. 19: I- o registro para negociação na bolsa; II o registro para negociação no mercado de balcão, organizado ou não. § 1º – Somente os valores mobiliários emitidos por companhia registrada nos termos deste artigo podem ser negociados na bolsa e no mercado de balcão."*

[24] *"Art. 4º. Para os efeitos desta Lei, a companhia é aberta ou fechada conforme os valores mobiliários de sua emissão estejam ou não admitidos à negociação no mercado de valores mobiliários. § 1º Somente os valores mobiliários de emissão de companhia registrada na Comissão de Valores Mobiliários podem ser negociados no mercado de valores mobiliários."*

[25] *"Art. 1º A negociação de valores mobiliários em mercados regulamentados, no Brasil, depende de prévio registro do emissor na CVM."*

[26] Eizirik, N.; Gaal, A. B.; Parente, F.; Henriques, M. F. **Mercado de Capitais – Regime Jurídico**. 3ª edição. Rio de Janeiro: Renovar, 2011. P. 141.

[27] *"Art.19. Nenhuma emissão pública de valores mobiliários será distribuída no mercado sem prévio registro na Comissão. (...)"*

[28] *"Art. 4º. (...) § 2º Nenhuma distribuição pública de valores mobiliários será efetivada no mercado sem prévio registro na Comissão de Valores Mobiliários."*

e do artigo 2º da Instrução da CVM 400[29]. O registro da oferta contempla "informações específicas sobre os valores mobiliários publicamente distribuídos e sobre a oferta pública em si"[30].

Vale mencionar que "as normas que impõe obrigatoriedade de registro na CVM, tanto da companhia, quanto da oferta pública, apresentam nítida feição instrumental"[31], tendo em vista que "o registro consiste basicamente no meio de se proceder à prestação de informações à CVM com vistas à sua divulgação ao público investidor"[32]. Desta forma, é possível afirmar que "o registro não é um fim em si mesmo, mas um meio de se proceder à ampla divulgação ao público"[33], não sendo, portanto, justificável nos casos em que não beneficiar o público investidor.

Neste sentido, o legislador atribuiu à CVM a competência para expedir normas que dispensem, em determinados casos, a necessidade de registro de companhia aberta, conforme previsto no artigo 21, §6º, I, da Lei 6.385[34], e a necessidade de prévio registro da oferta de valores mobiliários perante a CVM, conforme previsto no artigo 19, §5º, I, da Lei 6.385[35].

[29] *"Art. 2º. Toda oferta pública de distribuição de valores mobiliários nos mercados primário e secundário, no território brasileiro, dirigida a pessoas naturais, jurídicas, fundo ou universalidade de direitos, residentes, domiciliados ou constituídos no Brasil, deverá ser submetida previamente a registro na Comissão de Valores Mobiliários – CVM, nos termos desta Instrução."*

[30] EIZIRIK, N.; GAAL, A. B.; PARENTE, F.; HENRIQUES, M. F.. **Mercado de Capitais – Regime Jurídico**. 3ª edição. Rio de Janeiro: Renovar, 2011. P. 142.

[31] Idem. P. 142.

[32] Idem. P. 142.

[33] Idem. P. 142.

[34] *"Art. 21. (...)§ 6º – Compete à Comissão expedir normas para a execução do disposto neste artigo, especificando: I – casos em que os registros podem ser dispensados, recusados, suspensos ou cancelados; (...)".*

[35] *"Art.19. (...) § 5º – Compete à Comissão expedir normas para a execução do disposto neste artigo, podendo: I – definir outras situações que configurem emissão pública, para fins de registro, assim como os casos em que este poderá ser dispensado, tendo em vista o interesse do público investidor; (...)"*

Antes do recente advento da Instrução CVM 588, que entrou em vigor em 14 de julho de 2017, as regras aplicáveis às ofertas de títulos de dívida conversíveis em participação societária realizadas por meio de plataformas de *equity crowdfunding* (inclusive as regras que autorizavam as dispensas automáticas de registro) eram, normalmente, aquelas aplicáveis às emissões de valores mobiliários ofertados por empresas de pequeno porte e microempresas. Vale, no entanto, mencionar que, conforme disposto por Antonio Berwanger, superintendente de desenvolvimento de mercado da Comissão de Valores Mobiliários ("CVM"), em reportagem divulgada no jornal "O Estadão", tais regras não haviam sido pensadas para o *equity crowdfunding*, especificamente, e, portanto, não levavam suas peculiaridades em consideração[36].

Desta forma, objetivando, entre outros fatores, "ampliar e melhorar a qualidade dos instrumentos de financiamento para empresas em fase inicial ou com dificuldades de acesso ao crédito em função de seu porte"[37], bem como "promover proteção adequada dos investidores que, em muitos casos, não são participantes costumeiros do mercado de capitais"[38], a CVM submeteu à audiência pública, por meio do Edital de Audiência Pública SDM nº 06/2016, minuta de instrução sobre o assunto. Sugestões e comentários à minuta puderam ser enviados até

[36] Mans, M.; Sawada, T. **CVM prepara regulação para modelo de investimento**. 13 de junho de 2016. Disponível em: < http://link.estadao.com.br/noticias/empresas,cvm-prepara-regulacao-de-modelo-de-investimento,10000056812>. Acesso em 17 de junho de 2016.

[37] CVM. **Edital de Audiência Pública SDM Nº 06/2016.** 6 de novembro de 2016. Disponível em:<http://www.cvm.gov.br/export/sites/cvm/audiencias_publicas/ap_sdm/anexos/2016/sdm0616edital.pdf>. Acesso em 10 de março de 2017.

[38] Idem.

6 de dezembro de 2016[39], tendo havido vasta discussão sobre o mercado de *crowdfunding*.

Referida minuta deu origem à Instrução CVM 588, cujo escopo abrange as ofertas públicas de distribuição de valores mobiliários de emissão de sociedades empresárias de pequeno porte (conforme será tratado abaixo) realizadas com dispensa de registro por meio de plataforma eletrônica de investimento participativo (conforme definida no inciso II do artigo 2º da Instrução CVM 588[40]). Nos termos do §1º do artigo 1º da Instrução CVM 588, estão fora do escopo de referida instrução as ofertas de valores mobiliários em que o financiamento captado se tratar de doação (ou seja, os casos de *donation crowdfunding*) ou, então, "quando o retorno do capital recebido se der por meio de: I – brindes e recompensas; ou II – bens e serviços" (ou seja, os casos de *reward crowdfunding*). Para fins do presente artigo, no entanto, referida Instrução é aplicável, na medida em que estão abrangidos pelo seu escopo os títulos de dívida conversíveis ofertados por meio de plataformas eletrônicas de investimento participativo.

Anteriormente à publicação da Instrução CVM 588, os incisos IV e V do artigo 7º da Instrução CVM 480 (que foram revogados pelo artigo 42 da Instrução CVM 588) determinavam que estavam automaticamente dispensadas de registro de

[39] CVM. **Aviso de Prorrogação da Audiência Pública SDM Nº 06/2016.** Disponível em <http://www.cvm.gov.br/export/sites/cvm/audiencias_publicas/ap_sdm/anexos/2016/Aviso_AP_06_2016.pdf>. Acesso em 14 de março de 2017.

[40] *"Art. 2º Para fins desta Instrução, aplicam-se as seguintes definições: (...) II – plataforma eletrônica de investimento participativo ("plataforma"): pessoa jurídica regularmente constituída no Brasil e registrada na CVM com autorização para exercer profissionalmente a atividade de distribuição de ofertas públicas de valores mobiliários de emissão de sociedades empresárias de pequeno porte, realizadas com dispensa de registro conforme esta Instrução, exclusivamente por meio de página na rede mundial de computadores, programa, aplicativo ou meio eletrônico que forneça um ambiente virtual de encontro entre investidores e emissores; (...)"*

companhia aberta na CVM as empresas de pequeno porte e as microempresas, conforme definidas no artigo 3º da Lei Complementar nº 123, de 14 de dezembro de 2006, conforme alterada ("Lei Complementar 123")[41], observadas as exceções previstas no §4º do artigo 3º da Lei Complementar 123[42].

41 *"Art. 3º.consideram-se microempresas ou empresas de pequeno porte, a sociedade empresária, a sociedade simples, a empresa individual de responsabilidade limitada e o empresário a que se refere o art. 966 da Lei no 10.406, de 10 de janeiro de 2002 (Código Civil), devidamente registrados no Registro de Empresas Mercantis ou no Registro Civil de Pessoas Jurídicas, conforme o caso, desde que: I - no caso da microempresa, aufira, em cada ano-calendário, receita bruta igual ou inferior a R$ 360.000,00 (trezentos e sessenta mil reais); e II - no caso da empresa de pequeno porte, aufira, em cada ano-calendário, receita bruta superior a R$ 360.000,00 (trezentos e sessenta mil reais) e igual ou inferior a R$ 3.600.000,00 (três milhões e seiscentos mil reais)."*

42 *"Art. 3º. (...) § 4º Não poderá se beneficiar do tratamento jurídico diferenciado previsto nesta Lei Complementar, incluído o regime de que trata o art. 12 desta Lei Complementar, para nenhum efeito legal, a pessoa jurídica: I – de cujo capital participe outra pessoa jurídica; II – que seja filial, sucursal, agência ou representação, no País, de pessoa jurídica com sede no exterior; III – de cujo capital participe pessoa física que seja inscrita como empresário ou seja sócia de outra empresa que receba tratamento jurídico diferenciado nos termos desta Lei Complementar, desde que a receita bruta global ultrapasse o limite de que trata o inciso II do caput deste artigo; IV – cujo titular ou sócio participe com mais de 10% (dez por cento) do capital de outra empresa não beneficiada por esta Lei Complementar, desde que a receita bruta global ultrapasse o limite de que trata o inciso II do caput deste artigo; V – cujo sócio ou titular seja administrador ou equiparado de outra pessoa jurídica com fins lucrativos, desde que a receita bruta global ultrapasse o limite de que trata o inciso II do caput deste artigo; VI – constituída sob a forma de cooperativas, salvo as de consumo; VII – que participe do capital de outra pessoa jurídica; VIII – que exerça atividade de banco comercial, de investimentos e de desenvolvimento, de caixa econômica, de sociedade de crédito, financiamento e investimento ou de crédito imobiliário, de corretora ou de distribuidora de títulos, valores mobiliários e câmbio, de empresa de arrendamento mercantil, de seguros privados e de capitalização ou de previdência complementar; IX – resultante ou remanescente de cisão ou qualquer outra forma de desmembramento de pessoa jurídica que tenha ocorrido em um dos 5 (cinco) anos-calendário anteriores; X – constituída sob a forma de sociedade por ações;*

Da mesma forma, o inciso III da Instrução CVM nº 400 (revogado pelo artigo 41 da Instrução CVM 588) determinava que estavam automaticamente dispensadas de registro as ofertas de valores mobiliários de emissão de empresas de pequeno porte e de microempresas, também conforme definidas pelo artigo 3º da Lei Complementar 123, observadas as exceções previstas no §4º do artigo 3º da Lei Complementar 123.

Adicionalmente, os parágrafos 4º, 5º, 6º, 7º e 8º do artigo 5º da Instrução CVM 400 (todos revogados pelo artigo 42 da Instrução CVM 588) traziam ainda algumas regras adicionais relativas à dispensa de registro de oferta para microempresas e empresas de pequeno porte. Vale mencionar, especificamente, o §4º deste artigo, que determinava, antes de sua revogação, que a utilização da dispensa de registro de oferta para microempresas e empresas de pequeno porte para ofertas de valores mobiliários de uma mesma sociedade estaria "limitada a R$ 2.400.000,00 (dois milhões e quatrocentos mil reais) em cada período de 12 (doze) meses".

Tendo em vista as dispensas de registro de companhia aberta e de registro da oferta mencionadas acima, os emissores de títulos de dívida conversíveis em participação societária ofertados por meio das plataformas de *equity crowdfunding*, antes do advento da Instrução CVM 588, eram, justamente, na maioria das vezes, microempresas ou empresas de pequeno porte, conforme definição constante do artigo 3º da Lei Complementar 123. Neste sentido, a Broota, por exemplo, antes do advento da Instrução CVM 588, ao descrever as oportunidades de investimento realizadas por meio desta plataforma, mencionava que a realização pela *startup* de oferta pública de títulos conversíveis estava "automaticamente dispensada de registro perante

XI - cujos titulares ou sócios guardem, cumulativamente, com o contratante do serviço, relação de pessoalidade, subordinação e habitualidade. "

a Comissão de Valores Mobiliários"[43], devendo a *startup*, para realizar tal oferta pública, cumprir com os seguintes requisitos:

> *a)* ser microempresa ou empresa de pequeno porte, nos termos da Lei Complementar nº 123, de 14 de dezembro de 2006; *b)* ser assessorada por escritório de advocacia, com experiência no mercado de capitais, para a estruturação jurídica da Oferta Pública Direta (...); *c)* cumprir com as obrigações estabelecidas nos parágrafos 4º ao 8º do artigo 5º da Instrução CVM nº 400; *d)* ter comprovadamente obtido aprovação do Material de Divulgação pela CVM (...)[44].

Da mesma forma, para captar recursos por meio da EqSeed, antes do advento da Instrução CVM 588, a sociedade precisava "ser ou uma Microempresa (ME) ou uma Empresa de Pequeno Porte (EPP) registrada no Brasil, conforme definido na Lei Complementar 123/2006"[45], sendo que o valor máximo que uma empresa poderia captar por meio da plataforma EqSeed era de R$ 2.400.000 por ano[46].

Embora o inciso III da Instrução CVM nº 400 tenha sido revogado pela Instrução CVM 588, o artigo 3º de referida Instrução[47] manteve a dispensa automática de registro para a realização da oferta pública de valores mobiliários de emissão de sociedade empresária de pequeno, conforme definição cons-

[43] BROOTA. **Termos de Uso**. Disponível em: <http://www.broota.com.br/termos-de-uso>. Acesso em 8 de abril de 2016.

[44] Idem.

[45] EQSEED. **Perguntas gerais**. Disponível em: <https://eqseed.com/br/faq#t2n52339>. Acesso em 8 de abril de 2016.

[46] Idem.

[47] *"Art. 3º A oferta pública de distribuição de valores mobiliários de emissão de sociedade empresária de pequeno porte realizada nos termos desta Instrução fica automaticamente dispensada de registro na CVM, desde que observados os seguintes requisitos: (...)."*

tante do inciso III do artigo 2º da Instrução CVM 588[48], desde que observados determinados requisitos, que serão tratados no item 8 abaixo. Da mesma forma, mesmo com a revogação dos incisos IV e V do artigo 7º da Instrução CVM 480, permanece, observados determinados requisitos previstos na Instrução CVM 588, a dispensa automática de registro de emissor na CVM, para fins da Instrução CVM 588. Vale mencionar, no entanto, que o conceito de sociedade empresária de pequeno porte, para fins da Instrução CVM 588, é mais abrangente que aquele previsto na Lei Complementar 123, na medida em que compreende qualquer forma de sociedade empresária constituída no Brasil (e não apenas sociedade limitada, como é exigido pela Lei Complementar 123), cuja receita bruta anual seja de até R$10.000.000,00 (limite este que é superior àquele correspondente a R$3.600.000,00, conforme previsto na Lei Complementar 123).

3. Público alvo nas ofertas de *equity crowdfunding* realizadas no Brasil antes do advento da Instrução CVM 588

Não existia, antes do advento da Instrução CVM 588, qualquer restrição relativamente ao público alvo dos valores mobiliários ofertados por microempresas e empresas de pequeno porte, não havendo obrigatoriedade dos títulos de dívida conversíveis em participação societária emitidos por meio de plataformas de *equity crowdfunding* serem ofertados exclusivamente para investidores profissionais, conforme definição constante do artigo 9-A da Instrução da CVM nº 539, de 13 de novembro de 2013,

[48] *"Art. 2º Para fins desta Instrução, aplicam-se as seguintes definições: (...) III – sociedade empresária de pequeno porte: sociedade empresária constituída no Brasil e registrada no registro público competente, com receita bruta anual de até R$ 10.000.000,00 (dez milhões de reais) apurada no exercício social encerrado no ano anterior à oferta e que não seja registrada como emissor de valores mobiliários na CVM; (...)".*

conforme alterada ("Instrução CVM 539")[49] ou para investidores qualificados, conforme definição constante do artigo 9º-B da Instrução da CVM 539[50].

Os investidores profissionais e os investidores qualificados teriam, em tese, capacidade de analisar estruturas complexas de investimento, tendo em vista, entre outros fatores, que:

> em função de sua privilegiada situação financeira, dedicam parte relevante do seu tempo à administração dos seus investimentos financeiros e/ou tem acesso a prestadores de serviços que o auxiliem na administração de seus recursos[51].

[49] *"Art. 9º-A São considerados investidores profissionais: I – instituições financeiras e demais instituições autorizadas a funcionar pelo Banco Central do Brasil; II – companhias seguradoras e sociedades de capitalização; III – entidades abertas e fechadas de previdência complementar; IV – pessoas naturais ou jurídicas que possuam investimentos financeiros em valor superior a R$10.000.000,00 (dez milhões de reais) e que, adicionalmente, atestem por escrito sua condição de investidor profissional mediante termo próprio, de acordo com o Anexo 9-A;V – fundos de investimento; VI – clubes de investimento, desde que tenham a carteira gerida por administrador de carteira de valores mobiliários autorizado pela CVM; VII – agentes autônomos de investimento, administradores de carteira, analistas e consultores de valores mobiliários autorizados pela CVM, em relação a seus recursos próprios; VIII – investidores não residentes."*

[50] *"Art. 9º-B São considerados investidores qualificados: I – investidores profissionais; II – pessoas naturais ou jurídicas que possuam investimentos financeiros em valor superior a R$1.000.000,00 (um milhão de reais) e que, adicionalmente, atestem por escrito sua condição de investidor qualificado mediante termo próprio, de acordo com o Anexo 9-B; III – as pessoas naturais que tenham sido aprovadas em exames de qualificação técnica ou possuam certificações aprovadas pela CVM como requisitos para o registro de agentes autônomos de investimento, administradores de carteira, analistas e consultores de valores mobiliários, em relação a seus recursos próprios; e IV – clubes de investimento, desde que tenham a carteira gerida por um ou mais cotistas, que sejam investidores qualificados."*

[51] ANBIMA. **Edital de Audiência Pública SDM nº 03/14, da CVM – Investidores Qualificados e Profissionais.** 10 de julho de 2014. Disponível em: <http://www.cvm.gov.br/export/sites/cvm/audiencias_publicas/ap_sdm/anexos/2014/sdm0314-manifestacaoANBIMA_10-07-2014.pdf>. Acesso em 17 de junho de 2016.

No entanto, mesmo antes do advento da Instrução CVM 588, em que o mercado de *equity crowdfunding* era marcado por proteção regulatória limitada, as plataformas de *equity crowdfunding* costumavam permitir o direcionamento das ofertas de títulos conversíveis a qualquer investidor.

De acordo com informação extraída do *website* da Broota em maio de 2016 (portanto antes do advento da Instrução CVM 588), em relação aos investimentos em *startups* disponíveis nesta data, qualquer pessoa física ou jurídica poderia investir via Broota, bastando "concordar com os termos do investidor do site antes de investir"[52]. Os termos para o investidor também disponíveis nesta data traziam regras relativamente à conversão ou ao resgate, ao direito à informação, ao *tag along*, ao direito de preferência, à anti-diluição forçada e à venda para terceiros[53], mas não havia qualquer menção relativamente ao fato do investidor precisar ser, necessariamente, investidor profissional ou qualificado. Não parecia haver, portanto, nenhuma restrição relativamente ao público alvo das ofertas lançadas por meio da Broota, podendo tais ofertas ser direcionadas ou não para investidores qualificados e/ou profissionais, a depender do caso concreto.

Da mesma forma, as captações realizadas por meio da EqSeed, conforme consulta realizada em maio de 2016 (portanto, também antes do advento da Instrução CVM 588) poderiam ser endereçadas a todos investidores. Os investidores não qualificados, no entanto, não estariam autorizados a investir "mais de que 10% ou dos seus rendimentos anuais ou do total

[52] Broota. **Quem pode investir?** 29 de fevereiro de 2016. Disponível em: < https://broota.zendesk.com/hc/pt-br/articles/216252328-Quem-pode-investir->. Acesso em 17 de maio de 2016.

[53] Broota. **Manual do Investidor. Os principais termos para o investidor**. Disponível em: <https://www.broota.com.br/manual-do-investidor/principais-termos>. Acesso em 17 de maio de 2016.

do seu patrimônio de investimentos líquidos, o que for maior"[54], devendo "investir a maioria do seu capital em produtos financeiros mais seguros e com mais liquidez"[55].

A controvérsia que se colocava, portanto, era se, efetivamente, as ofertas de títulos dívida conversíveis deveriam ser destinadas indiscriminadamente a quaisquer investidores, como estava sendo permitido pelas plataformas de *equity crowdfunding*, ou se, alternativamente, tais ofertas deveriam ser dirigidas para investidores profissionais ou qualificados, de forma a adequar esta forma de investimento a determinado público capaz de tomar decisões de investimento fundamentadas. Ou seja, se estávamos diante de um caso de dispensa de registro pela CVM e diante de um mercado de alto risco, o público alvo deveria ser composto exclusivamente por investidores que tem condições de avaliar os riscos envolvidos? Ou, por outro lado, obrigar o direcionamento destas ofertas para investidores profissionais ou qualificados poderia transformar tais títulos em produtos incompatíveis com a realidade negocial, desestimulando o investimento em tais títulos e, consequentemente, reduzindo ainda mais as opções de obtenção de recursos pelas micro e pequenas empresas?

Estava-se, diante, portanto, de um conflito entre a proteção do investidor e a proteção do desenvolvimento do mercado como um todo. Neste sentido, dispõe Paredes ao tratar da elaboração da legislação norte-americana que versa sobre *crowdfunding*:

[54] EqSeed. **Quanto dinheiro um investidor deve considerar investir em empresas de etapa inicial?** Disponível em:< https://eqseed.com/br/faq/52367--quanto-dinheiro-um-investidor-deve-considerar-investir-em-empresas-de--etapa-inicial>. Acesso em 17 de maio de 2016.

[55] Idem.

There is often this tension that gets posed between capital formation on the one hand and investor protection on the other. And it's often framed as you can have one or you can have the other, but you can't have both. So you need to choose. Are you going to advance the goal of investor protection or are you going to advance the goal of capital formation?[56]

4. Estudos preparados pela CVM objetivando a elaboração de regulamentação relativamente ao mercado de *equity crowdfunding*

Buscando esclarecer questões como a delimitação do público alvo e, consequentemente, obter subsídios para a elaboração de regulamentação voltada para o mercado de *equity crowdfunding*, a CVM, ao longo de 2015, conduziu estudos que investigaram preferências e opiniões de investidores sobre o *equity crowdfunding*[57]. No âmbito destes estudos, foram coletadas informações, entre 16 de julho de 2015 e 28 de julho de 2015, de 316 (trezentos e dezesseis) investidores, sendo que apenas 114 (cento e catorze) responderam a totalidade das questões formuladas, enquanto 25 (vinte e seis) responderam parcela das questões[58].

[56] "Muitas vezes existe esta tensão que se coloca entre a formação de capital, de um lado, e a proteção ao investidor, de outro. E, muitas vezes, argumenta-se que é possível ter um ou ter o outro, mas que não é possível ter ambos. Portanto, será necessário escolher. Você irá incentivar a proteção ao investidor ou a formação de capital?" (tradução livre). PAREDES, T. A. **Symposium: Jobs Act: The Terrible Twos: General Solicitation & Crowdfunding, The Next Frontier Of Securities Regulation +: Keynote Address**. Fordham Journal of Corporate & Financial Law. Vol. 20, núm. 2, abril de 2015.

[57] CVM. **O que Pensa o Investidor sobre Equity Crowdfunding?** 22 de janeiro de 2016. Disponível em: < http://pensologoinvisto.cvm.gov.br/qual-a-opiniao-dos-investidores-sobre-equity-crowdfunding/>. Acesso em 17 de maio de 2016.

[58] CVM. **Pesquisa sobre Crowdfunding**. Agosto de 2015. Disponível em: <http://pensologoinvisto.cvm.gov.br/wp-content/uploads/2016/01/Relat%C3%B3rio-Pesquisa-Crowdfunding-Julho-2015-editada-para-Blog.pdf>. Acesso em 17 de maio de 2016.

Estes estudos culminaram na elaboração de um relatório publicado em agosto de 2015 que concluiu, entre outras coisas, que: (i) a maioria dos investidores estaria disposta a investir valor inferior a R$5.000,00 (cinco mil reais); (ii) "muitos investidores (56%) esperam obter retorno em até 2 anos"[59]; e (iii) "no que se refere aos riscos, o de fraude é apontado em 1º lugar, quase no mesmo patamar que o de fracasso do negócio (em 2º lugar), e o de falta de informação vem em 3º lugar"[60].

Ou seja, muito embora esta pesquisa aponte que os investidores não pretendem investir altos valores no mercado de *equity crowdfunding*, eles esperam obter retorno em até 2 (dois) anos, o que é uma expectativa incompatível com a realidade da maior parte dos investimentos em títulos de dívidas conversíveis em participação societária.

No próprio *website* da Broota, em página que trata do retorno do investimento em *startups*, existia em 2016 afirmação no sentido de que "estima-se que o retorno (se ocorrer) será de 5 a 10 anos depois do investimento"[61]. Ou seja, a obtenção do retorno pode nem vir a ocorrer (conforme reportagem publicada no jornal "Valor Econômico", "a cada cinco empresas apoiadas, uma dá certo e paga o prejuízo das demais"[62]) e, se ocorrer, levará prazo consideravelmente maior do que 2 (dois) anos.

Neste sentido, a SEC (conforme definida abaixo), em boletim educacional destinado a potenciais investidores no âmbito do

[59] CVM. **O que Pensa o Investidor sobre Equity Crowdfunding?** 22 de janeiro de 2016. Disponível em: <http://pensologoinvisto.cvm.gov.br/qual-a-opiniao-dos-investidores-sobre-equity-crowdfunding/>. Acesso em 17 de maio de 2016.

[60] Idem.

[61] Nasser, C. **Retorno do Investimento.** 1º de março de 2016. Disponível em:< https://broota.zendesk.com/hc/pt-br/articles/216797727-Retorno-do-investimento>. Acesso em 18 de maio de 2016.

[62] Datt, F. **O universo bipolar do crowdfunding**. 21 de outubro de 2015. Disponível em: < http://www.valor.com.br/financas/4278716/o-universo-bipolar--do-crowdfunding>. Acesso em 18 de maio de 2016.

mercado de *crowdfunding*, elencou alguns dos potenciais riscos envolvidos, sendo alguns deles listados a seguir: (i) o investimento em *startups* e em outras sociedades em estágio embrionário é especulativo e, muitas vezes, estas sociedades não têm sucesso nos seus empreendimentos, dado que, diferentemente do que ocorre em sociedades em estágio mais desenvolvido em que já há histórico de receita, o sucesso destas sociedades em estágio embrionário normalmente depende do desenvolvimento de um novo produto ou serviço que pode não ser bem aceito pelo mercado, devendo o investidor estar preparado para perder todo valor investido; (ii) as ações obtidas por meio da conversão do título de dívida são ilíquidas e poderão permanecer na carteira do investidor por período de tempo indeterminado[63].

A pesquisa elaborada pela CVM, no entanto, parece apontar que os investidores não estão conscientes destes riscos. Resta evidenciada, portanto, conforme apontado pela própria CVM, "uma necessidade de informação, no sentido de tornar claro para o investidor o que ele pode esperar em termos de taxas e prazos de retorno"[64].

Adicionalmente, vale mencionar a transparência das informações, também apontada pela CVM como de extrema relevância para os investidores, tendo em vista que "os riscos mais temidos por eles talvez possam ser mitigados por meio de uma política eficaz de divulgação por parte dos empresários e das plataformas"[65].

[63] SEC. **Investor Bulletin: Crowdfunding for Investors**. 16 de fevereiro de 2016. Disponível em: < https://www.sec.gov/oiea/investor-alerts-bulletins/ib_crowdfunding-.html>. Acesso em 18 de maio de 2016.

[64] CVM. **O que Pensa o Investidor sobre Equity Crowdfunding?** 22 de janeiro de 2016. Disponível em: < http://pensologoinvisto.cvm.gov.br/qual-a-opiniao-dos-investidores-sobre-equity-crowdfunding/>. Acesso em 17 de maio de 2016.

[65] Idem.

5. Público alvo nas ofertas de crowdfunding nos termos da legislação norte-americana

Diante do cenário apontado nos itens acima, cumpre analisar se o legislador norte-americano restringiu o público alvo das ofertas de *crowdfunding* para determinado público e, em caso negativo, quais foram os requisitos impostos para tanto.

Os Estados Unidos parecem servir com um bom parâmetro para o presente artigo, tendo em vista que o mercado de *crowdfunding* neste país é consideravelmente mais evoluído do que no Brasil. Conforme estudo elaborado pela Massolution, a América do Norte lidera o *ranking* mundial em ofertas de *crowdfunding* em termos de valores arrecadados, tendo arrecado, em 2015, montante total equivalente a US$17.250.000.000,00 (dezessete bilhões, duzentos e cinquenta milhões de dólares norte-americanos)[66].

Logo após a crise de 1929, marcada pela quebra da bolsa de valores de Nova York, o Congresso dos Estados Unidos publicou determinadas leis federais para regular o mercado de valores mobiliários, como o "*Securities Act of 1933*" ("***Securities Act***") e o "*Securities Exchange Act of 1934*" ("***Exchange Act***"), bem como criou a *Securities and Exchange Commission* ("**SEC**") para administrar estes mercados[67].

O *Securities Act* regula, entre outras coisas, a oferta e a venda de valores mobiliários nos Estados Unidos, exigindo, em regra, o registro perante a SEC das ofertas públicas de valores mobiliários. Em determinadas circunstâncias, no entanto, o *Securi-*

[66] Crowdexpert.com. **Massolution Crowdfunding Industry 2015 Report**. 31 de março de 2015. Disponível em: < http://crowdexpert.com/crowdfunding-industry-statistics>. Acesso em 26 de março de 2017.

[67] SEC. **Small Business and the SEC. A guide for small businesses on raising capital and complying with the federal securities laws**. Disponível em: <https://www.sec.gov/info/smallbus/qasbsec.htm.> Acesso em 7 de maio de 2016.

ties Act dispensa a necessidade de registro, criando as chamadas "*exemptions from registration*".

As ofertas públicas de valores mobiliários em plataformas de *crowdfunding* estão dispensadas de registro perante a SEC, nos termos das Seções 4(a)(6) e 4A *do Securities Act*, incluídas pelo *Jumpstart Our Business Startups Act* ("***JOBS Act***")[68], que foi criado justamente para facilitar o acesso a obtenção de recursos por empresas de pequeno porte[69].

Conforme regras publicadas pela SEC em 30 de outubro de 2015, que entraram em vigor em 16 de maio de 2016, qualquer sociedade pode, desde que observados determinados requisitos impostos pelo *Title III* do *JOBS Act*, dirigir oferta de *crowdfunding* de até US$ 1.000.000,00 (um milhão de dólares norte-americanos) para qualquer investidor[70]. Portanto, nos Estados Unidos, o público alvo das ofertas públicas de valores mobiliários por meio de plataformas de *crowdfunding* (inclusive *equity crowdfunding*) não precisa, necessariamente, ser composto por investidores qualificados ou profissionais, sendo autorizada a participação nestas ofertas inclusive dos chamados *unaccredited investors* (ou seja, dos investidores que não são considerados *accredited investors*[71]).

Abaixo serão tratados, justamente, alguns dos principais requisitos impostos pela legislação norte-americana para dis-

[68] SEC. **Registration of Funding Portals. A Small Entity Compliance Guide.** Disponível em: <https://www.sec.gov/divisions/marketreg/tmcompliance/fpregistrationguide.htm.>. Acesso em 16 de maio de 2016.

[69] SEC. **Small Business and the SEC. A guide for small businesses on raising capital and complying with the federal securities laws.** Disponível em: <https://www.sec.gov/info/smallbus/qasbsec.htm.> Acesso em 7 de maio de 2016.

[70] WALSH, K. J. **At long last, crowdfunding under title III of the JOBS Act is here.** The Corporate & Securities Law Advisor. Dez, 2015, Vol. 2, p2. Aspen Publishers.

[71] *Accredited investors* são os investidores considerados sofisticados, podendo sua definição exata ser encontrada na *Rule 501* da *Regulation D*.

pensa de registro perante a SEC nos casos de ofertas públicas de valores mobiliários por meio de plataformas de *crowdfunding*.

Não existe um número máximo de investidores autorizado a participar da oferta, mas, nos termos do *Title III* do *JOBS Act*, é imposto um valor máximo que pode ser aportado por cada investidor, em um período de 12 (doze) meses, a depender de sua renda anual e de seu patrimônio líquido. Caso a renda anual ou o patrimônio líquido do investidor seja inferior a US$100.000,00 (cem mil dólares norte-americanos), pode ele investir valor agregado máximo equivalente ao maior entre os seguintes valores: (i) US$ 2.000,00 (dois mil dólares norte-americanos); ou (ii) 5% (cinco por cento) de sua renda anual ou de seu patrimônio líquido, dentre os dois o menor[72]. Caso, por outro lado, a renda anual e o patrimônio líquido do investidor sejam de, no mínimo, US$100.000,00 (cem mil dólares norte-americanos), pode ele investir valor agregado máximo equivalente à 10% (dez por cento) de sua renda anual ou de seu patrimônio líquido, dentre os dois o menor[73]. Em ambos os casos, no entanto, o valor agregado investido não pode superar US$100.000,00 (cem mil dólares norte-americanos).

Vale mencionar, ainda, que a dispensa de registro não se aplica a determinadas sociedades que pretendam captar recursos via *crowdfunding*, tais como *non-U.S. companies*, empresas públicas, *investment companies* (geralmente sociedades que emitem valores mobiliários e tem como principal atividade o investimento em valores mobiliários[74]) e sociedades afiliadas a pessoas sujeitas a qualquer *bad-boy disqualifier* (ou seja, sujeitas

[72] WALSH, K J. **At long last, crowdfunding under title III of the JOBS Act is here.** The Corporate & Securities Law Advisor. Dez, 2015, Vol. 2, p3. Aspen Publishers.

[73] Idem, p. 2.

[74] SEC. **Investment Companies.** Disponível em <https://www.sec.gov/answers/mfinvco.htm>. Acesso em 16 de maio de 2016.

a determinados eventos desqualificadores, tais como condenação criminal ou ordem judicial[75])[76].

Adicionalmente, valores mobiliários adquiridos por meio de plataformas de *crowdfunding* não podem ser transferidos pelo período de 1 (um) ano, ressalvadas as transferências realizadas por meio de ofertas registradas perante a SEC ou, ainda, transferências feitas para o emissor de tais valores mobiliários, para *accredited investors* ou para qualquer membro da família do próprio investidor.

A sociedade que pretende captar recursos via *crowdfunding* precisa, ainda, apresentar à SEC determinadas informações, nos moldes do *Form C*, bem como divulgá-las aos potenciais investidores. Tais informações incluem: (i) a composição da diretoria (*board of officers*) e do conselho de administração (*board of directors*) da emissora; (ii) a indicação sobre os sócios detentores de, pelo menos, 20% (vinte por cento) do capital social da emissora; (iii) a descrição sobre as principais atividades exercidas pela emissora; (iv) a destinação dos recursos obtidos por meio da oferta; e (v) em complemento à obrigatoriedade de divulgação das demonstrações financeiras (que será tratada abaixo), discussão sobre a situação financeira da emissora[77]. Além do *Form C*, a emissora deverá apresentar, também, relatório anual nos moldes do *Form C-AR*, neste caso após o encerramento da oferta[78].

[75] SEC. **Disqualification of Felons and Other "Bad Actors" from Rule 506 Offerings and Related Disclosure Requirements. A Small Entity Compliance Guide**. Set, 2013. Disponível em: < https://www.sec.gov/info/smallbus/secg/bad-actor-small-entity-compliance-guide.htm>. Acesso em 17 de junho de 2016.

[76] WALSH, K. J. **At long last, crowdfunding under title III of the JOBS Act is her**. The Corporate & Securities Law Advisor. Dez, 2015, Vol. 2, p. 3. Aspen Publishers.

[77] Idem, p. 4.

[78] Idem, p. 4.

Conforme já mencionado, faz-se necessária, ainda, a divulgação das demonstrações financeiras da emissora aos potenciais investidores. As sociedades que pretendem realizar ofertas cujos valores agregados envolvidos, no período de 12 (doze) meses, sejam: (i) iguais ou inferiores a US$100.000,00 (cem mil dólares norte-americanos) estão obrigadas a, conforme aplicável, divulgar suas demonstrações financeiras em *US GAAP* relativas aos 2 (dois) últimos exercícios sociais ou ao período em que está operando, bem como declaração do imposto de renda apresentada no último exercício social; (ii) superiores a US$100.000,00 (cem mil dólares norte-americanos), mas não superiores a US$500.000,00 (quinhentos mil dólares norte-americanos), devem divulgar suas demonstrações financeiras nos moldes previstos no item (i) acima revisadas por auditor independente; e (iii) superiores a US$500.000,00 (quinhentos mil dólares norte-americanos), devem divulgar suas demonstrações financeiras nos moldes previstos no item (i) acima auditadas por auditor independente[79].

Adicionalmente, todas as ofertas de *crowdfunding* nos termos do *Title III* do *JOBS Act* precisam ocorrer por meio de instituições intermediárias (*brokerdealers*) ou plataformas registradas perante a SEC, sendo tais plataformas, entre outras vedações, proibidas de: (i) fornecer aconselhamento relativamente as ofertas realizadas em seu ambiente virtual; e (ii) remunerar aqueles que promovam a venda dos valores mobiliários ofertados com base no volume de vendas obtido[80].

Portanto, muito embora as ofertas de *crowdfunding* nos Estados Unidos possam ser endereçadas a quaisquer investidores, para que seja concedida dispensa de registro da oferta, diversos requisitos precisam ser cumpridos.

[79] Idem, p. 4.
[80] Idem, p. 5.

6. Breves considerações sobre a proteção ao investidor

PAREDES dispõe, ao tratar da elaboração da legislação norte-americana que versa sobre *crowdfunding*, que garantir proteção ao investidor normalmente remete à ideia de protegê-lo contra fraudes, manipulação de mercado ou outros abusos[81]. No entanto, continua PAREDES, muito embora este deva ser um aspecto a ser considerado pelo legislador, a verdadeira preocupação do investidor vai além da ocorrência de eventuais fraudes e abusos, residindo, na verdade, na oportunidade de obter retorno em seus investimentos e multiplicar seus recursos financeiros[82]. Os investidores, portanto, querem ter a oportunidade de investir e a lucratividade destes investimentos certamente corresponderá aos riscos corridos.

Assim, de acordo com PAREDES, ao facilitar a formação de capital (*capital formation*) estar-se-á facilitando, também, em alguma medida, o atingimento dos objetivos por parte dos investidores, tendo em vista que, quanto maior o número de empresas captando recursos, mais amplo o leque de investimentos disponível aos investidores e maiores as oportunidades de se acumular mais riquezas[83].

Esclarece PAREDES, ainda, que, contanto que os investidores tenham informações ao seu dispor, eles poderão dimensionar o risco e tomar decisões fundamentadas[84]. Portanto para PAREDES, em determinada medida, a divulgação de informações parece ser essencial para investidores no âmbito do mercado de *crowdfunding*.

[81] PAREDES, T. A. **Symposium: Jobs Act: The Terrible Twos: General Solicitation & Crowdfunding, The Next Frontier Of Securities Regulation +: Keynote Address.** Fordham Journal of Corporate & Financial Law. Vol. 20, núm. 2, abril de 2015.

[82] Idem.

[83] Idem.

[84] Idem.

Para FRIESZ a proteção ao investidor também remete à ideia de protegê-lo contra fraudes[85]. No entanto, de acordo com FRIESZ, é necessário que a regulamentação que versa sobre *crowdfunding* seja balanceada de tal forma que, além de proteger os investidores, tal regulamentação também facilite a formação de capital (não sendo excessivamente onerosa)[86]. Normas excessivamente onerosas têm como implicação um aumento nos custos de captação o que pode, muitas vezes, inviabilizar a realização de ofertas no mercado de *crowdfunding* pelas *startups*[87].

7. Público alvo nos termos da Instrução CVM 588

Conforme já mencionado, em 14 de julho de 2017 entrou em vigor a Instrução CVM 588, cujo escopo abrange as ofertas públicas de distribuição de valores mobiliários de emissão de sociedades empresárias de pequeno porte realizadas com dispensa de registro por meio de plataforma eletrônica de investimento participativo.

Especificamente no que diz respeito ao público alvo, a CVM esclareceu, por meio da publicação da Instrução CVM 588, que investidores de varejo estão autorizados a adquirir os títulos ofertados por meio de plataformas eletrônicas de investimento participativo. No entanto, para que possam ser usufruídas as dispensas automáticas de registro de companhia aberta e de registro da oferta, a CVM, assim como a SEC, estipulou um valor máximo por ano a ser aportado por cada investidor. Nos termos do *caput* do artigo 4º da Instrução CVM 588, o montante total a ser aplicado por investidor em valores mobiliários objeto da Instrução CVM 588 fica limitado à R$10.000,00 (dez mil reais),

[85] FRIESZ, CR. **Crowdfunding & Investor Education: Empowering Investors To Mitigate Risk & Prevent Fraud.** Suffolk University Law Review. 48, 131, 1º de janeiro de 2015.

[86] Idem.

[87] Idem.

por ano, exceto pelos investimentos realizados: (i) pelo investidor líder, (ii) pelo investidor que seja considerado investidor qualificado (cuja definição abrange os investidores profissionais) e (iii) pelo investidor "cuja renda bruta anual ou montante de investimentos financeiros seja superior à R$100.000,00 (cem mil reais)", sendo que, neste último caso, o limite anual de investimento poderá "ser ampliado para até 10% (dez por cento) do maior destes dois valores por ano-calendário". Para fins de cumprimento de referidos limites, nos termos do parágrafo único do artigo 4º da Instrução CVM 588, a plataforma eletrônica de investimento participativo é obrigada a, dentre outros, verificar o montante aplicado por cada um dos investidores em ofertas realizadas no seu ambiente, bem como obter declarações dos investidores nas hipóteses mencionadas nos itens (i) e (ii) acima atestando o respectivo enquadramento. As plataformas deverão, ainda, obter dos investidores termo de ciência de risco, por meio do qual estes deverão declarar, nos termos do inciso IV do artigo 19 da Instrução CVM 588, que tiveram "acesso às informações essenciais da oferta pública, em especial aos alertas de risco" e que estão cientes dos riscos descritos em referido inciso.

Além dos limites descritos acima, as dispensas automáticas de registro de companhia aberta e de registro da oferta estão condicionadas a outros requisitos estabelecidos pela Instrução CVM 588. Dentre aqueles previstos pelo artigo 3º, vale destacar: (i) existência, assim como estipulado pela regulamentação norte-americana, de valor máximo de captação, que no Brasil não poderá ser superior a R$5.000.000,00 (cinco milhões de reais), em substituição ao limite equivalente a R$2.400.000,00 (dois milhões e quatrocentos mil reais) que vigorava antes do advento da Instrução CVM 588; (ii) prazo de captação não superior a 180 (cento e oitenta) dias; (iii) o emissor deve ser sociedade empresária de pequeno porte (conforme definidas no inciso III do artigo 2º da Instrução CVM 588 e não mais conforme definidas pela Lei Complementar 123); (iv) deve ser garantido ao investidor um período mínimo de desistência, observado o disposto no inciso III do artigo 3º da Instrução CVM 588; e (v) os recursos captados pelo emissor não podem ser utilizados para os fins previstos no inciso IV do artigo 3º da Instrução CVM 588.

Adicionalmente, com o advento da Instrução CVM 588, as plataformas eletrônicas de investimento participativo, que anteriormente não eram regulamentadas, ficaram sujeitas a determinadas regras, incluindo a necessidade de se registrarem perante a CVM (nos termos do Capítulo IV da Instrução CVM 588), bem como a obrigação de divulgarem ao público em geral, em página na internet, algumas informações essenciais sobre a oferta e sobre o emissor (nos termos do Capítulo III da Instrução CVM 588), como, dentre outras, informações sobre o plano de negócios do emissor, as características do título ofertado, alerta sobre riscos e conflitos de interesse. Nota-se aqui, também, um paralelo com a regulamentação norte-americana que exige a divulgação aos potenciais investidores de diversas informações sobre a emissora.

Conclusão

Diante do exposto, (i) tendo em vista, por um lado, a relevância do *equity crowdfunding* como forma alternativa de obtenção de recursos por parte das empresas de pequeno porte no Brasil, mas, por outro, os estudos divulgados pela CVM que demonstram a evidente desinformação dos investidores quanto aos riscos envolvidos no mercado de *equity crowdfunding*, e (ii) em linha às considerações de PAREDES que apontam que o conflito entre a proteção do investidor e a formação de capital é apenas aparente, bem como com a prática que vem sendo adotada nos Estados Unidos, conclui-se que o público alvo das ofertas públicas de títulos de dívida conversíveis realizadas por meio de plataformas de *equity crowdfunding* não deveria, conforme recente posição adotada pela CVM por meio da publicação da Instrução CVM 588, ser restrito a investidores profissionais ou a investidores qualificados, devendo, apenas, ser impostos alguns requisitos para que tais ofertas, quando realizadas por empreendedores de pequeno porte, possam usufruir das dispensas automáticas de registro de companhia aberta e de registro da oferta perante a CVM.

Ao não restringir o mercado de *equity crowdfunding* a investidores profissionais ou qualificados, autorizando o acesso aos investidores de varejo, a Instrução CVM 588 facilita a formação de capital, na medida em que amplia as possibilidades de obtenção de recursos pelos empreendedores de pequeno porte e dá mais oportunidades para os investidores aplicarem seu capital. Em contrapartida, ao estabelecer que, para que possam ser concedidas as dispensas automáticas de registro de companhia aberta e de registro da oferta, determinados requisitos não excessivamente onerosos precisam ser observados, a Instrução CVM 588 traz a devida proteção aos investidores, na medida em que dá instrumentos para que estes possam dimensionar o risco dos investimentos e tomar decisões fundamentadas.

Referências

ANBIMA. **Edital de Audiência Pública SDM nº 03/14, da CVM – Investidores Qualificados e Profissionais**. 10 de julho de 2014. Disponível em: <http://www.cvm.gov.br/export/sites/cvm/audiencias_publicas/ap_sdm/anexos/2014/sdm0314-manifestacaoANBIMA_10-07-2014.pdf>. Acesso em 17 de junho de 2016.

ASSOCIAÇÃO BRASILEIRA DE EQUITY CROWDFUNDING. **O que é Equity Crowdfunding**. Disponível em: <http://equity.org.br/o-que-e>. Acesso em 22 de fevereiro de 2016.

BANCO CENTRAL DO BRASIL. Disponível em: <https://www3.bcb.gov.br/sgspub/localizarseries/localizarSeries.do?method=prepararTelaLocalizarSeries> Acesso em 26 de março de 2017.

BRASIL. **Lei nº 6.385, de 7 de dezembro de 1976**. Dispõe sobre o mercado de valores mobiliários e cria a Comissão de Valores Mobiliários. Palácio do Planalto Presidência da República, Brasília, DF, 7 de dezembro de 1976. Disponível em:<http://www.planalto.gov.br/ccivil_03/leis/L6385.htm>. Acesso em 19 de junho de 2016.

BRASIL. **Lei nº 6.404, de 15 de dezembro de 1976**. Dispõe sobre as Sociedades por Ações. Palácio do Planalto Presidência da República, Brasília, DF, 15 de dezembro de 1976. Disponível em: <http://www.planalto.gov.br/ccivil_03/leis/L6404consol.htm>. Acesso em 19 de junho de 2016.

BRASIL. **Lei nº 10.198, de 14 de fevereiro de 2001**. Dispõe sobre a regulação, fiscalização e supervisão dos mercados de títulos ou contratos de investimento coletivo, e dá outras providências. Palácio do Planalto Presidência da República, Brasília, DF, 14 de fevereiro de 2001. Disponível em: < http://www.planalto.gov.br/ccivil_03/leis/LEIS_2001/L10198.htm>. Acesso em 19 de junho de 2016.

BRASIL. **Lei Complementar nº 123, de 14 de dezembro de 2006**. Institui o Estatuto Nacional da Microempresa e da Empresa de Pequeno Porte; altera dispositivos das Leis no 8.212 e 8.213, ambas de 24 de julho de 1991, da Consolidação das Leis do Trabalho – CLT, aprovada pelo Decreto-Lei no 5.452, de 1o de maio de 1943, da Lei no 10.189, de 14 de fevereiro de 2001, da Lei Complementar no 63, de 11 de janeiro de 1990; e revoga as Leis no 9.317, de 5 de dezembro de 1996, e 9.841, de 5 de outubro de 1999. Palácio do Planalto Presidência da República, Brasília, DF, 14 de dezembro de 2006. Disponível em:< http://www.planalto.gov.br/ccivil_03/leis/LCP/Lcp123.htm>. Acesso em 19 de junho de 2016.

BROOTA. **Como funciona**. Disponível em: <http://www.broota.com.br/como-funciona>. Acesso em 17 de março de 2016.

BROOTA. **Manual do Investidor. Os principais termos para o investidor**. Disponível em: <https://www.broota.com.br/manual-do-investidor/principais-termos>. Acesso em 17 de maio de 2016.

BROOTA. **Quem pode investir?** 29 de fevereiro de 2016. Disponível em: < https://broota.zendesk.com/hc/pt-br/articles/216252328-Quem-pode-investir->. Acesso em 17 de maio de 2016.

BROOTA. **Termos de Uso**. Disponível em: <http://www.broota.com.br/termos-de-uso>. Acesso em 8 de abril de 2016.

CHOLAKOVA, M; CLARYSSE, B. **Does the possibility to make equity investments in crowdfunding projects crowd out reward-based investments?** 2014. p. 147. Disponível em: <http://onlinelibrary.wiley.com/doi/10.1111/etap.12139/epdf>. Acesso em 28 de novembro de 2015.

CODORNIZ, G; PATELLA, L; COPOLA, M. **Comentários à Lei do Mercado de Capitais – Lei nº 6.385/76.** Editora Quartier Latin do Brasil. 2015. P. 49.

Crowdexpert.com. **Massolution Crowdfunding Industry 2015 Report.** 31 de março de 2015. Disponível em: < http://crowdexpert.com/crowdfunding-industry-statistics>. Acesso em 26 de março de 2017.

CVM. **Instrução da CVM nº 400, de 29 de dezembro de 2003**. Dispõe sobre as ofertas públicas de distribuição de valores mobiliários, nos mercados primário ou secundário, e revoga a Instrução CVM nº 13, de 30 de setembro de 1980, e a Instrução CVM nº 88, de 3 de novembro de 1988. Disponível em: < http://www.cvm.gov.br/legislacao/inst/inst400.html>. Acesso em 19 de junho de 2016.

CVM. **Instrução da CVM nº 480, de 7 de dezembro de 2009**. Dispõe sobre o registro de emissores de valores mobiliários admitidos à negociação em mercados regulamentados de valores mobiliários. Disponível em: <http://www.cvm.gov.br/legislacao/inst/inst480.html>. Acesso em 19 de junho de 2016.

CVM. **Instrução da CVM nº 539, de 13 de novembro de 2013**. Dispõe sobre o dever de verificação da adequação dos produtos, serviços e operações ao perfil do cliente. Disponível em: < http://www.cvm.gov.br/legislacao/inst/inst539.html>. Acesso em 19 de junho de 2016.

CVM. **Instrução da CVM nº 588, de 13 de julho de 2017.** Dispõe sobre a oferta pública de distribuição de valores mobiliários de emissão de sociedades empresárias de pequeno porte realizada com dispensa de registro por meio de plataforma eletrônica de investimento participativo, e altera dispositivos da Instrução CVM nº 400, de 29 de dezembro de 2003, da Instrução CVM nº 480, de 7 de dezembro de 2009, da Instrução CVM nº 510, de 5 de dezembro de 2011, e da Instrução CVM nº 541, de 20 de dezembro de 2013. Disponível em: <http://www.cvm.gov.br/legislacao/instrucoes/inst588.html>. Acesso em 20 de outubro de 2017.

CVM. **Aviso de Prorrogação da Audiência Pública SDM Nº 06/2016.** Disponível em <http://www.cvm.gov.br/export/sites/cvm/audiencias_publicas/ap_sdm/anexos/2016/Aviso_AP_06_2016.pdf>. Acesso em 14 de março de 2017.

CVM. **Edital de Audiência Pública SDM Nº 06/2016.** 6 de novembro de 2016. Disponível em:<http://www.cvm.gov.br/export/sites/cvm/audiencias_publicas/ap_sdm/anexos/2016/sdm0616edital.pdf>. Acesso em 10 de março de 2017.

CVM. **O que Pensa o Investidor sobre Equity Crowdfunding?** 22 de janeiro de 2016. Disponível em: < http://pensologoinvisto.cvm.gov.br/qual-a-opiniao-dos-investidores-sobre-equity-crowdfunding/>. Acesso em 17 de maio de 2016.

CVM. **Pesquisa sobre Crowdfunding**. Agosto de 2015. Disponível em: <http://pensologoinvisto.cvm.gov.br/wp-content/uploads/2016/01/Relat%C3%B3rio-Pesquisa-Crowdfunding-Julho-2015-editada-para-Blog.pdf>. Acesso em 17 de maio de 2016.

Datt, F. **O universo bipolar do 'crowdfunding'**. Valor Econômico. 21 de outubro de 2015. Disponível em: <http://www.valor.com.br/financas/4278716/o-universo-bipolar-do-crowdfunding>. Acesso em 22 de fevereiro de 2016.

Eizirik, N.; Gaal, A. B.; Parente, F.; Henriques, M. F. **Mercado de Capitais – Regime Jurídico**. 3ª edição. Rio de Janeiro: Renovar, 2011.

EqSeed. **Quanto dinheiro um investidor deve considerar investir em empresas de etapa inicial?** Disponível em:< https://eqseed.com/br/faq/52367-quanto-dinheiro-um-investidor-deve-considerar-investir-em-empresas-de-etapa-inicial>. Acesso em 17 de maio de 2016.

Eqseed. **Perguntas gerais**. Disponível em: <https://eqseed.com/br/faq#t2n52339>. Acesso em 8 de abril de 2016.

Freedman, Dm; Nutting, Mr. **A Brief History of Crowdfunding.** 2015, p. 3. Disponível em: <http://www.freedman-chicago.com/ec4i/History-of-Crowdfunding.pdf>. Acesso em 19 de janeiro de 2016.

Friesz, CR. **Crowdfunding & Investor Education: Empowering Investors To Mitigate Risk & Prevent Fraud**. Suffolk University Law Review. 2015.

Hessel, C. **Foi dada a partida: com o lançamento de Broota e EuSócio, equity crowdfunding estreia no País levantando recursos apenas com qualificados**. Revista Capital Aberto, São Paulo, v.11, n.131. p. 42-45. jul. 2014.

Kirby, E.; Worner, S. **Crowd-funding: An Infant Industry Growing Fast**. 2014. p. 4. Disponível em: <http://www.iosco.org/research/pdf/swp/Crowd-funding-An-Infant-Industry-Growing-Fast.pdf.> Acesso em 31 de maio de 2015.

Loturco, R. **Ritmo de empréstimos diminui este ano**. Valor Econômico. 19 de dezembro de 2014. Disponível em: < http://www.valor.com.br/agro/3830154/ritmo-de-emprestimos-diminui-este-ano>. Acesso em 10 de junho de 2016.

Mans, M.; Sawada, T. **CVM prepara regulação para modelo de investimento**. 13 de junho de 2016. Disponível em: < http://link.estadao.com.br/noticias/empresas,cvm-prepara-regulacao-de-modelo-de-investimento,10000056812>. Acesso em 17 de junho de 2016.

Marques, Rafael Yonis. **Notas conversíveis no equity crowdfunding: sociedade de fato e risco de responsabilidade pessoal do investidor**. São Paulo: Quartier Latin, 2015. v. 14.

NASSER, C. **Retorno do Investimento.** 1º de março de 2016. Disponível em:< https://broota.zendesk.com/hc/pt-br/articles/215797727-Retorno-do--investimento>. Acesso em 18 de maio de 2016.

PAREDES, T. A. **Symposium: Jobs Act: The Terrible Twos: General Solicitation & Crowdfunding, The Next Frontier Of Securities Regulation +: Keynote Address.** Fordham Journal of Corporate & Financial Law. Vol. 20, núm. 2, abril de 2015.

PRESTON, J. **How Marillion pioneered crowdfunding in music.** 2014. Disponível em: <http://www.virgin.com/music/how-marillion-pioneered--crowdfunding-in-music>. Acesso em 23 de novembro de 2015.

SEBRAE. **Participação das Micro e Pequenas Empresas na Economia Brasileira.** 2014, p. 6. Disponível em <http://www.sebrae.com.br/Sebrae/Portal%20Sebrae/Estudos%20e%20Pesquisas/Participacao%20das%20micro%20e%20pequenas%20empresas.pdf>. Acesso em 31 de maio de 2015.

SEC. **Securities Act of 1933.** Disponível em: < https://www.sec.gov/about/laws/sa33.pdf>. Acesso em 19 de junho de 2016.

SEC. **Securities Exchange Act of 1934.** Disponível em: < https://www.sec.gov/about/laws/sea34.pdf>. Acesso em 19 de junho de 2016.

SEC. **Disqualification of Felons and Other "Bad Actors" from Rule 506 Offerings and Related Disclosure Requirements. A Small Entity Compliance Guide.** Set, 2013. Disponível em: < https://www.sec.gov/info/smallbus/secg/bad-actor-small-entity-compliance-guide.htm>. Acesso em 17 de junho de 2016.

SEC. **Investment Companies.** Disponível em <https://www.sec.gov/answers/mfinvco.htm>. Acesso em 16 de maio de 2016.

SEC. **Investor Bulletin: Crowdfunding for Investors.** 16 de fevereiro de 2016. Disponível em: < https://www.sec.gov/oiea/investor-alerts-bulletins/ib_crowdfunding-.html>. Acesso em 18 de maio de 2016.

SEC. **Registration of Funding Portals. A Small Entity Compliance Guide.** Disponível em: <https://www.sec.gov/divisions/marketreg/tmcompliance/fpregistrationguide.htm.>. Acesso em 15 de maio de 2016.

SEC. **Small Business and the SEC. A guide for small businesses on raising capital and complying with the federal securities laws.** Disponível em: <https://www.sec.gov/info/smallbus/qasbsec.htm.> Acesso em 7 de maio de 2016.

WALSH, K. J. **At long last, crowdfunding under title III of the JOBS Act is here.** The Corporate & Securities Law Advisor. Dez, 2015, Vol. 2, p2. Aspen Publishers.

Os Fundos de Investimento em Participações e o Crime de Lavagem de Dinheiro: Hipóteses de Configuração e Responsabilidade Penal

Narjara Pavan Vilarinho de Oliveira

Introdução

Neste estudo será analisada a possibilidade da prática, por meio de fundos de investimento em participações (FIPs), das condutas previstas nas leis que tratam do crime de lavagem de dinheiro, considerando-se a alteração legislativa de 2012, que implementou profunda modificação no referido tipo penal.

A Lei nº 12.683, de 09 de julho de 2012 (Lei nº 12.683), alterou o *caput* do artigo 1º da Lei nº 9.613, de 03 de março de 1998 (Lei nº 9.613) para prever que qualquer infração penal, seja crime ou contravenção penal, que tutele bem jurídico de qualquer natureza (tráfico de drogas, corrupção, roubo, crimes contra a Administração Pública, etc.), poderá ser considerado como crime antecedente da conduta da lavagem de dinheiro. Além de modificar os tipos penais, o rol de pessoas que devem observar as obrigações previstas na Lei nº 9.613 também foi ampliado pela Lei nº 12.683, exigindo dessas pessoas (físicas ou jurídicas) a implementação ou a intensificação dos controles internos e do *compliance*.

Diante desse cenário de modificação da lei penal e tendo o Brasil experimentado um significativo aumento, nos últimos anos, de denúncias de esquemas de corrupção, da utilização de diversas estruturas jurídicas para a ocultação e dissimulação de valores, é muito importante que o Mercado Financeiro e de Capitais esteja atento a essa realidade e que todas as precauções sejam tomadas para que não seja caracterizada qualquer irregularidade.

Como é possível observar na tabela abaixo, divulgada pela publicada Associação Brasileira das Entidades dos Mercados Financeiro e de Capitais – Anbima[1], o número de FIPs no Brasil tem crescido constantemente:

Período	FIP
dez-08	74
dez-09	87
dez-10	166
dez-11	368
dez-12	490

Período	FIP
dez-13	593
dez-14	684
dez-15	781
dez-16	871
mar-17	883

Serão discutidas neste estudo as hipóteses de cometimento do crime de lavagem de dinheiro por meio dos FIPs, quais os reflexos para o administrador, para o gestor, caso haja esse prestador de serviços, bem como para o próprio cotista. Também será discutida a eventual prática de lavagem de dinheiro por empresa investida pelo FIP.

[1] ASSOCIAÇÃO BRASILEIRA DAS ENTIDADES DOS MERCADOS FINANCEIRO E DE CAPITAIS – ANBIMA. **Consolidado Histórico de Fundos de Investimento.** Disponível em: <http://www.anbima.com.br/pt_br/informar/estatisticas/fundos-de-investimento/fi-consolidado-historico.htm>. Acesso em: 30 abr. 2017.

Para tanto será feita breve análise histórica do desenvolvimento desse tipo penal, da cooperação internacional para o combate dessa prática e as fases de implementação da legislação no Brasil. Também serão estudados os principais elementos do tipo penal, a relevância da existência do *compliance* para identificação de hipóteses de risco e de operações suspeitas e para a demonstração da existência ou não de dolo na prática da conduta da lavagem de dinheiro.

No que tange ao dolo dos autores do crime, será analisada a aplicação, pelo Supremo Tribunal Federal (STF), da teoria da cegueira deliberada na prática da lavagem de dinheiro e as implicações decorrentes da adoção desta teoria.

Por meio da análise de todos os elementos mencionados acima, serão exemplificadas situações nas quais poderá ser praticada a lavagem de dinheiro por meio dos FIPs, tanto pelo cotista investidor, como pelo administrador ou pelo gestor.

Nesse artigo não temos a pretensão de analisar todas as questões relativas ao tipo penal da lavagem de dinheiro e nem todas as hipóteses nas quais ela poderia ser praticada por meio dos FIPs, mas apenas introduzir a problemática da modificação legislativa e dos possíveis reflexos que poderão ser experimentados pelo mercado dos FIPs. Também não será estudada a responsabilidade civil ou administrativa que decorreria da prática da conduta da lavagem de dinheiro por administradores ou gestores de fundos de investimentos.

1. O crime de lavagem de dinheiro: histórico e estudo do tipo penal

1.1. Surgimento da prática da lavagem de dinheiro e evolução legislativa

Internacionalmente o combate à lavagem de dinheiro nasceu em resposta ao combate ao tráfico internacional de drogas ilícitas, ao crime organizado e à corrupção. Para desestruturar os grupos criminosos envolvidos nesses crimes não bastava prender seus agentes, seria necessário minar os recursos obtidos.

Buscando evitar essa nova abordagem das autoridades e para conferir uma roupagem lícita ao dinheiro, evitando que ele fosse identificado como resultado financeiro de condutas delituosas, os criminosos passaram a desenvolver certas operações para conferir licitude aos recursos, utilizando de estruturas inicialmente lícitas.

Como uma das primeiras formas de dissimulação de recursos, que acabou dando origem à expressão *money laundering*[2] e que remonta às décadas de 1920 e 1930, parte da máfia norte-americana adquiriu diversos estabelecimentos de lavagem de roupas por máquinas automáticas para mesclar os lucros decorrentes desta atividade com a receita decorrente de crimes[3]. Portanto, os Estados Unidos da América se tornou pioneiro nesse tipo de investigação e na edição de normas que objetivam identificar e fiscalizar as operações bancárias[4].

Adicionalmente ao cenário histórico do combate aos grupos organizados, outro fator determinou o grande crescimento da prática da lavagem de dinheiro, permitindo a potencialização dos grupos criminosos internacionais, foi o nascimento e popu-

[2] Conforme: BOTTINI, Pierpaolo Cruz. Aspectos Conceituais da Lavagem de Dinheiro. In: _______. **Lavagem de Dinheiro**: aspectos penais e processuais penais. Comentários à Lei 9.613/1998, com as alterações da Lei 12.683/2012. 2ª ed. atual. e ampl. São Paulo: Editora Revista dos Tribunais, 2013. p. 23. Segundo referido autor, o termo lavagem de dinheiro foi empregado inicialmente pelas autoridades norte-americanas, tendo sido utilizado pela primeira vez em um processo judicial nos EUA em 1982, e então foi incorporado à literatura jurídica e em textos normativos nacionais e internacionais.

[3] Conforme: BARROS, Marco Antonio de. **Lavagem de Capitais e Obrigações Civis Correlatas: com comentários, artigo por artigo, à Lei 9.613/1998**. 2ª ed. rev., atual. e ampl. São Paulo: Editora Revista dos Tribunais, 2007. p. 41.

[4] Em lei editada em 1970, os Estados Unidos da América tornou obrigatório o registro diário de depósitos bancários superiores a US$10,000. Para burlar essa exigência, os criminosos faziam depósitos de valores até US$9,999.

larização da comunicação pela *internet*. Esse fenômeno, sem dúvidas, também foi muito aproveitado pelo mercado ilícito.

A intensificação da globalização e das comunicações[5] trouxe diversos benefícios para a economia mundial, mas também trouxe algumas distorções econômicas para os países em desenvolvimento e aumentou a possibilidade de os criminosos expandirem e diversificarem sua atuação[6]:

> A inserção de recursos de origem ilícita na economia formal é objeto e dupla preocupação por parte da comunidade internacional: para a economia, uma ameaça à estabilidade monetária e fiscal, já que não possuem absolutamente nenhum vínculo com o país receptor do "investimento" (assim como o capital especulativo comum), pois, na verdade, não são detectados como sendo de organizações criminosas, mas tão-somente de "investidores" e, por isso, podem provocar uma alteração intempestiva nos fluxos de capitais entre os países, forçando a um aumento da carga tributária para compensar eventuais perdas; e por representar motivo de apreensão quanto ao aspecto criminal, pois significa, grosso modo, o financiamento de operações que põem em risco a vida, a integridade física e o patrimônio das pessoas.

[5] Para Joseph E. Stiglitz globalização "fundamentalmente, é integração mais estreita dos países e dos povos do mundo que tem sido ocasionada pela enorme redução de custos de transporte e de comunicações e a derrubada de barreiras artificiais aos fluxos de produtos, serviços, capital, conhecimento e (em menor escala) de pessoas através das fronteiras. A globalização tem sido acompanhada pela criação de novas instituições que tem se juntado às já existentes com o objetivo de trabalharem através das fronteiras. [...] A globalização é impulsionada pelas corporações internacionais, que não só movimentam capital e mercadorias através das fronteiras como também movimentam tecnologia". STIGLITZ, Joseph E., ANO apud PINTO, Edson. **Lavagem de capitais e paraísos fiscais**. São Paulo: Atlas, 2007. p. 57.

[6] Conforme: PINTO, Edson. **Lavagem de capitais e paraísos fiscais.** São Paulo: Atlas, 2007. p. 57-63.

Diante desse cenário, diversos países se reuniram para, internacionalmente, darem origem a formas de combate à referida prática e tipificá-la como conduta penal autônoma dos crimes antecedentes[7].

A prática da lavagem de dinheiro é composta de mais de uma etapa e tanto a prevenção como a criminalização da lavagem de dinheiro buscam abranger todas elas. Essas etapas são divididas como etapas de conversão, de dissimulação e de integração, de acordo com Edson Pinto[8]:

> *Conversão*: primeira etapa do processo, também é chamada de ocultação, colocação ou, internacionalmente, *placement*. Busca escamotear a origem ilícita dos fundos obtidos com o crime primário, através de aplicações no sistema financeiro ou na economia formal, como a compra de bens móveis e imóveis, obras de arte, pedras preciosas etc., justamente para disfarçar a natureza, fonte, propriedade ou controle dos recursos. (...)
>
> *Dissimulação*: segunda etapa técnica, também conhecida como estratificação, difusão, camuflagem, cobertura ou, internacionalmente, *empilage* ou *layering*. É realizada através de uma teia de negócios e operações complexas com um objetivo muito nítido, qual seja, o distanciamento dos fundos ilícitos, disfarçando eventuais evidências da origem, do beneficiário e da localização dos

[7] ANSELMO, Márcio Adriano. *Compliance* e lavagem de dinheiro: o papel dos novos Reguladores. **Revista de Direito Bancário e do Mercado de Capitais**. vol. 69/2015, p. 349-378, jul.-set. 2015. Disponível em <http://revistadostribunais.com.br/maf/app/resultList/document?&src=rl&srguid=i0ad6007a000001556964adcf338f19ec&docguid=I7e428d908a9111e5956e010000000000&hitguid=I7e428d908a9111e5956e010000000000&spos=7&epos=7&td=7&context=43&startChunk=1&endChunk=1>. Acesso em: 19 jun. 2016. (Paginação da versão eletrônica difere da versão impressa)

[8] **Lavagem de capitais e paraísos fiscais**. São Paulo: Atlas, 2007. p. 106-107. (Grifo do autor).

recursos, para dificultar ou, mesmo, impedir o rastreamento contábil dos bens em caso de investigação. (...)

Integração (integration): é a etapa que exaure o esquema, aspirando o agente, sem levantar suspeitas, promover a disponibilização do dinheiro através da inserção do produto do crime na economia legal, ou seja, nos setores produtivos, de serviços ou de capitais, realizando negócios, investimentos, aquisições, etc., na maioria das vezes em operações absolutamente legais, que visem facilitar suas atividades futuras, mas com ânimo definitivo.

Nas duas primeiras etapas há maior exposição dos agentes que pretendem lavar o capital, razão pela qual a maior parte da fiscalização, controle e das hipóteses de repressão estão direcionadas a essas fases.

Para permitir a persecução do dinheiro no mundo da comunicação virtual foi necessário que os países formassem um esforço conjunto (dos próprios países e dos entes privados, em especial das instituições financeiras)[9], por meio do qual diversos tratados e convenções internacionais foram assinados, tais como a Convenção de Viena (1988), de Palermo (2000) e de Mérida (2003).

Vale destacar, ainda, a criação do Grupo de Ação Financeira em Lavagem de Dinheiro (GAFI)[10], em 1989, no âmbito da Organização para a Cooperação e o Desenvolvimento Econômico (OCDE), com a finalidade de examinar medidas, desenvolver e promover políticas de combate à lavagem de dinheiro.

[9] Conforme: BADARÓ, Gustavo Henrique; BOTTINI, Pierpaolo Cruz. **Lavagem de Dinheiro** – aspectos penais e processuais penais, comentários à Lei 9.613/1998, com as alterações da Lei 12.683/2012. 2ª ed. atual. e ampl. São Paulo: Editora Revista dos Tribunais, 2013. p. 30-31.

[10] CONSELHO DE CONTROLE DE ATIVIDADES FINANCEIRAS – COAF. **GAFI**. Disponível em: <http://www.coaf.fazenda.gov.br/backup/atuacao-internacional/participacao-no-gafi>. Acesso em 01 jun. 2016.

O Brasil, em 1999, integrava o GAFI/FATF apenas como observador, tornando-se membro efetivo em 2000[11].

Paralelamente ao esforço internacional, na década de 90 já tinha sido tipificada pelo Brasil a conduta relacionada ao mascaramento de capitais, quando da edição da Lei nº 8.383/1991, que no artigo 64 descreveu, em coautoria com o crime de falsidade, a prática de gerente ou administrador de instituição financeira ou assemelhada que concorrer para abertura de contas ou movimentação de recursos sob nome falso, de pessoa inexistente, ou de pessoa jurídica liquidada ou sem representação regular[12].

A Convenção de Viena, assinada em 1988, foi ratificada pelo Brasil por meio do Decreto nº 154, de 26 de junho de 1991. Em cumprimento ao que o Brasil se obrigou nesta Convenção, foi editada a Lei nº 9.613, de 03 de março de 1998[13], que dispõe *sobre os crimes de "lavagem" ou ocultação de bens, direitos e valores; a preven-*

[11] BANCO CENTRAL DO BRASIL. **Ação do Estado e papel do Banco Central**. 2015. Disponível em: <http://www.bcb.gov.br/fis/supervisao/acaoestado.asp>. Acesso em 05 maio 2016.

[12] Nessa mesma época o Banco Central do Brasil expediu as primeiras resoluções que objetivavam maior controle sobre as atividades dos clientes das instituições financeiras, tais como a Resolução 2025 do Conselho Monetário Nacional (CMN), de 24 de novembro de 1993, que altera e consolida as normas relativas a abertura, manutenção e movimentação de contas de depósitos e respectivas alterações; a Circular 2852 do Banco Central do Brasil, de 3 de dezembro de 1998, dispõe sobre os procedimentos a serem adotados na prevenção e combate às atividades relacionadas com os Crimes de Lavagem de Dinheiro, conforme Lei 9.613/1998; a Carta -Circular 2826 do Banco Central do Brasil, de 4 de dezembro de 1998, divulga relação de operações e situações que podem configurar indício de ocorrência dos Crimes de Lavagem de Dinheiro, conforme Lei 9.613/1998 e estabelece procedimentos para a comunicação ao Banco Central do Brasil as ocorrências de operações suspeitas, devendo ser consideradas as partes envolvidas, os valores, as formas de realização, os instrumentos utilizados ou a falta de fundamento econômico ou legal, que possam configurar indícios de ocorrência dos crimes previstos na Lei 9.613/1998.

[13] BADARÓ; BOTTINI, op. cit., p. 37-38.

ção da utilização do sistema financeiro para os ilícitos previstos nesta Lei; cria o Conselho de Controle de Atividades Financeiras – COAF, e dá outras providências.

A Convenção das Nações Unidas contra o Crime Organizado Transnacional, também conhecida como Convenção de Palermo, de 2000, foi ratificada pelo Decreto nº 5.015, de 12 de março de 2004, e objetiva *promover a cooperação para prevenir e combater mais eficazmente a criminalidade organizada transnacional.*

A Convenção de Mérida de 2003, por sua vez, foi ratificada por meio do Decreto nº 5.687, de 31 de janeiro de 2006.

Posteriormente à edição da Lei nº 9.613, de 03 de março de 1998, internamente o Brasil também editou outras leis a respeito da matéria, sempre buscando seguir o movimento internacional de aumento da repressão à prática da lavagem: (i) em 2002, por meio da Lei nº 10.467, acrescentou no artigo 1º os crimes praticados por particular contra a administração pública estrangeira como conduta antecedente da lavagem de dinheiro; (ii) em 2003, por meio da Lei nº 10.701, incluiu o financiamento do terrorismo como antecedente da lavagem de dinheiro, e obrigou o Banco Central a manter registro centralizado de correntistas e clientes de instituições financeiras, autorizando o COAF a requerer da Administração Pública as informações cadastrais bancárias e financeiras das pessoas envolvidas com atividades suspeitas, trazendo outras alterações pontuais; e (iii) em 2012, por meio da Lei nº 12.683, modificou substancialmente a Lei 9.613, trazendo diversos novos dispositivos com a finalidade de tornar mais eficiente a persecução penal dos crimes de lavagem de dinheiro.

1.2. O dever de cooperação pelos entes privados

O grande objetivo dos países ao adotar a padronização das normas sempre foi possibilitar a repressão do crime em todo o mundo e a troca de informações e de experiências. Para tanto as convenções internacionais trazem obrigações de colaboração aplicáveis ao setor público e ao setor privado. Pessoas ou entidades que atuam em áreas tidas como sensíveis à lavagem de dinheiro, por estarem inseridas nos diversos setores utilizados para o mascaramento de bens de origem ilícita, são "forçadas" a fornecer informações a respeito de operações suspeitas e a manter cadastro completo de seus clientes, buscando o maior nível de informação possível que permita conhecer a origem dos recursos.

As Convenções de Palermo e de Mérida, nos artigos 7 e 14, respectivamente, trazem como "medidas para combater a lavagem de dinheiro" e "medidas para prevenir a lavagem de dinheiro", as obrigações de identificar o cliente, registrar as operações e denunciar as suspeitas, examinar as transferências de fundos para o exterior que não traga informações completas do remetente, etc.

Um dos principais pontos da Lei nº 12.683 foi ampliar, no seu artigo 9º, o rol dos agentes que estão obrigados a observar as regras de colaboração[14]. Também foi estipulada a necessidade, para todos os agentes mencionados na lei, de manutenção de políticas de controles internos e de *compliance* adaptadas ao tamanho da empresa e ao setor em relação ao qual ela atua (artigos 10 e 11)[15]:

> A imposição dessas obrigações tem grande impacto sobre o funcionamento dos setores obrigados, especialmente daqueles

[14] Ver no Anexo A o inteiro teor dos artigos 9º ao 11-A da Lei nº 9.613, com a redação dada pela Lei nº 12.683.

[15] Bottini, Pierpaolo Cruz. Aspectos Conceituais da Lavagem de Dinheiro. In: Badaró, Gustavo Henrique; ________. **Lavagem de Dinheiro**: aspectos penais e processuais penais: comentários à Lei 9.613/1998, com as alterações da Lei 12.683/2012. 2ª ed. atual. e ampl. São Paulo: Editora Revista dos Tribunais, 2013. p. 36-37. (Grifo do autor).

> que fazem do *sigilo* e da *confiança* seus princípios estruturantes. O cumprimento de regras de *registro* e *comunicação* transforma as instituições em *delatores institucionalmente obrigados* em relação a eventuais atividades ilícitas praticadas por seus clientes, forçando a reformulação de políticas de relacionamento, para alcançar um equilíbrio entre o *dever de colaboração* com as autoridades públicas e a manutenção da *relação de confiança* com o cliente. O problema se acirra nos casos em que os *profissionais/entidades obrigados* exercem atividades cujo *sigilo* sobre informações obtidas no contexto profissional não só é inerente ao exercício da função, mas é exigido e imposto por *lei*, como no caso dos *advogados*.

Como crítica às modificações legislativas menciona-se que o legislador não considerou a heterogeneidade das atividades listadas no artigo 9º da Lei nº 9.613, bem como o fato de que certas empresas, por questão de custo, podem não ter condições de implementar controles que cumpram as determinações mínimas da lei e respectivos normativos dos órgãos fiscalizadores[16].

As informações que são fornecidas pelos agentes serão recebidas pelos órgãos de fiscalização e combate à lavagem de dinheiro do Brasil, tais como o COAF, o BACEN e a própria CVM, e fomentarão as investigações e os processos movidos em face dos autores do delito.

A depender do setor ou atividade exercida pelo agente, há regulamentação específica a respeito das operações consideradas como suspeitas, das pessoas tidas como politicamente expostas, do tempo que deverão ser arquivadas as operações praticadas pelos agentes, etc. Como no presente trabalho será analisada adiante apenas a possibilidade da utilização dos FIPs

[16] Candeloro, Ana Paula; De Rizzo, Maria Balbina; Pinho, Vinícius. **Compliance 360º**: riscos, estratégias, conflitos e vaidades no mundo corporativo. 2ª ed. rev. e atual. São Paulo: Ed. do Autor, 2015. p.302.

para a lavagem de dinheiro, somente será estudada a regulamentação da Comissão de Valores Imobiliários (CVM) a respeito dessa questão, atualmente objeto da Instrução CVM nº 301, de 16 de abril de 1999, com as alterações introduzidas pelas Instruções CVM nºs 463/08, 506/11, 523/12, 534/13 e 553/14.

1.3. Breve estudo do tipo penal

O tipo penal da lavagem de dinheiro e dos demais crimes correlatos constam do artigo 1º e parágrafos da Lei nº 9.613, com a redação dada pela Lei nº 12.683. Ressalta-se que neste artigo não se pretende esgotar essa análise, mas apenas trazer os principais pontos que para que seja possível, adiante, discutirmos a eventual responsabilidade penal do administrador, do gestor ou do investidor dos fundos de investimento em participações.

A modificação legal aumentou o campo da tipificação dos delitos relativos à lavagem de dinheiro, gerando diversos questionamentos que ainda serão debatidos pela doutrina e jurisprudência. Contudo, destacaremos pontos do julgamento da Ação Penal n. 470 do STF[17], conhecida como ação do mensalão, que é tida como paradigma para a aplicação das regras sobre lavagem de dinheiro.

1.3.1. Bem jurídico tutelado

A identificação do bem jurídico tutelado pela norma penal é essencial para que seja possível analisar eventual *bis in idem* de repreensão de condutas praticadas pelo agente. E esse é o tema central nos delitos de lavagem de dinheiro, já que para sua existência sempre é necessário um delito antecedente.

[17] BRASIL. Supremo Tribunal Federal. Inteiro Teor do Acórdão da Ação Penal nº 470 Minas Gerais. Ministério Público Federal. Relator: Ministro Joaquim Barbosa. Brasília, 17 dez. 2012. **Supremo Tribunal Federal**. Disponível em: <ftp://ftp.stf.jus.br/ap470/InteiroTeor_AP470.pdf>. Acesso em 10 jun. 2016.

Na lavagem de dinheiro a indicação do bem jurídico tutelado não é pacífica. Na primeira fase histórica de tipificação da conduta buscava-se atingir o tráfico internacional de drogas. Portanto, entendia-se que o bem jurídico tutelado seria a saúde pública. Na segunda fase, quando outros crimes foram inseridos num rol taxativo de crimes antecedentes, tais como a corrupção, extorsão mediante sequestro, etc., podia-se identificar os bens jurídicos com base nos crimes antecedentes, tais como a administração pública, liberdade individual e patrimônio, etc.[18]

Porém, com o alargamento dos crimes antecedentes trazido pela lei atual, faz-se necessária a identificação de um bem jurídico tutelado específico na lavagem de dinheiro e nos delitos correlatos.

Para Pierpaolo Cruz Bottini[19] o bem jurídico tutelado pela lavagem de dinheiro é a Administração da Justiça, porque, em breve síntese, o que o delito busca apenar é a conduta do autor de inserir bens de origem ilícita na economia, dificultando ou impedindo sua identificação, obstaculizando a ação da Justiça. Também seria esse o bem jurídico para os demais tipos penais constantes dos parágrafos do artigo 1º, vez que em qualquer dos tipos a intenção da legislação é punir aquele que oculta os valores ilícitos na economia. Assim, estaria justificada também a identidade de penas para condutas distintas.

[18] Para o questionamento a respeito da identidade de bens jurídicos tutelados entre o crime antecedente e o crime de lavagem de dinheiro consultar BOTTINI, Pierpaolo Cruz. O crime de lavagem de dinheiro. In: BADARÓ, Gustavo Henrique; ________. **Lavagem de Dinheiro** – aspectos penais e processuais penais, comentários à Lei 9.613/1998, com as alterações da Lei 12.683/2012. 2ª ed. atual. e ampl. São Paulo: Editora Revista dos Tribunais, 2013. p. 52-55.

[19] Conforme: BOTTINI, Pierpaolo Cruz. O crime de lavagem de dinheiro. In: BADARÓ, Gustavo Henrique; ________. **Lavagem de Dinheiro** – aspectos penais e processuais penais, comentários à Lei 9.613/1998, com as alterações da Lei 12.683/2012. 2ª ed. atual. e ampl. São Paulo: Editora Revista dos Tribunais, 2013. p. 60-61.

Fausto Martin de Sanctis[20], por sua vez, entende que na lavagem de dinheiro há um bem jurídico tutelado direto e outro indireto, quais sejam, a ordem socioeconômica-financeira e a Administração da Justiça, respectivamente.

1.3.2. Sujeito ativo e sujeito passivo

Trata-se de crime comum[21]. Qualquer pessoa que pratique ato de dissimulação e ocultação poderá praticar o tipo penal. O autor poderá ser o próprio sujeito ativo do crime antecedente ou terceira pessoa, já que o crime de lavagem de dinheiro, apesar de depender de uma conduta ilícita antecedente, não é crime acessório, mas sim tipo penal autônomo.

O sujeito passivo, por sua vez, sempre será o Estado, independentemente do bem jurídico tutelado.

1.3.3. Principais condutas

No artigo 1º, *caput*, da Lei nº 9.613 a conduta é "ocultar ou dissimular a natureza, origem, localização, disposição, movimentação ou propriedade de bens, direitos ou valores provenientes, direta ou indiretamente, de infração penal". Pode-se observar que as primeiras duas etapas do processo da lavagem de dinheiro (ocultação e dissimulação) estão presentes nesse delito.

A prática de qualquer dos núcleos do tipo já caracteriza o crime. Caso o sujeito ativo pratique as fases primeira e segunda da lavagem de dinheiro com relação ao mesmo recurso de origem ilícita estará sendo praticado, nesse caso, apenas um crime de lavagem de dinheiro, porque a ocultação será ato anterior à dissimulação.

É importante destacar, contudo, que o autor deverá possuir o dolo de mascaramento dos recursos de origem ilícita. Desta

[20] **Combate à lavagem de dinheiro**: teoria e prática. Campinas: Millennium Editora, 2008. p. 31-34.

[21] Bottini, op. cit., p. 34.

forma, caso o autor do crime antecedente de roubo guarde o dinheiro em casa, apesar de haver a ocultação, como não houve a intenção de "limpar" o capital e reinseri-lo na economia, não haverá lavagem de dinheiro[22].

A doutrina também defende ser a lavagem crime de resultado, porque é necessária a ocultação ou dissimulação para que o crime ocorra.

O *caput* do artigo 1º menciona genericamente "infração penal" como crime antecedente, o que abrange os crimes e as contravenções penais, portanto. Diante da redação legal, as infrações civis ou administrativas não poderão ser tidas como infração antecedente para fins da configuração da lavagem de valores. Esse é um ponto importante, já que há casos que determinam a responsabilidade administrativa ou civil dos administradores ou gestores dos fundos, mas que não são geram infrações penais.

Ainda com relação ao crime antecedente, outro ponto relevante diz respeito a necessidade ou não de o crime ter sido apenado, ou que, ao menos, haja condição de culpabilidade para que possa existir o crime de lavagem de dinheiro. Com relação a esse aspecto Pierpaolo Cruz Bottini afirma que[23]:

> O *caput* do art. 1º descreve como típico o comportamento de *ocultar* ou *dissimular* bens ou produtos *provenientes* de *infração penal*, que compreende o *crime* e a *contravenção penal*. Diante das discussões expostas e da constatação de que o legislador optou pela concepção *dicotômica* de crime, haverá lavagem sempre que o ato anterior for um *injusto penal*, ou seja, um ato *típico* e *antijurídico*, não importando a *culpabilidade* ou a existência de qualquer condição de punibilidade no comportamento de origem. O crime

[22] BOTTINI, op. cit., p. 75.

[23] Ibidem, p. 88-89. (Grifo do autor).

> de *lavagem de dinheiro* tem relação de *acessoriedade limitada* com seu antecedente. Basta o *injusto* deste para completar o elemento típico daquele.
>
> (...)
>
> Em suma, basta que o fato seja *típico* e *antijurídico* para a materialização do elemento típico *infração penal*, seja no crime, seja na contravenção. Em um giro semântico, ficam excluídos do conceito de *infração penal* os fatos *atípicos* ou *justificados*.

Até infração penal praticada no exterior pode ser considerada como crime antecedente para a prática da lavagem de dinheiro no Brasil. Basta, tal como referido anteriormente, que a conduta seja típica e antijurídica também no Brasil.

Quanto à consumação, os crimes são classificados como instantâneos ou permanentes, o que determina haver ou não a permanência do delito no tempo. Se admitido que o crime de lavagem de dinheiro é crime permanente, há o estado da flagrância durante todo o tempo em que está havendo a ocultação ou a dissimulação. Ao passo que, se entendido como crime instantâneo, há o crime no momento da ocultação ou dissimulação e a manutenção dessa situação é consequência do crime.

Para Pierpaolo Cruz Bottini[24], deve ser aplicado ao crime de lavagem de dinheiro o mesmo entendimento do STF com relação ao crime de estelionato contra a administração previdenciária, qual seja, haverá permanência delitiva se o autor do crime puder interferir na interrupção da lesão do bem jurídico tutelado.

Caracterizar a lavagem de dinheiro como crime permanente reflete na prescrição penal, uma vez que enquanto perdurar a prática do delito no crime permanente, não se inicia a contagem da prescrição da pretensão punitiva.

[24] BOTTINI, op. cit., p. 79.

No crime de lavagem de dinheiro, se o autor oculta ou dissimula a origem ilícita dos recursos para seu benefício, estaria praticando conduta permanente, enquanto que se o agente meramente auxilia no processo da lavagem, sem ter condições de interromper o crime em andamento, pratica delito instantâneo.

Fausto Martins de Sanctis[25] também entende desta forma, destacando que a diferenciação do crime permanente para o instantâneo de fato decorrerá da intenção do agente, ou seja, se ele tinha ou não condições de interromper a ofensa ao bem jurídico protegido e não o fez.

Em relação à conduta prevista no parágrafo 1º do artigo 1º da Lei nº 9.613, o tipo penal traz redação mais restritiva que a do *caput* do artigo, porque não é feita referência a bens ou valores indiretamente decorrentes de infração penal. Portanto, no parágrafo 1º, apesar de a lei ainda mencionar como núcleos da conduta a ocultação ou dissimulação, exige-se modalidade especial dessas condutas, observados os demais núcleos do tipo penal constantes dos incisos I a III.

Uma particularidade de parte das condutas do inciso II do parágrafo 1º é a impossibilidade de haver a autolavagem, ou seja, a lavagem de dinheiro pelo mesmo agente que cometeu o crime antecedente. Aquele que adquire, recebe, troca, negocia, dá ou recebe em garantia recursos de origem ilícita não pode ser o mesmo autor do crime antecedente.

O dolo necessário às condutas do parágrafo 1º é o dolo direto, porque o sujeito ativo precisa conhecer a origem ilícita dos bens (procedência direta do crime antecedente) e ter a intenção, por um dos núcleos dos incisos, de mascarar essa origem.

O inciso I desse parágrafo também exige bens diretamente decorrentes do crime antecedente, já que o tipo penal fala em

[25] **Combate à lavagem de dinheiro**: teoria e prática. Campinas: Millennium Editora, 2008. p. 02.

"bens, direitos ou valores provenientes de infração penal". Porém, diferentemente das demais condutas, o inciso I do parágrafo 2º traz uma hipótese de cometimento do crime com dolo eventual, vez que[26]:

> A supressão da expressão *"que sabe"* teve o claro objetivo de agregar a punição pelo *dolo eventual* no caso de uso dos bens de origem *suja*. Ou seja, o legislador estendeu a tipicidade àquele que suspeita da proveniência infracional dos bens, e ainda assim os utiliza na atividade econômica ou financeira, assumindo o risco de praticar *lavagem de dinheiro*.

Na conduta do inciso II do parágrafo 2º é importante destacar que apesar da redação genérica, abrangendo qualquer pessoa que "participa de grupo, associação ou escritório tendo conhecimento de que sua atividade principal ou secundária é dirigida à prática de crimes previstos", Pierpaolo Cruz Bottini afirma que é necessário para ser autor ou partícipe desse crime que haja contribuição para a prática do delito.

Caso contrário, qualquer pessoa que trabalhasse em escritório que saiba estar envolvido direta ou indiretamente na lavagem de dinheiro seria autor ou partícipe desse crime, observado o disposto no artigo 29 do Código Penal[27]. Segundo mencionado autor, essa não seria a melhor interpretação do texto da lei.

Após o estudo dos principais pontos dos tipos penais da lavagem de dinheiro, é possível identificarmos, exemplificativamente e sem a intenção de esgotar todas as hipóteses, quais situações poderiam configurar a lavagem de dinheiro para os administradores, gestores e cotistas dos FIPs.

[26] BOTTINI, op. cit., p. 114. (Grifo do autor).

[27] BOTTINI, op. cit., p. 116-117.

2. A possibilidade de utilização dos FIPS como instrumento para a lavagem de dinheiro

De acordo com o mencionado no capítulo anterior, a lavagem de dinheiro pode estar relacionada a diversos crimes antecedentes, tais como o tráfico de entorpecentes, a corrupção, o terrorismo, o crime organizado, crimes contra o patrimônio, etc.

Há, inclusive, questionamento doutrinário a respeito da possibilidade de o crime antecedente também estar relacionado a delito contra a ordem tributária, uma vez que não há no artigo 1º da Lei nº 9.613, já com a redação dada pela Lei nº 12.683, qualquer restrição à natureza da infração antecedente. Desta forma, poderiam os recursos provenientes de infração tributária, se ocultados e dissimulados, caracterizar para o agente a prática da lavagem de dinheiro.

No tocante à regulamentação voltada ao Mercado de Capitais, as práticas que visam prevenir e identificar a lavagem de dinheiro já foram estabelecidas, em 1999, pela CVM, por meio da Instrução nº 301, que disciplina diversas regras sobre a lavagem de dinheiro no mercado de capitais.

Algumas reformas à mencionada instrução foram feitas pela CVM e, em 16 de julho de 2015, a foi publicado o Ofício-Circular nº 5/2015/SIN/CVM, com orientações e interpretações a respeito das novas regras a serem seguidas por administradores e gestores de fundos, decorrentes da alteração legislativa trazida pela Lei nº 12.683.

Destaca-se que até no ambiente de bolsa de valores há preocupação dos órgãos reguladores e fiscalizadores com a prática da lavagem de dinheiro, em especial por meio de operações com baixa liquidez[28].

[28] VIEIRA, Ricardo. CVM aperta cerco à lavagem de dinheiro e ao financiamento do terrorismo. **vLex Global**. Disponível em < http://consultorjuridico.vlex.com.br/vid/cvmapertacercolavagem580169474>. Acesso em: 03 jun. 2016.

Portanto, é essencial que os gestores e administradores de fundos de investimento estejam atentos às políticas de conheça seu cliente, para que possam identificar se os valores possuem natureza lícita, se o investidor que pretende adquirir cotas de um fundo de investimento é pessoa politicamente exposta, se a pessoa está envolvida em investigações de corrupção, tráfico, crime organizado, etc.

Nos casos de identificação de algumas das situações que a Lei nº 9.613 aponta como suspeita, além de noticiar as operações suspeitas aos órgãos fiscalizadores, administradores e gestores deverão analisar se é prudente ou não concretizar a operação ou o investimento com o investidor, porque a mera comunicação, como será visto adiante, não isenta a responsabilidade criminal do agente.

Em específico com relação aos FIPs, disciplinados pela Instrução CVM nº 578, como há grande flexibilidade na sua utilização[29], o perfil dos investidores dessa espécie de fundo e os investimentos que ele permite fazer são bastante variados. Nos FIPs somente são admitidos os investidores qualificados (artigo 4º da Instrução CVM nº 578), cuja definição consta do artigo 9º-B da Instrução CVM nº 539, o que faz com que esses investidores, em regra, possuam grande poderio econômico.

A gestão do FIP é atribuição do administrador, ou do gestor, quando contratado, não podendo haver participação direta dos cotistas na administração. De acordo com Ricardo de Santos Freitas[30]:

[29] De acordo com o artigo 5º da Instrução Normativo CVM n. 578, o FIP pode investir é uma comunhão de recursos destinada à aquisição de ações, bônus de subscrição, debêntures simples, outros títulos e valores mobiliários conversíveis ou permutáveis em ações de emissão de companhias, abertas ou fechadas, bem como títulos e valores mobiliários representativos de participação em sociedades limitadas.

[30] **Natureza Jurídica dos Fundos de Investimento**. São Paulo: Quartier Latin do Brasil, 2006. p. 219.

Os cotistas não participam da administração. Podem exercer direitos políticos ínsitos à sua cota, votando em assembleia temas que estão dentro da competência deliberativa assemblear. Não há também qualquer órgão administrativo interno. Aos cotistas não se permite eleger um "conselho de administração" para impor diretrizes ao administrador do fundo.

Contudo, em alguns FIPs, especialmente quando ele é estruturado para abranger o investimento de poucos investidores qualificados, pode haver certo distanciamento dessa regra e o comitê de investimentos ou o próprio cotista passarem a decidir sobre a administração e investimentos do fundo, assumindo o gestor ou o administrador posição de mero expectadores. Para Ricardo de Santos Freitas, essa é uma hipótese anômala de funcionamento dos fundos de investimento[31]:

> O fundo de investimento não está livre de ter sua atividade desenvolvida de forma anômala e indevida. Sabe-se que casos excepcionais ocorrem em que alguns fundos nomeiam um conselho consultivo composto pelos próprios cotistas, ou por alguns deles, e que, de fato, no que diz respeito à gestão da carteira, isto é, à compra e venda dos ativos integrantes do patrimônio do fundo, as opiniões do conselho são de imediata e integralmente aceitas pelo administrador do fundo. Com efeito, replica-se aqui o velho jogo de forças do mercado, em que o investidor com um patrimônio elevado consegue impor ao administrador de recursos condições excepcionais. A anomalia, contudo, não faz com que consideremos que o fundo, no caso concreto, passou a ter órgão administrativo interno.

Nessa situação é muito importante que os administradores e gestores tenham uma forte e atuante política de *compliance* e

[31] Ibidem, p. 220-221.

controles internos, não devendo nunca autorizar ou representar os FIPs em negócios que não estejam completamente cientes de todos seus elementos: empresa investida, quem são e quais as participações dos sócios, riscos inerentes aos negócios, licitude de suas atividades, etc.

A responsabilidade penal do administrador e gestor dos fundos de investimento, mesmo nos casos de funcionamento anômalo do fundo, não será atenuada ou ilidida. Destaca-se que em capítulo próprio nesse estudo será discutida a questão do dolo para a configuração da responsabilidade penal do administrador ou do gestor nesses casos, mas desde já é feita essa ressalva.

O funcionamento anômalo do fundo, sua constituição sem a observância das regras relativas ao "conheça seu cliente", poderá implicar na utilização do FIP para a prática da lavagem de dinheiro pelo investidor. Neste caso, o administrador ou gestor, caso presente o dolo ou caso aplicada a teoria da cegueira deliberada, poderá também ser responsabilizado[32].

Também deve ser mencionada a possibilidade de ser cotista do FIP uma empresa *offshore*[33]. Destaca-se que há países que

[32] Artigos 3º e 3º-A da Instrução CVM nº 301/99. De acordo com o Anexo I do Ofício-Circular no 5/2015/SIN/CVM, de 16 de julho de 2015, quando feita uma comunicação suspeita para a CVM ou para o COAF, no reporte deverão constar, além de diversas outras informações, todas aquelas que foram obtidas em razão da política do conheça seu cliente, conforme determina a Instrução CVM nº 578/16.

[33] Para o conceito de empresa *offshore* e maior detalhamento a respeito dessa estrutura com a lavagem de dinheiro, consultar BLOK, Marcella; RABELLO, Monique. Lavagem de dinheiro envolvendo *offshores*. **Revista de Direito Bancário e do Mercado de Capitais**, vol. 68/2015, p. 237-255, abr-jun. 2015. Disponível em <http://revistadostribunais.com.br/maf/app/widgetshomepage/resultList/document?&src=rl&srguid=i0ad8181600000155179925d3bd9a0b03&docguid=I88b8074034f211e5aa6c010000000000&hitguid=I88b8074034f211e5aa6c010000000000&spos=11&epos=11&td=42&context=43&startChunk=1&endChunk=1>. Acesso em: 03 jun. 2016. (Paginação da versão eletrônica difere da versão impressa)

sequer exigem a identificação do titular das ações das empresas, permitindo títulos ou ações ao portador. A falta transparência decorrente dessas estruturas gera maior facilidade para o desenvolvimento das primeiras fases do processo da lavagem de dinheiro, ou seja, para a conversão e a dissimulação dos recursos.

Para permitir a fiscalização dessa prática, a OCDE, no âmbito do GAFI, orientou os países a reforçarem as regras transparência a respeito de quem é o beneficiário final de pessoas jurídicas e outros arranjos legais[34]. A Receita Federal do Brasil recentemente publicou novas regras relativas ao Cadastro Nacional da Pessoa Jurídica (CNPJ), por meio da Instrução Normativa RFB nº 1634, de 06 de maio de 2016, que no seu Capítulo IV traz diversas regras para a identificação desse beneficiário final, cujo conceito consta do §1º do artigo 8º (é *a pessoa natural que, em última instância, de forma direta ou indireta, possui, controla ou influencia significativamente a entidade, ou a pessoa natural em nome da qual uma transação é conduzida*).

Com relação à tributação do FIP, somente será dado tratamento privilegiado pela legislação brasileira caso haja pelo menos 90% (noventa por cento) do patrimônio líquido do fundo investido nos ativos descritos no artigo 5º da Instrução CVM nº 578, sem prejuízo das demais regras de diversificação de carteira, variando a alíquota de tributação conforme o investidor seja nacional ou estrangeiro[35].

[34] RECEITA FEDERAL DO BRASIL. **Receita Federal passará a exigir informação sobre os beneficiários finais de pessoas jurídicas e outros arranjos legais**. Disponível em <http://idg.receita.fazenda.gov.br/noticias/ascom/2016/abril/receita-federal-passara-a-exigir-informacao-sobre-os-beneficiarios-finais-de-pessoas-juridicas-e-outros-arranjos-legais>. Acesso em: 30 abr. 2017. (Paginação da versão eletrônica difere da versão impressa).

[35] Diniz, Rodrigo Pará. **Fundos de Investimento no Direito Brasileiro**. Aspectos tributários e questões controversas em matéria fiscal. 1ª ed. São Paulo: Almedina, 2014. p. 57-61.

Sem aprofundar na questão tributária, que não é objetivo desse estudo, eventual utilização dos FIPs para obter vantagem tributária indevida poderá ser considerada como ilícito, acarretando a desconsideração dessa estrutura jurídica pelos órgãos fazendários para tributação dos rendimentos e configuração de crime contra a ordem tributária.

Nessa hipótese extrema, o FIP poderá ser utilizado como meio para obter vantagem ilícita tributária e se o produto do crime tributário for reempregado no fundo de investimento em participações ou for utilizado para outras atividades, como parte do mascaramento dos recursos ou sua reinserção no mercado, poderíamos também estar diante do crime de lavagem de dinheiro.

Também poderá ocorrer de o investimento do FIP ser feito em empresa envolvida em crimes ou utilizada apenas para alguma das fases de um esquema de lavagem de dinheiro. Nesse caso, em especial para o administrador, a comprovação das diligências para os investimentos do FIP é de extrema importância. As políticas de *compliance* e de controle internos nunca devem ser negligenciadas em relação aos investimentos do FIP.

Portanto, diante de todas as hipóteses de utilização dos FIPs em que poderão ser relacionadas a lavagem de dinheiro e considerando que os FIPs são fundos fechados de investimento por investidores qualificados, os administradores e gestores deverão estar sempre atentos às regras de prevenção à lavagem de dinheiro e, caso diante de uma operação suspeita, deverão comunicar as autoridades competentes.

Se os FIPs podem ser utilizados para essas condutas, os órgãos de prevenção à criminalidade estarão atentos a novas formas de prática do delito, de acordo com o que destaca Artur César de Souza[36].

[36] Conforme leciona SOUZA, Artur César de. Nova hermenêutica para os crimes de colarinho-branco – crimes contra ordem tributária, econômica e financeira.

3. A responsabilidade penal dos administradores, gestores e investidores dos fips e o crime de lavagem de dinheiro

Após o estudo dos principais elementos dos tipos penais previstos na Lei nº 9.613, com a redação dada pela Lei nº 12.683, bem como da exemplificação de algumas hipóteses por meio das quais os FIPs poderiam ser utilizado na prática do crime de lavagem de dinheiro, passaremos a estudar o elemento subjetivo do tipo penal, ou seja, o dolo[37], em face das atuações de administradores, gestores e investidores desses fundos.

O dolo direto é a intenção do agente da conduta delitiva de causar o resultado previsto no tipo penal, enquanto que o dolo eventual ocorre quando o agente, consciente da possibilidade de causar esse resultado, pratica a conduta assumindo o risco de cometê-la, conscientemente.

Ressalta-se que no crime de lavagem de dinheiro e condutas equiparadas não há previsão de crime culposo.

Para que não haja a tipificação de qualquer conduta que determine responsabilidade penal ou administrativa, novamente ressaltamos a importância da manutenção de efetiva política de *compliance* e controles internos, além da observância das regras de comunicação de operações suspeitas aos órgãos competentes.

Revista Tributária e de Finanças Públicas. vol. 96, p. 319-332, jan-fev. 2011. Disponível em <http://revistadostribunais.com.br/maf/app/widgetshomepage/resultList/document?&src=rl&srguid=i0ad8181600001551797c5d3c1aad20c&docguid=I9dc98300600f11e099df00008558bb68&hitguid=I9dc98300600f11e099df00008558bb68&spos=19&epos=19&td=273&context=30&startChunk=1&endChunk=1>. Acesso em: 03 jun. 2016. (Paginação da versão eletrônica difere da versão impressa).

[37] HUNGRIA, Nelson, 1983 apud VILARDI, Celso Sanchez. Os crimes de lavagem e reciclagem (Lei nº 9.613, de 3 de março de 1998) e a obrigação de comunicar determinadas transações. In: MOSQUERA, Roberto Quiroga (coord.). **Aspectos Atuais do Direito do Mercado Financeiro e de Capitais**. São Paulo: Dialética, 1999. p. 55.

A principal preocupação dos órgãos reguladores, em especial da CVM, é que o administrador e o gestor de fundos, que gerem recursos de terceiros, atuem sempre com a maior transparência possível[38].

Contudo, para que não haja qualquer tipo de questionamento de responsabilidade do administrador ou do gestor, deverá sempre ser respeitada, além da regulamentação aplicável à espécie, as melhores práticas de *compliance*. A adoção dessa postura também gerará sempre maior segurança e transparência aos investidores.

Para que a configuração da responsabilidade dos crimes do artigo 1º e seus parágrafos deverá haver dolo, direto ou eventual, sendo necessária prova pela acusação da prática consciente do sujeito ativo. Se não desta forma, estaríamos diante da responsabilização objetiva de qualquer desses agentes (administradores, gestores ou até mesmo de investidores). Neste sentido entende Pierpaolo Cruz Bottini[39]:

> Além de conferir lógica e sistemática à teoria do delito, a exigência da constatação do *dolo* na *lavagem* constitui importante garantia de *imputação subjetiva*, que afasta qualquer hipótese de *responsabilidade objetiva* na seara penal. Por mais que uma pessoa seja responsável por determinada esfera de organização, somente será responsável pelos crimes de *lavagem* cometidos nesta seara se for demonstrada sua *relação psíquica* com aqueles fatos, o *conhecimento* dos elementos típicos e a *vontade* de executar ou colaborar com sua realização.

[38] Conforme: ROCHA, Tatiana Nogueira da. **Fundos de Investimento e o Papel do Administrador**. São Paulo: Textonovo Editora, 2003. p. 109-110.

[39] BOTTINI, op. cit., p. 95. (Grifo do autor).

Referido autor[40] defende que as condutas previstas no caput do artigo 1º e no seu parágrafo 1º apenas admitem o dolo direto, ou seja, o autor do crime deve ter a intenção de ocultar ou dissimular valores que direta[41] ou indiretamente decorrem de infração penal antecedente.

Fausto Martin de Sanctis, ao analisar o elemento subjetivo do tipo penal de acordo com a redação anterior da Lei nº 9.613, mas já considerando o projeto de lei que seria convertido posteriormente na Lei nº 12.683, entende que o dolo admitido pelo *caput* do artigo 1º, seu parágrafo 1º e o inciso I do parágrafo 2º é o dolo eventual, enquanto que o inciso II do parágrafo 2º do artigo 1º exige o dolo genérico ou direto[42].

Essa questão é crucial para a tipificação do crime e não há entendimento pacificado a respeito. Inclusive nas convenções internacionais a respeito da lavagem de dinheiro há exigência diferenciada de dolo para a mesma conduta[43]:

> Há quem sustente que apenas pratica *lavagem de dinheiro* aquele que tem *plena ciência* de que o produto tem origem delitiva (*dolo direto*). Nessa linha, a *Convenção de Viena* (art. 3, 1, *b*), *de Palermo* (art. 6, 1) e a Directiva 2005/60/CE do Parlamento Europeu e do Conselho (26.10.05) (art. 1, 2, a e *b*), indicam que apenas quem *tem conhecimento* da proveniência dos bens pratica *lavagem de dinheiro*.
>
> Por outro lado, há quem afirme que basta a mera suspeita da origem infracional (*dolo eventual*) para que se afaste o *erro de tipo*. Nesse sentido, a Convenção de Varsóvia (2005) indica que os Estados-Membros da Comunidade Europeia podem tomar medidas

40 Ibidem, p. 111.

41 No caso das condutas previstas no parágrafo 1º do artigo 1º da Lei nº 9.613 somente configuram o delito os recursos diretamente decorrentes de infração penal, tal como foi mencionado no item 2.4.4 acima.

42 Sanctis, op. cit., p. 76.

43 Bottini, op. cit., p. 97. (Grifo do autor).

para entender como crise os casos de lavagem em que o agente *suspeitava da origem ilícita dos bens* ou *deveria conhecer a origem ilícita dos bens,* indicando a possibilidade da prática do crime a título de *dolo eventual* ou mesmo de *imprudência.*

Com relação ao dolo concordamos com o entendimento do doutrinador Pierpaolo Cruz Bottini, uma vez que a admissão do dolo eventual para a lavagem de dinheiro e condutas equiparadas traria a possibilidade de aplicação do tipo penal sem a efetiva intenção do agente, gerando grande risco aos administradores e gestores de fundos de investimento.

Para a conduta do parágrafo 2º, inciso I ("utiliza, na atividade econômica ou financeira, bens, direitos ou valores provenientes de infração penal"), entende mencionado autor que é admitido o dolo eventual porque originalmente na redação desse dispositivo havia a expressão "que sabe" ser proveniente, demonstrando que o legislador pretendeu incluir o dolo eventual no crime previsto nesse inciso[44].

Deverá ficar comprovado que o sujeito ativo sabia que os recursos, direta ou indiretamente, provinham de infração penal, sendo necessária a comprovação dessa intenção na ação penal.

Contudo, sem prejuízo do entendimento expressado anteriormente, ressaltamos que o STF, na Ação Penal nº 470 (ação penal que julgou o esquema de corrupção conhecido como "Mensalão"), utilizou na condenação de alguns dos réus a teoria conhecida como teoria da cegueira deliberada, que se aproxima do reconhecimento do dolo eventual[45].

[44] BOTTINI, op. cit., p. 114.

[45] BRASIL. Supremo Tribunal Federal. Inteiro Teor do Acórdão da Ação Penal nº 470 Minas Gerais. Ministério Público Federal. Relator: Ministro Joaquim Barbosa. Brasília, 17 dez. 2012. **Supremo Tribunal Federal**. Disponível em: <ftp://ftp.stf.jus.br/ap470/InteiroTeor_AP470.pdf>. Acesso em 10 jun. 2016. p. 1270-1271.

3.1. Teoria da cegueira deliberada e os crimes de lavagem de dinheiro

A aplicação da teoria da cegueira deliberada decorre da possibilidade de o sujeito ativo do crime de lavagem de dinheiro estar agindo em erro de tipo, previsto no artigo 20 do Código Penal, "o erro sobre elemento constitutivo do tipo legal de crime exclui o dolo, mas permite a punição por crime culposo, se previsto em lei".

Ocorre que o crime de lavagem de dinheiro não possui nenhuma modalidade culposa e há elemento normativo no tipo penal que gera questionamento a respeito de estar ou não o agente em erro, que são as infrações penais antecedentes.

Se a pessoa desconhecia que o recurso advinha de infração penal ela estará cometendo o crime de lavagem de dinheiro?

Tal como dissemos anteriormente, a lavagem de dinheiro é crime doloso e não admite nenhuma modalidade culposa, portanto, em regra, se não provado o conhecimento da origem ilícita dos recursos, não seria possível falarmos em crime.

Porém, a questão central é relativa ao nível de consciência que o agente precisa ter da existência do crime antecedente. Para aqueles que defendem ser possível a existência do dolo eventual nos crimes de lavagem de dinheiro bastaria o agente ter condições de conhecer a origem ilícita dos bens e suspeitar que poderia estar havendo a ocultação ou a dissimulação de valores para configurar o dolo eventual.

Para Pierpaolo Cruz Bottini a cegueira deliberada se situa entre a culpa consciente e o dolo eventual[46]:

> Ainda no campo da distinção entre *culpa consciente* e *dolo eventual*, importa tratar da zona cinzenta na qual se situam os casos de *cegueira deliberada* – onde o agente sabe possível a prática de *ilíci-*

[46] Bottini, op. cit., p. 99-100. (Grifo do autor)

> *tos* no âmbito em que atua e cria mecanismos que o impedem de aperfeiçoar sua representação dos fatos. É o caso do doleiro que *suspeita* que alguns de seus clientes possam lhe entregar dinheiro sujo para operações de câmbio e, por isso, toma medidas para não ter ciência de qualquer informação mais precisa sobre os usuários de seus serviços ou sobre a procedência do objeto de câmbio.
>
> É possível equiparar a *cegueira deliberada* ao *dolo eventual*, desde que presentes alguns requisitos.

Os requisitos mencionados pelo autor se resumem nos seguintes[47]: *a)* consciência e voluntariedade do agente de criar barreiras ao conhecimento da ilicitude antecedente; *b)* deve haver ciência do agente que essas barreiras estão impedindo esse conhecimento das infrações antecedentes, ou seja, apesar da existência dessas barreiras, o agente sabe das condutas ilícitas e finge desconhecer em razão das barreiras; e *c)* a suspeita, pelo agente, de que o contexto de prática de delito antecedente seja objetiva, que haja uma dúvida razoável.

Apesar de entendermos que para a lavagem de dinheiro ser configurada seria necessária a existência de dolo direto, o STF, na Ação Penal nº 470, condenou diversos réus pelo crime de lavagem de dinheiro aplicando a teoria da cegueira deliberada. No acórdão o relator Ministro Joaquim Barbosa esclarece acerca desta teoria nos seguintes termos[48]:

> O Direito Comparado favorece o reconhecimento do dolo eventual, merecendo ser citada a doutrina da cegueira deliberada construída pelo Direito anglo-saxão (*willful blindness doctrine*).

[47] Ibidem, p. 100-101.

[48] BRASIL. Supremo Tribunal Federal. Inteiro Teor do Acórdão da Ação Penal nº 470 Minas Gerais. Ministério Público Federal. Relator: Ministro Joaquim Barbosa. Brasília, 17 dez. 2012. **Supremo Tribunal Federal**. Disponível em: <ftp://ftp.stf.jus.br/ap470/InteiroTeor_AP470.pdf>. Acesso em 10 jun. 2016.

Para configuração da cegueira deliberada em crimes de lavagem de dinheiro, as Cortes norte-americanas têm exigido, em regra, (i) a ciência do agente quanto à elevada probabilidade de que os bens, direitos ou valores envolvidos provenham de crime, (ii) o atuar de forma indiferente do agente a esse conhecimento, e (iii) a escolha deliberada do agente em permanecer ignorante a respeito de todos os fatos, quando possível a alternativa.

Apesar da aplicação da teoria da cegueira deliberada, no voto do ministro Celso de Mello ele ressalta que deve haver cautela na aplicação dessa teoria[49]:

Admito a possibilidade de configuração do crime de lavagem de valores, mediante o **dolo eventual, exatamente com apoio no critério denominado por alguns como 'teoria da cegueira deliberada', que deve ser usado com muita cautela"**, disse. O ministro explicou que, conforme essa teoria, o agente finge não perceber determinada situação de ilicitude para alcançar a vantagem pretendida. No entanto, ele avaliou que essa situação não se coloca em relação a Paulo Rocha, João Magno e Anderson Adauto. "A mim me parece que a conduta de tais acusados mostra-se impregnada do dolo determinado ou dolo direto", afirmou.

"O intuito de lavar, de agir com dolo de lavagem, resulta evidente do comportamento desses três réus, que objetivavam – com as condutas descritas e, a meu juízo, devidamente comprovados nos autos – conferir aparência lícita a um dinheiro de origem ilícita, um dinheiro sujo, ainda que não se exija, para efeito de consumação do crime de lavagem, que se realize a mutação do lucro ilícito para um ativo lícito", destacou o ministro. Para ele, houve

[49] SUPREMO TRIBUNAL FEDERAL. **Ministro Celso de Mello acompanha voto do relator no item VII da AP 470, sobre lavagem de dinheiro**. Brasília, 2012. Disponível em: <http://www.stf.jus.br/portal/cms/verNoticiaDetalhe.asp?idConteudo=221405>. Acesso em: 10 jun. 2016. (grifos nossos)

intenção dos agentes em ocultar de forma ilícita os valores recebidos, "o que ficou evidenciado pela clara adesão desses réus ao esquema constituído para esse efeito específico.

Diante do entendimento do STF, maior deverá ser a atenção conferida pelos administradores dos FIPs na sua atividade. Muitas vezes esses fundos são constituídos por um ou poucos cotistas de grande poderio econômico e, de acordo com o já mencionamos, a administração do fundo poderá ocorrer de forma anômala, passando o administrador a ser mero representante legal do FIP. A gestão isenta e terceirizada, característica dos fundos de investimento, deverá se fazer presente mesmo diante do poderio econômico que os investidores possam ter.

A melhor forma de demonstrar que não há nenhuma aceitação de risco por parte do administrador ou do gestor com relação aos FIPs é o respeito integral às regras de *compliance*, em especial as determinadas pela CVM e pelo BACEN, bem como pela adoção das melhores práticas aplicadas pelo setor. Ademais, caso esteja diante de uma operação suspeita, deverá ser feita a comunicação para os órgãos de fiscalização (COAF, CVM, etc.).

3.2. Dever de registro, comunicação de operações suspeitas e *compliance*

Nos capítulos V a VII da Lei nº 9.613, com a redação dada pela Lei nº 12.683, constam as pessoas sujeitas aos mecanismos de controle e as regras de comunicação das operações tidas como suspeitas pelas pessoas obrigadas.

A existência de controles internos para a gestão de riscos das atividades de administradores e gestores de fundos de investimento objetiva não só resguardar os direitos desses agentes, mas principalmente trazer transparência para os riscos dos investimentos que serão feitos, de forma que a alocação do recurso pelo investidor tenha sido feita lastreada em todas as informações disponíveis para aquele investimento[50].

Contudo, o foco da análise do dolo na prática da lavagem de dinheiro não é a transparência e a informação para o investidor, mas sim a existência de controles internos e a sua influência no elemento subjetivo do tipo penal do crime de lavagem de dinheiro.

A estipulação de regras de controle e a obrigação de comunicação demonstra que o Estado transferiu para o ente privado parte da sua obrigação de fiscalização das atividades de lavagem de dinheiro. De fato, os gestores e administradores de fundos de investimento podem identificar uma operação suspeita com mais facilidade que os órgãos de fiscalização e, quando ela ocorrer, estão obrigados a comunicar esses órgãos.

Porém, não necessariamente o descumprimento dessas regras deverá implicar, para o particular, a existência de dolo eventual no crime de lavagem de dinheiro. De acordo com o entendimento de Rafaela Roderjan Benatto, essa interpretação retiraria do crime o reconhecimento da verdadeira intenção do sujeito[51]:

> Ainda, a interpretação sobre a falta de atendimento de normas administrativas de prevenção e controle na esfera privada como sendo dolo eventual de uma conduta conduziria a uma responsabilidade objetiva, como já visto no crime de receptação. A quebra dos compromissos administrativos não pode implicar diretamente a ciência do agente acerca da proveniência ilícita dos valores ou bens e de que ele teria a intenção de ocultar ou dissimular sua natureza, conforme exposto por André Luiz Callegari.

50 Conforme: ROCHA, Tatiana Nogueira da. **Fundos de Investimento e o Papel do Administrador**. São Paulo: Textonovo Editora, 2003. p.113-121.

51 BENATTO, Rafaela Roderjan. *Compliance* e a apreciação do elemento subjetivo do tipo no Crime de lavagem de dinheiro. In: GUARAGNI, Fábio André; BUSATO, Paulo César (coord.). ***Compliance* e Direito Penal**. São Paulo: Atlas, 2015. p. 270-271.

O artigo 10, inciso III, da Lei nº 9.613, com a redação conferida pela Lei nº 12.683, fixou a obrigatoriedade de as pessoas sujeitas aos mecanismos de controle previstos na Lei (artigo 9º) adotarem as "políticas, procedimentos e controles internos, compatíveis com seu porte e volume de operações, que lhes permitam atender ao disposto neste artigo e no art. 11, na forma disciplinada pelos órgãos competentes".

Assim sendo, independentemente da capacidade financeira das pessoas sujeitas ao artigo 9º da Lei, deverá haver política de *compliance* e controles internos efetivos, evidentemente adaptados à realidade econômica de cada empresa.

No caso dos administradores dos FIPs é necessário observar o disposto na Instrução CVM nº 301/99, inclusive com relação ao seu artigo 10, que obriga a existência de um diretor responsável pelas obrigações previstas na Lei e na Instrução.

Enfatiza-se que mesmo que o administrador contrate um gestor de carteira para o FIP, não haverá redução da sua responsabilidade, permanecendo ele obrigado a acompanhar as operações, já que o administrador é responsável pela fiscalização dos serviços contratados pelo fundo, de acordo com o artigo 90, X, da Instrução CVM nº 555/14.

Esse entendimento é convergente com a orientação da CVM constante do item 43 do Ofício-Circular nº 5/2015/SIN/CVM, publicado em 16 de julho de 2015. O Ofício-Circular vai além da questão do prestador de serviços contratado pelo administrador e destaca, inclusive, a possibilidade de a pessoa jurídica possuir um funcionário que esteja praticando alguma irregularidade e, neste caso, haver a obrigação de comunicar a operação suspeita e ainda aplicar a devida penalidade ao empregado[52].

[52] Conforme item 57 do Ofício-Circular nº 5/2015/SIN/CVM, publicado pela CVM em 16 de julho de 2015.

Também deverão ser observadas as regras do Conselho Monetário Nacional (CMN), que editou a Resolução CMN nº 2554, de 24 de setembro de 1998.

É importante destacar que a comunicação de operações suspeitas e a manutenção do sistema de *compliance* resguardam os obrigados da eventual responsabilidade civil e administrativa, de acordo com o previsto no parágrafo 2º do artigo 11 da Lei nº 9.613. Contudo, não necessariamente será ilidida a responsabilidade penal.

Para Rafaela Roderjan Benatto[53] a existência de um sistema de *compliance* apenas poderá trazer mais um indício a respeito da intenção do agente.

De acordo com Michelle Gironda Cabrera as diversas regras relativas à criminalização de condutas dos administradores, diretores e gestores de pessoas jurídicas em busca de políticas criminais anticorrupção, contra lavagem de dinheiro, crime de colarinho branco, etc., somente evidencia a necessidade do fortalecimento do *criminal compliance*[54]:

> Neste cenário, emerge o Direito Penal Econômico, cujo marco de atuação preponderante se dá no contexto da atividade empresarial. E, assim, fruto da necessidade de regula-

[53] "Desta feita, diante do não cabimento de uma leitura dos sistemas de *compliance* como indicativos de dolo, resta acompanhar o entendimento de que as obrigações de comunicações de operações suspeitas enquadram-se no potencial conhecimento de ilicitude, compreendido pela culpabilidade. Assim sendo, ele balizaria a medida utilizada no potencial conhecimento da ilicitude do agente no caso concreto." Conforme: BENATTO, Rafaela Roderjan. *Compliance* e a apreciação do elemento subjetivo do tipo no Crime de lavagem de dinheiro. In: GUARAGNI, Fábio André; BUSATO, Paulo César (coord.). ***Compliance* e Direito Penal**. São Paulo: Atlas, 2015. p. 273.

[54] CABRERA, Michelle Gironda. *Compliance* e imputação objetiva: criação de risco proibido. In: GUARAGNI, Fábio André; BUSATO, Paulo César (coord.). ***Compliance* e Direito Penal**. São Paulo: Atlas, 2015. p. 126.

> ção dos serviços econômicos, surgem os chamados programas de *criminal compliance*, destinados à prevenção da responsabilidade penal das empresas, direção, empregados e colaboradores. A estrutura econômica atual, assentada nas ideias de competitividade, riscos, desconfiança, vigilância e valoração da marca (do signo dos objetos), traz, consigo, a necessidade de reforçar a fidelidade com o Direito – cumprimento do Direito, de que falou BACIGALUPO.

Porém, tal como já pontuado, sem prejuízo de haver um *criminal compliance*, para o Direito Penal mais importará para a caracterização do delito a intenção do agente e o conhecimento que ele possuía a respeito da origem dos recursos.

Portanto, o *compliance* da empresa poderá auxiliar ou prejudicar o acusado, conforme o caso concreto, na demonstração de sua diligência e aderência às regras de controle e ao dever de comunicação, afastando ou enfatizando haver ou não o dolo na conduta.

Para ilustrar esse entendimento é feita referência novamente à Ação Penal nº 470, na qual houve o reconhecimento do dolo eventual porque diversos dos réus da ação que atuavam junto a instituições financeiras recebiam valores vultuosos em espécie e não agiam com a devida prudência para analisar sua origem, fechando os olhos, na verdade, para a sua origem criminosa[55].

Conclusão

O presente trabalho envolve temas em estudo pela doutrina brasileira e que não possuem, ainda, interpretação consolidada. Desta forma, não é possível afirmar haver posição consolidada

[55] BRASIL. Supremo Tribunal Federal. Inteiro Teor do Acórdão da Ação Penal nº 470 Minas Gerais. Ministério Público Federal. Relator: Ministro Joaquim Barbosa. Brasília, 17 dez. 2012. **Supremo Tribunal Federal**. Disponível em: <ftp://ftp.stf.jus.br/ap470/InteiroTeor_AP470.pdf>. Acesso em 10 jun. 2016.

a respeito da responsabilidade penal dos administradores, gestores ou investidores de fundos de investimento em participações pelo crime de lavagem de dinheiro.

Soma-se à atualidade dos temas a alteração da legislação sobre o crime de lavagem de dinheiro, que trouxe modificações que ampliam sua prática, ao generalizar os crimes antecedentes que podem dar origem à conduta e os diversos casos de corrupção denunciados no Brasil nos últimos anos envolvendo diversas empresas e empresários.

Apesar de não haver muitos julgamentos pelos tribunais superiores de ações penais fundadas em condutas praticadas a partir da modificação legal, que data de 2012, a Ação Penal nº 470 do STF, traz a interpretação desse tribunal a respeito de ponto central da configuração do crime, ou seja, a possibilidade da prática da lavagem de dinheiro por meio da teoria da cegueira deliberada quando diante dos três requisitos necessários à sua configuração: a ciência do agente quanto à elevada probabilidade de que os valores envolvidos provenham de crime, a atuação de forma indiferente do agente a esse conhecimento e a escolha deliberada do sujeito ativo em permanecer ignorante em relação aos fatos.

Esses requisitos demonstram, segundo a teoria aplicada pelo STF, que houve por parte do autor da conduta verdadeira assunção de risco do cometimento do crime, ou seja, que houve dolo eventual.

Entendemos que o crime de lavagem de dinheiro, em regra, exige o dolo direto na conduta do agente, ou seja, deve haver ciência da origem ilícita dos recursos e ter a intenção de ocultá-los ou dissimulá-los, sob pena de aplicação da responsabilidade objetiva, não prevista na lei.

Desta forma, aplicando-se os conceitos relativos aos tipos penais da lavagem de dinheiro aos fundos de investimento em participações foi possível exemplificar algumas hipóteses nas quais poderá haver a prática desse crime por parte dos investidores/cotistas, dos administradores e até dos gestores, quando contratados.

No que tange aos administradores e gestores de FIPs, foram exemplificadas as hipóteses de utilização de recursos do fundo, em empresas envolvidas em lavagem de dinheiro, de aquisição das cotas do fundo pelos investidores com recursos provenientes de infração penal antecedente.

Também mencionamos como exemplo os casos de gestão anômala do FIP, ou seja, quando a gestão do fundo, de fato, é feita pelo cotista, sem a efetiva participação do administrador. A existência de gestor ou de comitê de investimento não retira do administrador a responsabilidade pela gestão dos recursos do fundo, tanto civil, como administrativa ou penalmente.

Se consolidada a aplicação da teoria da cegueira deliberada pelo STF, maior deverá ser a diligência do administrador, porque a mera formalidade de existência de políticas de *compliance* e controles internos poderá ser considerada como "barreira" para ocultar a verdade dos fatos, tendo assumido o autor o risco da prática do crime de lavagem de dinheiro.

Ressalta-se, ainda, que a comunicação de operações suspeitas constante do artigo 9º da Lei nº 9.613 também não exclui ou limita a responsabilidade penal dos agentes. O parágrafo 2º do artigo 11 da Lei nº 9.613 destaca que as comunicações feitas de boa-fé não acarretarão responsabilidade civil ou administrativa, não isentando a responsabilidade penal.

Desta forma, é de extrema relevância que os administradores e gestores dos FIPs possuam efetiva política de *compliance*, mantendo e atualizando o cadastro de seus clientes, analisando todas as operações feitas pelo fundo, desde sua constituição até cada um dos investimentos, fazendo diligência aprofundada sobre as empresas investidas, seus sócios e, caso identificada alguma suspeita em qualquer dessas hipóteses, comunicando aos órgãos de fiscalização competentes.

Na hipótese do administrador ou do gestor possuírem fundada suspeita a respeito da operação, caberá à área de *Compliance* não recomendar o negócio ou ao próprio administrador do fundo não realizar a operação ou o investimento, para que não haja qualquer possibilidade de configuração de dolo eventual, caracterizando o crime de lavagem de dinheiro.

Referências

ANSELMO, Márcio Adriano. Compliance e lavagem de dinheiro: o papel dos novos Reguladores. **Revista de Direito Bancário e do Mercado de Capitais**. vol. 69/2015, p. 349-378, jul.-set. 2015. Disponível em <http://revistadostribunais.com.br/maf/app/resultList/document?&src=rl&srguid=i0ad6007a000001556964adcf338f19ec&docguid=I7e428d908a9111e5956e010000000000&hitguid=I7e428d908a9111e5956e010000000000&spos=7&epos=7&td=7&context=43&startChunk=1&endChunk=1>. Acesso em: 19 jun. 2016. (Paginação da versão eletrônica difere da versão impressa)

ASSOCIAÇÃO BRASILEIRA DAS ENTIDADES DOS MERCADOS FINANCEIRO E DE CAPITAIS – ANBIMA. **Consolidado Histórico de Fundos de Investimento.** Disponível em: <http://portal.anbima.com.br/informacoes-tecnicas/estatisticas/Consolidado-Historico-de-Fundos-de-Investimento/Pages/Consolidado-Historico-de-Fundos-de-Investimento.aspx>. Acesso em: 17 jun. 2016.

BADARÓ, Gustavo Henrique; BOTTINI, Pierpaolo Cruz. **Lavagem de Dinheiro:** aspectos penais e processuais penais: comentários à Lei 9.613/1998, com as alterações da Lei 12.683/2012. 2ª ed. atual. e ampl. São Paulo: Editora Revista dos Tribunais, 2013. 398p.

BANCO CENTRAL DO BRASIL. **Ação do Estado e papel do Banco Central**. 2015. Disponível em: <http://www.bcb.gov.br/fis/supervisao/acaoestado.asp>. Acesso em 05 maio 2016.

BARROS, Marco Antonio de. **Lavagem de Capitais e Obrigações Civis Correlatas: com comentários, artigo por artigo, à Lei 9.613/1998.** 2ª ed. rev., atual. e ampl. São Paulo: Editora Revista dos Tribunais, 2007. 176p.

BENATTO, Rafaela Roderjan. *Compliance* e a apreciação do elemento subjetivo do tipo no Crime de lavagem de dinheiro. In: GUARAGNI, Fábio André; BUSATO, Paulo César (coord.). ***Compliance* e Direito Penal**. São Paulo: Atlas, 2015. p. 262-273.

BLOK, Marcella; RABELLO, Monique. Lavagem de dinheiro envolvendo offshores. **Revista de Direito Bancário e do Mercado de Capitais**, vol. 68/2015, p. 237-255, abr-jun. 2015. Disponível em <http://revistadostribunais.com.br/maf/app/widgetshomepage/resultList/document?&src=rl&srguid=i0ad81816000001551799 25d3bd9a0b03&docguid=I88b8074034f211e5aa6c010000000000&hitguid=I88b8074034f211e5aa6c010000000000&spos=11&epos=11&td=42&context=43&startChunk=1&endChunk=1>. Acesso em: 03 jun. 2016. (Paginação da versão eletrônica difere da versão impressa).

BOTTINI, Pierpaolo Cruz. Aspectos Conceituais da Lavagem de Dinheiro. In: _______; BADARÓ, Gustavo Henrique. **Lavagem de Dinheiro**: aspectos penais e processuais penais: comentários à Lei 9.613/1998, com as alterações da Lei 12.683/2012. 2ª ed. atual. e ampl. São Paulo: Editora Revista dos Tribunais, 2013. p. 23-28.

_______. O crime de lavagem de dinheiro. In: _______; BADARÓ, Gustavo Henrique. **Lavagem de Dinheiro**: aspectos penais e processuais penais: comentários à Lei 9.613/1998, com as alterações da Lei 12.683/2012. 2ª ed. atual. e ampl. São Paulo: Editora Revista dos Tribunais, 2013.

BRASIL. Supremo Tribunal Federal. Inteiro Teor do Acórdão da Ação Penal nº 470 Minas Gerais. Ministério Público Federal. Relator: Ministro Joaquim Barbosa. Brasília, 17 dez. 2012. **Supremo Tribunal Federal**. Disponível em: <ftp://ftp.stf.jus.br/ap470/InteiroTeor_AP470.pdf>. Acesso em 10 jun. 2016.

CABRERA, Michelle Gironda. *Compliance* e imputação objetiva: criação de risco proibido. In: GUARAGNI, Fábio André; BUSATO, Paulo César (coord.). ***Compliance* e Direito Penal**. São Paulo: Atlas, 2015. p. 120-139.

CANDELORO, Ana Paula; DE RIZZO, Maria Balbina; PINHO, Vinícius. **Compliance 360º**: riscos, estratégias, conflitos e vaidades no mundo corporativo. 2ª ed. rev. e atual. São Paulo: Ed. do Autor, 2015. 487p.

CONSELHO DE CONTROLE DE ATIVIDADES FINANCEIRAS – COAF. **GAFI**. Disponível em: <http://www.coaf.fazenda.gov.br/backup/atuacao-internacional/participacao-no-gafi>. Acesso em 01 jun. 2016.

DINIZ, Rodrigo Pará. **Fundos de Investimento no Direito Brasileiro.** Aspectos tributários e questões controversas em matéria fiscal. 1ª ed. São Paulo: Almedina, 2014. 116p.

FREITAS, Ricardo de Santos. **Natureza Jurídica dos Fundos de Investimento**. São Paulo: Quartier Latin do Brasil, 2006. 287p.

VILARDI, Celso Sanchez. Os crimes de lavagem e reciclagem (Lei nº 9.613, de 3 de março de 1998) e a obrigação de comunicar determinadas transações. In: Mosquera, Roberto Quiroga (coord.). **Aspectos Atuais do Direito do Mercado Financeiro e de Capitais**. São Paulo: Dialética, 1999. p. 45-62.

Pinto, Edson. **Lavagem de capitais e paraísos fiscais.** São Paulo: Atlas, 2007. 264p.

Rocha, Tatiana Nogueira da. **Fundos de Investimento e o Papel do Administrador**. São Paulo: Textonovo Editora, 2003. 192p.

Sanctis, Fausto Martin De. **Combate à lavagem de dinheiro: teoria e prática**. Campinas: Millennium Editora, 2008. 416p.

Souza, Artur César de. Nova hermenêutica para os crimes de colarinho--branco – crimes contra ordem tributária, econômica e financeira. **Revista Tributária e de Finanças Públicas**. vol. 96, p. 319-332, jan--fev. 2011. Disponível em < http://revistadostribunais.com.br/maf/app/widgetshomepage/resultList/document?&src=rl&srguid=i0ad81816000001551797c5d3c1aad20c&docguid=I9dc98300600f11e099df00008558bb68&hitguid=I9dc98300600f11e099df00008558bb68&spos=19&epos=19&td=273&context=30&startChunk=1&endChunk=1>. Acesso em: 03 jun. 2016. (Paginação da versão eletrônica difere da versão impressa).

Stiglitz, Josefh E. **A globalização e seus malefícios.** Tradução de Bazán tecnologia e linguística. 4 ed. São Paulo: Futura, 2003. 328p.

SUPREMO TRIBUNAL FEDERAL. **Ministro Celso de Mello acompanha voto do relator no item VII da AP 470, sobre lavagem de dinheiro**. Brasília, 2012. Disponível em: <http://www.stf.jus.br/portal/cms/verNoticiaDetalhe.asp?idConteudo=221405>. Acesso em: 10 jun. 2016.

Vieira, Ricardo. CVM aperta cerco à lavagem de dinheiro e ao financiamento do terrorismo. **vLex Global**. Disponível em: <http://consultor-juridico.vlex.com.br/vid/cvmapertacercolavagem580169474>. Acesso em: 03 jun. 2016.

SOBRE OS AUTORES

Fausto Miyazato Ricieri Teixeira

Graduado em Direito pela Pontifícia Universidade Católica de São Paulo - PUC-SP, em 2010. Pós-graduado em Direito dos Mercados Financeiro e de Capitais no Insper - Instituto de Ensino e Pesquisa. Advogado em São Paulo.

Julia Zatz Tosi

Bacharel em Direito pela Faculdade de Direito da Universidade de São Paulo (USP) e especialista (LL.M.) em Direito dos Mercados Financeiro e de Capitais pelo Insper Instituto de Ensino e Pesquisa. Advogada atuante em Direito Bancário em São Paulo.

Mariana Magalhaes Chapei

Bacharel em Direito pela USP (2007). LLM. in Corporate Governance and Practice por Stanford (2016). LLM. em Direito dos Mercados Financeiro e de Capitais pelo Insper (2016). Master em Economia Financeira pela FGV (2015). Inscrita na Ordem dos Advogados do Brasil e no New York Bar Association. Atuou como advogada nos escritórios Satiro & Ruiz Advogados e Ferrari e Magalhães Advogados, com atuação no jurídico do Grupo O Estado de S. Paulo, e na BM&FBOVESPA Supervisão de Mercados – BSM. Atualmente trabalha como Commercial & Products Legal Counsel na sede do PayPal, Inc. em San Jose, California.

Marina Mendes Corrêa

Graduada em Direito pela PUC/SP. Pós graduada em Direito dos Mercados Financeiros e de Capitais pelo INSPER. Integrante de programas de estudo na *London School of Economics and Political Science* (Londres, Inglaterra) e na *Københavns Universitet* (Copenhagen, Dinamarca). Advogada no Machado, Meyer, Sendacz e Ópice Advogados.

Narjara Pavan Vilarinho de Oliveira

Especialista em Direito Empresarial Internacional pela Fundação Armando Álvares Penteado – FAAP (2007), em Direito Notarial e Registral Imobiliário pelo Instituto Internacional de Ciências Sociais – IICS (2012) e em Direito dos Mercados Financeiro e de Capitais pelo Insper (2016). Advogada atuante na área de Direito Imobiliário e de Mercado de Capitais.

ÍNDICE